Edition Rosenberger

Die „Edition Rosenberger" versammelt praxisnahe Werke kompetenter Autoren rund um die Themen Führung, Beratung, Personal- und Unternehmensentwicklung. Alle Werke in der Reihe erschienen ursprünglich im Rosenberger Fachverlag, gegründet von dem Unternehmens- und Führungskräfteberater Dr. Walter Rosenberger, dessen Programm Springer Gabler 2014 übernommen hat.

Bernd F. Pelz • Regina Mahlmann

Manager im Würgegriff

Eine Aufforderung zum Nachdenken
in turbulenten Zeiten

Bernd F. Pelz
Bornheim, Deutschland

Regina Mahlmann
Mahlmann Unternehmensberatung
Köln, Deutschland

Bis 2014 erschien der Titel im Rosenberger Fachverlag, Leonberg.

Edition Rosenberger
ISBN 978-3-658-07933-8   ISBN 978-3-658-07934-5 (eBook)
DOI 10.1007/978-3-658-07934-5

Die Deutsche Nationalbibliothek verzeichnet diese Publikation in der Deutschen Nationalbibliografie; detaillierte bibliografische Daten sind im Internet über http://dnb.d-nb.de abrufbar.

Springer Gabler
© Springer Fachmedien Wiesbaden Nachdruck 2015
Ursprünglich erschienen bei Rosenberger Fachverlag, Leonberg, 2007

Gedruckt auf säurefreiem und chlorfrei gebleichtem Papier

Springer Fachmedien Wiesbaden ist Teil der Fachverlagsgruppe Springer Science+Business Media
(www.springer.com)

Inhalt

Abbildungen

Vorwort

Dies ist ein Lesebuch für Unternehmensführer, Manager mit unternehmerischer Verantwortung und solche, die es werden wollen. Die Idee zu diesem Buch entstand aus einem auf langjähriger Beratungs- und Führungspraxis gründenden, intensiven Gedanken- und Erfahrungsaustausch der Autoren über die Probleme heutiger Unternehmer und Manager. Wir wissen aus zahlreichen Gesprächen mit Führungskräften, dass diese sich heute im Würgegriff unterschiedlichster Anforderungen, besonders aus der Finanzwelt, befinden. Den Unwägbarkeiten auf dem Parkett des internationalen Geschäftes wird durch Abschluss einer Vermögensschadenshaftpflicht begegnet; gegen die Unwägbarkeiten im Umgang mit den Medien und Fondsmanagern bei Roadshows oder auf Hauptversammlungen ist außer guter Vorbereitung noch kein richtiges Kraut gewachsen. – Trotzdem möchten wir nicht jammern, anklagen oder Führungskräfte bedauern. Diese haben sich ja ihr Schicksal selbst ausgesucht.

Es geht uns darum, besondere Aspekte aufzuzeigen, über die nachgedacht werden sollte, und Anregungen zu geben, wie Unternehmer und Manager durch systemisches Denken und kluges Führungsverhalten sich den Würgegriffen und Diktaten zumindest teilweise entziehen können. „Teilweise" bezieht sich dabei auf die Beobachtung, dass Unternehmer und Manager sich als Teil eines weltweiten Prozesses wieder finden, der zwar gerichtet, aber nicht gesteuert ist und nicht steuerbar erscheint. Keinem Akteur ist bekannt, wohin die globale Logik des Wirtschaftens und der Lebensorganisation treibt und was an ihrem Ende stehen wird. Die Konsequenzen scheinen ungekannt zu sein, so dass es umso dringlicher wird, in einem demokratischen Dialog als einem Dialog von Gleichwertigen die Richtung des Treibens ebenso zu analysieren wie die Implikationen, die dieser Prozess für die gesamte Lebenswelt in sich birgt.

Die Über- und Einblicke, die wir Ihnen anbieten, mögen zum Reflektieren und zu kritischer Sichtweise ermuntern und dazu beitragen, sich als Führungskraft und Unternehmer souveräner auf dem Markt des Wirtschaftens zu verhalten. Bildlich gesprochen, ähnelt das Buch einem beweglichen Strahler, den wir über die gesamte Wirtschaftslandschaft schwenken. Er leuchtet das Gelände ab und verweilt auf einigen Orten, um genauer zu erkennen, was dort geschieht. Es ist also kein Methodenbuch, sondern eine auffordernde Lektüre, die Ihr Nachdenken über Ihr unternehmerisches Wirken sowie Ihre persönliche berufliche Perspektive befördern soll. Dabei haben wir eine pragmatische Sicht gewählt: Erstens möchten wir Ihnen ein handliches Buch offerieren, das zum Mitführen und Lesen einlädt. An dieser Zielsetzung gemessen, soll es einen attraktiven Umfang haben. Kein Kompendium, sondern eine selektive Auswahl dessen, an was wir Sie besonders erinnern möchten, damit Sie im Alltag des Führens spezielles Augenmerk darauf lenken. In diesem Sinne unterliegt die Anlage des Buches nicht nur einer quantitativen, sondern auch einer qualitativen, sprich: inhaltlichen Beschränkung. Sie zielt auf das Repertoire erörterter Themen als auch auf die Ausführlichkeit, in der Themen besprochen werden. Selbstverständlich werden die „Steckenpferde" der Autoren, also die Facetten der Unternehmensführung, die ausgezeichnete Behandlung verdienen, umfänglicher dargestellt als jene Themen, die bereits in breiter und populärer Weise genügend diskutiert wurden und werden. Dort, wo wir Ihnen empfehlen, tiefer und weiter zu schauen, werden Sie Literaturhinweise finden – anstatt Zusammenfassungen von Gedanken und Erfahrungen, die andere Theoretiker und Praktiker bereits ausführlich durchschritten und hinlänglich beschrieben haben.

Zum Zweiten möchten wir Ihren Blick auf das Ganze richten. Diesem Zweck dienen die Ausführungen zur heutigen Wirtschaftswelt. Sie skizzieren in einer Art Panoramablick, innerhalb welcher nationaler und internationaler Rahmenbedingungen und nach welchen Logiken Unternehmen aktuell und in naher Zukunft maßgeblich auf dem sich globalisierenden Markt funktionieren, sowie welche Herausforderungen Unternehmen und Führungskräfte sich zu vergegenwärtigen und zu bewältigen haben. Das betrifft sowohl unternehmerisch relevante Aspekte, die eher betriebswirtschaftliches Wissen und Werkzeug verlangen, als auch jene Variablen, die auf nationalökonomische Aspekte verweisen, und solche, die zur mentalen und kognitiven Ausrüstung gehören, um kompetent und wirksam sich selbst, Mitarbeitende und Unternehmen zu führen.

Zum Dritten verfolgen wir durchaus den Wunsch, Sie unterhaltend zu informieren, Ihnen auf leicht lesbare Weise jene Kenntnisse ins Bewusstsein zu rufen, die im Gedächtnis verschollen oder auch neu sind. Aus diesem Grund wechseln die Darstellungsweisen. Neben monologischen Erörterungen finden Sie graphisch flankierte Ausführungen von Sach-

verhalten – manches Mal durchaus mit einer Wertung ausdrücklich ver-
sehen; Beispiele und kurze Dialogsequenzen verdeutlichen die Logik all-
tagstypischer Situationen und dienen als Material, Gedankenfiguren zu
erklären oder den jeweiligen Kerngedanken zu skizzieren. Zuweilen
konnten wir der Verlockung nicht widerstehen, Handlungsempfehlungen
oder Tipps auszuschreiben.

Wir hoffen, Ihnen eine anregende Aufforderung zu bieten, die durchaus
Kontroversen auslöst und das Nachdenken, für das wir plädieren, dialogisch verstärkt.

Dr. Regina Mahlmann
Dr. Bernd F. Pelz

1 Wirtschaften heute

1.1 Immer schneller ans unbekannte Limit

Die Welt ist, wie man sagt, volatiler geworden, d. h. die Veränderungen erfolgen im Vergleich zur Vergangenheit schneller, häufiger und stärker. Dies geschieht nicht nur auf den Finanzmärkten, sondern in nahezu allen Wirtschafts- und Lebensbereichen.

Ohne Zweifel haben in den letzten drei Jahrzehnten die Entwicklungen in der Informations- und Kommunikationstechnologie, die Öffnung der Märkte im Zuge der Globalisierung und die zunehmende Dominanz der Finanzmärkte zu fundamentalen, strukturellen Veränderungen in der Art und Weise unseres Wirtschaftens geführt. Um einige zu nennen: die Verkürzung von Produktlebenszyklen, das Verschwinden vertrauter sowie das Entstehen neuartiger Wirtschaftszweige; außerdem das kritischer gewordene Nachfrageverhalten von Kunden, große Schwankungen auf den Beschaffungsmärkten, Verlagerungen von Arbeitsplätzen in großem Stil, der Auftritt bisher unbekannter Investoren und zunehmend schwierigere Kapitalbeschaffung für den Mittelstand haben maßgeblich dazu beigetragen – und tun es noch –, dass Unsicherheit sich breit macht: bei Unternehmern und Führungskräften ebenso wie bei Mitarbeitern und in der Öffentlichkeit ganz allgemein.

Ein Ausdruck dieses Veränderungsklimas sowie sich wandelnder Rahmenbedingungen sind die sich markant verkürzende Lebensdauer von Unternehmen, der deutliche Anstieg sowohl von Unternehmensinsolvenzen als auch von Neugründungen sowie weltweit der Boom bei Fusionen und Übernahmen.[1][2] Das angekündigte Transaktionsvolumen der zehn größten Mergers & Acquisitions-Firmen der Welt belief sich im Jahr 2006 auf über 7,5 Billionen Dollar. Die Gebühreneinnahmen aus deren Transaktionen im Jahr 2006 betrugen 12,6 Milliarden Dollar.[3]

Abb. 1: Gründungen und Liquidationen 1991-2005 in Deutschland

Im Einklang mit diesen gravierenden Veränderungen hat auch die Verweildauer von Unternehmensführern an der Spitze von Unternehmen abgenommen: Während 1995 die Vorstandsvorsitzenden der weltweit 2500 größten börsennotierten Unternehmen noch durchschnittlich 9,5 Jahre im Amt waren, gingen sie 2004 bereits nach 6,6 Jahren. – Dabei lastet offensichtlich in Europa ein größerer Druck auf den Führungskräften als auf ihren US-Kollegen. Europäische Manager können nur 2,5 Jahre mit der Nachsicht ihrer Aufsichtsräte rechnen. In Amerika müssen sie dagegen erst nach 5,2 Jahren ihre Position zur Verfügung stellen. Weltweit wird der Rücktritt bei schlechter Leistung durchschnittlich nach 4,5 Jahren erzwungen. Im Jahr 2005 verließ in Europa jeder siebte Vorstandsvorsitzende seinen Posten. Im deutschsprachigen Raum erfolgte dabei rund jeder zweite Wechsel aufgrund mangelnder Leistung.[4] So wie es aussieht, sind die Zeiten des Vorstandsvorsitzenden auf Lebenszeit endgültig vorbei.

Als Erfolgsrezept für das Überleben von Unternehmen werden Geschwindigkeit, Effizienz, Flexibilität und Wissensmanagement angepriesen. Die Welt der Berater und Lehrstuhlinhaber erfindet in immer kürzeren Intervallen erfolgversprechende Denkansätze und Managementmethoden, die konstruktivistische, kybernetische, systemtheoretische, kognitionstheoretische, medientheoretische und andere Elemente enthalten, bis hin zu „oszillodoxen Organisationen, die virtuos in unauflösbaren Paradoxien oszillierend den Widerwärtigkeiten der Welt trotzen" sollen, wie man den Internetseiten der Zeppelin-Universität Friedrichshafen entnehmen kann.[5]

Als Hauptmerkmale der Arbeitswelt des 21. Jahrhunderts werden gemeinhin genannt[6]:

- Ein schneller Verfall des erworbenen Wissens aufgrund der zunehmenden Schnelligkeit der technologischen Entwicklung mit der Konsequenz eines ständigen „Neulernens";
- Die Beschäftigung im Dienstleistungsbereich, die besondere soziale, kommunikative Kompetenz, so genannte Emotionsarbeit erfordert, wird bedingt durch den Rückgang der Beschäftigung in den klassischen Bereichen der Landwirtschaft und der Produktion, steigen;
- Die Reduzierung der „Normalarbeitszeitverhältnisse", um saisonale Schwankungen in der Auftragslage produktiver durch Leiharbeiter auffangen zu können;
- Eine beständige „Freisetzung" von Mitarbeitern infolge des Einsatzes neuer Technologien und anderer Rationalisierungserfordernisse;
- „Patchwork-Lebensläufe", d. h. Erwerbsphasen und Nichterwerbsphasen werden zum Bestandteil der Normalbiografie, auch von Männern;
- Die zunehmende Verwischung der Grenzen zwischen Arbeit und Freizeit, besonders durch die Informations- und Kommunikationstechnologie und die Verknüpfung von Arbeitsplätzen in unterschiedlichen Zeitzonen;
- Der Übergang zu einer 24-Stunden-Gesellschaft, in der Dienstleistungen rund um die Uhr erbracht werden und Geschäfte immer geöffnet sind;
- Ein Fachkräftemangel, unter anderem bedingt durch die demografische Entwicklung sowie infolge des Umstandes, dass weniger junge Menschen eine Fachausbildung abschließen werden;
- Die Verfügbarkeit eines erhöhten Anteils qualifizierter Frauen, weil mehr junge Frauen als junge Männer Abitur machen und ein Studium beginnen.

Als Erfolgsrezept für den Einzelnen wird vor allem „lebenslanges Lernen", „Mobilität" und „Anpassungsbereitschaft" propagiert. In welchem Maße wir uns diese Erfolgsrezepte aneignen können, wird die Zukunft zeigen.

Dass Menschen mit diesen Brüchen und Umschwüngen vor allem in psychologischer Hinsicht Schwierigkeiten haben, belegt beispielsweise die Studie der Betriebskrankenkassen zum Anstieg von Gesundheitsproblemen bei Mitarbeitern und Managern, bei Leiharbeitern und Telearbeitern: Jeder zwölfte Ausfalltag wegen Krankheit ist mit einer psychischen Diagnose verbunden. Ihr Anteil an den Krankheitstagen hat sich seit Beginn der Neunzigerjahre mehr als verdoppelt.[7]

Der Anstieg der Wirtschaftskriminalität lässt vermuten, dass dem wirtschaftlichen Erfolgszwang vermehrt durch unlauteres Handeln ausgewichen wird bzw. die relative Unkontrolliertheit mehr Raum für unredliches Handeln bietet: In den vergangenen zwei Jahren wurde im internationalen und deutschen Vergleich fast jedes zweite Unternehmen Opfer eines Wirtschaftsdelikts. Von den deutschen Unternehmen mit über 5000 Mitarbeitern waren sogar 62 Prozent betroffen. Insgesamt verloren die befragten deutschen Unternehmen in diesem Zeitraum über 250 Millionen Euro.[8][9]

Die Hoffnung, dass sich der allgemeine Druck auf die in den Ländern der Ersten Welt Tätigen in absehbarer Zeit reduzieren wird, ist trügerisch. Das erschließt sich bereits aus der Betrachtung der folgenden Fakten und Projektionen, die mit der globalen Entwicklung einhergehen. Die Abbildungen aus einem Sonderbericht der Zeitschrift „The Economist" demonstrieren es eindrücklich.[10]

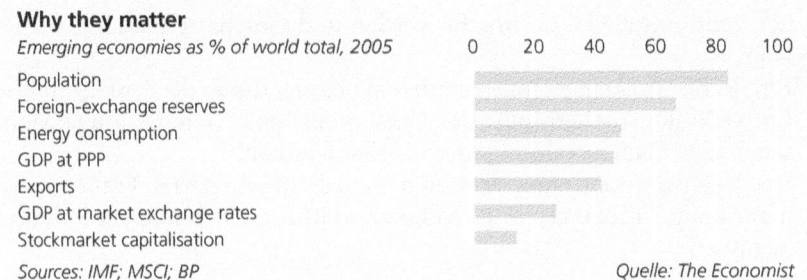

Abb. 2: *In den Entwicklungsländern leben gegenwärtig 80 Prozent der Weltbevölkerung*

2040 vision
World's ten biggest economies, United States = 100

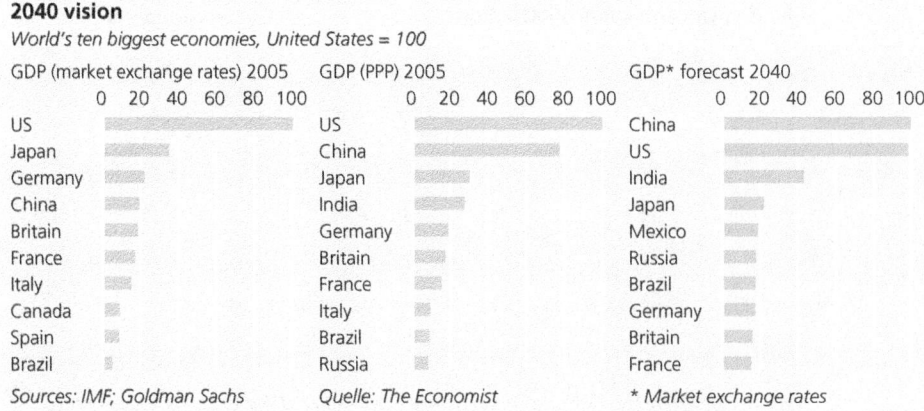

GDP (market exchange rates) 2005	GDP (PPP) 2005	GDP* forecast 2040
0 20 40 60 80 100	0 20 40 60 80 100	0 20 40 60 80 100
US	US	China
Japan	China	US
Germany	Japan	India
China	India	Japan
Britain	Germany	Mexico
France	Britain	Russia
Italy	France	Brazil
Canada	Italy	Germany
Spain	Brazil	Britain
Brazil	Russia	France
Sources: IMF; Goldman Sachs	*Quelle: The Economist*	** Market exchange rates*

Abb. 3: China und Indien werden sich zu wirtschaftlichen Großmächten entwickeln. Deutschland wird weltwirtschaftlich deutlich zurückfallen

The bill from the China shop   *Wages as % of national income, G10 countries**

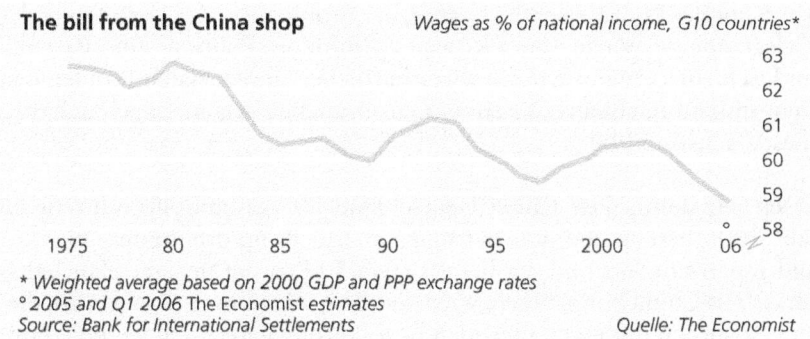

1975	80	85	90	95	2000	06

* Weighted average based on 2000 GDP and PPP exchange rates
° 2005 and Q1 2006 The Economist estimates
Source: Bank for International Settlements   *Quelle: The Economist*

Abb. 4: Die Verdoppelung der weltweit verfügbaren Zahl an Arbeitskräften durch die Globalisierung hat in den Industrienationen zu einem Rückgang der Löhne geführt

Body count   *University students graduating in science and engineering, '000*
  ▪ *1990-91*   ▪ *2002-04*

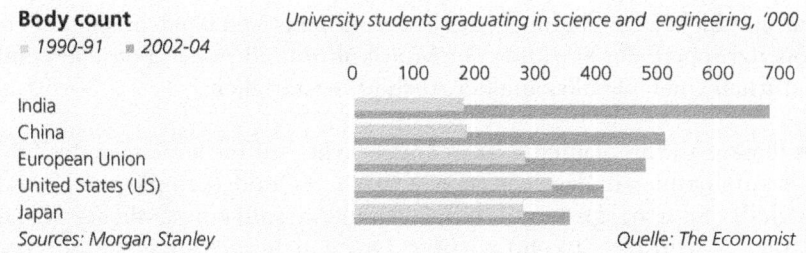

	0	100	200	300	400	500	600	700
India								
China								
European Union								
United States (US)								
Japan								

Sources: Morgan Stanley   *Quelle: The Economist*

Abb. 5: In Indien und in China gibt es mehr Studierende in wissenschaftlich-technischen Fächern als in Europa

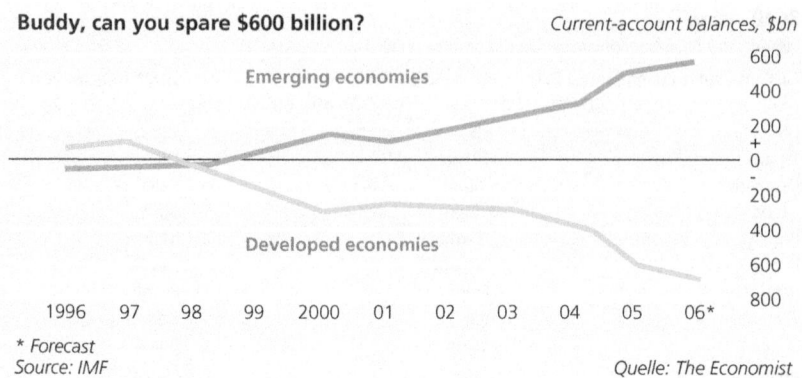

Abb. 6: Mit ihren Handelsbilanzüberschüssen finanzieren die Entwicklungsländer
Defizite in den Industrieländern

Aus Sicht der Politik liegt die Lösung der Probleme in der Verfolgung der
Zielsetzungen: Wachstum + Konsum + Bildung. Politiker aller Parteien
sind sich einig: Wenn wir die wirtschaftlichen und sozialen Probleme in
Deutschland nachhaltig lösen wollen, brauchen wir mehr wirtschaftliches Wachstum.(11)

Lesen wir dann, dass China Deutschland als Automobilproduzent im
Jahr 2006 bereits überholt hat und nun auf Rang drei hinter den USA
und Japan rangiert und wir bereits etwa 50 Prozent unserer Haushalts-
geräte aus China importieren, wird deutlich, wie schwer es sein wird, diesem Anspruch mit einer alternden Bevölkerung gerecht zu werden. Hinzu kommt, dass schon jetzt in vielen Branchen geeignete Nachwuchs-
kräfte fehlen. Weitere Lösungsansätze, so die Auffassung, bieten sich in
einem stärkeren Einsatz weiblicher Mitarbeiter im Verbund mit famili-
enfreundlichen Maßnahmen, der Integration bis jetzt benachteiligter Per-
sonengruppen, der Stärkung der Multikulturalität in den Betrieben und
natürlich einer Verstärkung der Ausbildungstätigkeit.

In diesem Zusammenhang ist es angebracht, auf die zunehmende Zahl
von Anglizismen in der deutschen Wirtschafts- und Techniksprache und
auch der Sprache der Politik hinzuweisen. Sie sind ein deutliches Signal
dafür, dass für die Zukunft wichtige Dinge nicht mehr in einem führenden Deutschland erfunden und eingesetzt werden, sondern anderswo.

Wir leben heute in einer Umbruchphase, die der industriellen Revolution im 19. Jahrhundert vergleichbar ist oder in ihren Auswirkungen diese gar überschreitet: „Das alles war plötzlich geschehen und kein König,
kein Priester oder Potentat hatte dem Einhalt gebieten können. Hier war
die magische, zuvor fast unmöglich erscheinende Verbindung zwischen
Wohlstand und Fortschritt hergestellt."(12)

Es gibt keinen Zweifel, dass wir uns in einer ähnlichen Phase befinden.
Wir lassen uns fast alle von derselben Vorstellung leiten: nämlich der Verknüpfung des Fortschritts mit einem zukünftigen Wohlstand für alle, und
wir akzeptieren, dass diese Idee von der gigantischen Maschinerie der internationalen Firmen verstärkt und besonders auch von den Finanzmärkten unterstützt und massiv vorangetrieben wird. Die Vorstellung einer weltweiten Durchsetzung des demokratischen Systems wird die Hoffnung auf zunehmenden Wohlstand zudem eher befördern als hemmen.
Allerdings sind zu der genannten Hoffnung gegenläufige Tendenzen un-
verkennbar. Firmeneigentümer, Unternehmer oder Unternehmens-
führungen etwa lösen sich immer weiter von lokalen sozialen Bindungen
und damit aus der Verantwortung für die Schaffung und Erhaltung lo-
kaler Arbeitsplätze. Die Arbeit wird dahin verlagert, wo die wachsenden
Märkte und die kostengünstigsten Arbeitsbedingungen sind. Die Hoffnung oder der Glaube, dass qualitativ hochwertige Produkte einen Ret-
tungsanker darstellen, kann günstigstenfalls dann bestätigt werden,
wenn die Produkte auf spezielle lokale Märkte oder die Erfordernisse des
Weltmarktes zugeschnitten sind und zu wettbewerbsfähigen Preisen pro-
duziert und vertrieben werden können. Ebenso mehren sich die Anzeichen, dass letztlich auch die Innovationstätigkeit dahin geht, wo das
Marktwachstum stattfindet, weil Innovation sich aus der Information
der Märkte und der dort angesiedelten Produktionen speist.

„Was der Prognostiker zur Überraschung seiner selbst und des Publi-
kums konstatiert, ist eine gewisse Eigendynamik der Weltgeschichte, die
sich zwar von den Aktionen und Interaktionen der Beteiligten speist, aber
an keinen als alleinigen Adressaten zurückadressiert werden könnte. Es
bildet sich ein im Ganzen nach Richtung und Strömungstendenz klar be-
schreibbarer Prozess heraus. Aber niemand hat die Richtung vorge-
schrieben, ausgedacht, den Gang dahingehend kommandiert. Was der
Prognostiker beschreibt, ist ein gerichteter Prozess, den niemand steu-
ert."(13)

Mit anderen Worten: Die überwiegende Zahl der nationalen Wirtschaften dieser Welt hat sich das Ziel gesetzt, im globalen marktwirtschaftlichen Wettbewerb Schritt zu halten und durch weiteres Wachstum ihrer Wirtschaft und steigenden Konsum ihrer Bürger das Wohlstandsniveau zu erhöhen. Eine Umwandlung aller Staatsformen in Demokratien wird politisch dabei als gleichrangige Zielsetzung gesehen. Die Vorgehensweise ist die des Versuchs und Irrtums, wie sich an einer Reihe von afrikanischen Staaten oder auch im Irak leicht nachvollziehen lässt.

Auch auf Seiten der Biologie mehren sich kritische Stimmen, denen zunehmend Gehör geschenkt werden sollte, weil sie – unter anderem – auf Grenzen der aktuell laufenden Globalisierung verweisen. Zitiert sei die pointierte Formulierung des Biologen Hans Mohr aus dem Jahr 1992: „Vor 15 000 Jahren lebten auf der Erde etwa 5 Millionen Menschen auf der Erde, und die Tragekapazität unter den damaligen Produktionsbedingungen – Sammler und Jäger – war nach allem, was wir darüber wissen, erschöpft. Seitdem hat sich die Tragekapazität vertausendfacht. Ein Triumph menschlicher Freiheit und Schöpferkraft, so scheint es. Aber wir sollten uns nicht täuschen: Wir leben von der Substanz. Die hohe Tragekapazität verlangt nicht nur die völlige Umwandlung der Natur in produktive Umwelt; sie verlangt darüber hinaus die konsequente Verwandlung der Welt in eine gigantische Produktions- und Abfallbeseitigungsmaschine. Der Mensch beansprucht derzeit, direkt oder indirekt bereits 40 Prozent der Nettoprimärproduktion der Landflächen für sich. Für alle übrigen Konsumenten – etwa drei Millionen Tierarten – bleiben die restlichen 60 Prozent. Noch nie in der Geschichte des Lebens hat eine Art eine solche numerische und ökologische Dominanz ausgeübt."[14]

Wie der Physiochemiker Friedrich Schmidt-Bleek 1998 eindringlich beschreibt, erfolgen die Eingriffe des Menschen in die Ökosphäre so schnell, dass die natürlichen Prozesse nicht mehr zum Zuge kommen: In den vergangenen vierzig Jahren ging fast ein Drittel des landwirtschaftlich nutzbaren Bodens der Erdoberfläche durch Erosion verloren. Das wichtigste ökologische Problem sind bei diesen Eingriffen die Stoffströme, die wir mit technischen Hilfsmitteln auf diesem Planeten in Bewegung setzen. Berechnet man, wie viel Materialien für die in der BRD verbrauchten Güter aus der Umwelt entnommen und aufgearbeitet werden müssen, so „verbraucht" jeder Deutsche 80 Tonnen fester Materialien aus der Umwelt und 600 Tonnen Wasser im Jahr. Wenn alle aufstrebenden Nationen ähnlich viel konsumieren werden, „werden wir voll damit beschäftigt sein, das nackte Überleben in einer immer menschenfeindlicher werdenden Umwelt zu sichern."

Wurde seit Beginn der Industrialisierung die Produktivität des Faktors Arbeit durch immer höheren Einsatz von Energie und Rohstoffen laufend erhöht, geht es nun darum, die Produktivität dieser Ressourcen vergleichbar anzuheben, wie z. B. durch langlebige, reparaturfreundlich gestaltete Produkte, Leasing statt Kauf, Ressourcen sparende Herstellung und Design und Mehrfach-Nutzen von Produkten.(15)

Die Ergebnisse der Weltklimakonferenz im November 2006 in Nairobi, der Bericht des International Panel on Climate Change vom Februar 2007 in Verbindung mit vielen Medienberichten über den Rückgang der Gletscher in den Alpen und an den Polen hat ergänzend zu den Themen des ausufernden Rohstoff-, Energie- und Landverbrauchs die Konsequenzen der zunehmenden Erderwärmung für ein breites Publikum unter dem Begriff Klimawandel deutlich gemacht.(16) Was immer noch fehlt, sind eine internationale, konzertierte Aktion zur nachhaltigen Schonung unserer lebenserhaltenden Ressourcen und umsetzbare Vorschläge, wie die ökologischen Zielsetzungen mit den Zielen wirtschaftlichen Wachstums in Einklang gebracht werden können.

1.2 Weltmacht Finanz: Quo vadis?

Was ich nicht weiß, macht mich nicht heiß, sagt man. Als Manager und Unternehmer sollte man sich diesen Spruch nicht zu eigen machen, jedenfalls nicht in Bezug auf die Finanzwelt. War die Finanzwelt vor nicht allzu langer Zeit ein Anhängsel und ein Partner der Waren- und Dienstleistungswelt, so ist heute die Waren- und Dienstleistungswelt ein Anhängsel und bestenfalls Partner der Finanzwelt. Heute setzt sie die Maßstäbe für Bonität, Profitabilität und Kreditwürdigkeit. Wie kam es zu dieser Umkehrung in der Gewichtung, und welche zukünftige Entwicklung lässt sich aktuell ablesen oder folgern?

In den vergangenen Jahrzehnten hat sich die Finanzwelt, parallel zur Globalisierung der Waren- und Dienstleistungsmärkte, in mehrfacher Hinsicht stark verändert:

- Globalisierung der Finanzmärkte durch Liberalisierung;
- schnellere Informationsübermittlung durch neue Technologien;
- Abwicklung von Finanztransaktionen zunehmend durch Kapital-marktteilnehmer direkt;
- verschiedenste Veränderungen in den Geschäftsmodellen von Banken, Versicherungen und anderen Finanzdienstleistern.

Die wesentlichen Institutionen der Finanzwelt (Pensionsfonds, Versicherungen, Stiftungen, Banken, Investmentbanken, institutionelle Investoren) managen heute ein Finanzvermögen von über 45 Billionen Dollar. Das entspricht etwa dem 1,5-fachen der Bruttosozialprodukte aller OECD-Staaten. Tendenz steigend. Von 1980 bis 1999 ist das weltweite Finanzvermögen (Aktien, Anleihen, Bankguthaben, Barvermögen etc.) mehr als doppelt so schnell gewachsen wie die Bruttosozialprodukte der reichen Länder, nämlich von 12 auf fast 80 Billionen Dollar.[17] Das internationale Kapital ist extrem mobil geworden und bewegt sich sekündlich an die Stellen, wo Gewinne optimiert werden können, und weg von den Stellen, wo dies nicht der Fall ist. Das tägliche Volumen der Finanzmärkte wuchs im Jahr 2004 auf 1,9 Billionen Dollar, das der nicht gemeldeten Transaktionen auf 1,2 Billionen Dollar. Die Finanzmärkte setzen damit in rund vier Tagen so viel Kapital in Bewegung wie der gesamte Welthandel in einem Jahr.[18]

Zur Veranschaulichung noch ein Größenvergleich: Das Welthandelsvolumen (2004) betrug 10,980 Billionen Dollar, davon 8,88 Billionen Dollar an Waren und 2,1 Billion Dollar an Dienstleistungen. Das Bruttosozialprodukt von Deutschland (2004) betrug 2,216 Billionen Euro[19], der Bundeshaushalt hat 2007 ein Volumen von 0,270 Billionen Euro. Der Börsenumsatz an den deutschen Börsen belief sich 2006 hingegen auf rund 5 Billionen Euro.[20] Der Wert der Aktien der 400 größten Finanzdienstleister der Welt betrug 2006 knapp 11 Billionen Dollar.[21]

Bemerkenswert ist, dass diese Geldmengen von nur relativ wenigen großen, global agierenden Institutionen und Firmen bewegt werden. Nicht zu Unrecht wird deshalb vom Entstehen eines lateralen Weltsystems[22] oder auch einer transnationalen Kapitalistenklasse[23] gesprochen, welche gegenwärtig relativ unbeeinflusst über die Köpfe von Regierungen hinweg die Kapitalflüsse lenkt, globale Entscheidungen trifft und sich demokratischen Regulationsmechanismen entzieht.[24]

Aufgrund der historischen Entwicklung dominieren die Amerikaner, u. a. über ihren Einfluss auf den Internationalen Währungsfonds und die Welthandelsorganisation, die globalen Finanz- und Handelsaktivitäten. In Europa liegt das Finanzzentrum in London. Deutschland kämpft um Erhalt und Ausbau des Finanzstandortes Frankfurt und hat praktisch nur noch eine wirklich global agierende und bedeutende Bank, die Deutsche Bank.

Der Schritt zu einer einheitlichen Währung in Europa, dem Euro, war daher ein wichtiger Schritt, um an den internationalen Kapitalmärkten überhaupt noch eine Rolle zu spielen, da ein Land wie Deutschland dazu heute schon zu klein ist. Im Weiteren bedarf es dringend einer Vereinheitlichung der Steuergesetzgebung und anderer unterstützender Maßnahmen, um der heutigen Dominanz der USA oder der globalen agierenden Institutionen begegnen zu können. Detaillierte Erläuterungen zur Entwicklung der Kapitalmärkte in Europa finden sich bei Detlev Hummel/Rolf E. Breuer im Handbuch Europäischer Kapitalmarkt.[25]

Der Siegeszug des amerikanisch geprägten Kapitalismus ist also gegenwärtig und in absehbarer Zeit nicht aufzuhalten. Das heißt für Unternehmer praktisch:

- Es gibt gegenwärtig und in absehbarer Zukunft weltweit keine Alternative;
- Börsennotierte, kapitalmarktorientierte Unternehmen müssen seit 2005 nach internationalen Standards (IFRS) bilanzieren;
- Für die Kapitalaufnahme durch den Kapitalmarkt bekommt die Kapitalrendite eine wachsend zentrale Bedeutung (Basel II);
- Gegenwärtig gilt eine Kapitalrendite auf das Eigenkapital von 11 bis 12 Prozent als normal;
- Neben der Kapitalrendite gewinnen die Transparenz des Unternehmens und die Glaubwürdigkeit der Vorhersagen des Managements zunehmend an Bedeutung;
- Die Beurteilung der Zukunft von Unternehmen erfolgt über die Beantwortung der Frage, ob sie neben der Marktstrategie eine Wertstrategie besitzen;
- Die Frage der Wertsteigerung von Unternehmen wird mit Hilfe der Discounted Cash Flow Methode oder anderen Methoden (EVA, ERIC) beurteilt, die eine Aussage darüber machen, ob ein Unternehmen in Zukunft mehr als seine Kapitalkosten verdienen wird.

Untersuchungen zeigen, dass viele deutsche Firmen aus dieser Perspektive betrachtet Unternehmenswert vernichten.[26] Solche Unternehmen

- stellen Wachstumsziele über Wertsteigerung;
- haben einen stark schwankenden Umsatz;
- haben eine stark schwankende Gewinnentwicklung;
- können sich nicht für eine Wettbewerbsstrategie entscheiden;
- können Ausgaben für Innovation nicht in Umsatz übertragen;
- lagern Bereiche aus, die zum Kerngeschäft gehören;
- treffen häufig falsche Personalentscheidungen;
- probieren fast willkürlich neue Managementkonzepte aus.

Erklären lässt sich die drastisch gewachsene Bedeutung der Kapitalmärkte für das Wirtschaftsgeschehen insgesamt nur vor dem historischen Hintergrund der Entwicklung seit dem Zweiten Weltkrieg. Sie zeigt, wie schnell und grundlegend sich unter gegebenen Voraussetzungen Machtverhältnisse ändern können: Aufgrund der Tatsache, dass nach dem Zweiten Weltkrieg nur Amerika über einen großen, intakten Binnenmarkt verfügte, entstand gewissermaßen ein Entwicklungsvorsprung für den amerikanischen Kapitalismus, der sich unter anderem auszeichnet durch die Entwicklung von dominanten Großfirmen in allen Wirtschaftsbereichen, in Industrie, Handel, Dienstleistungen und Finanzen. Es ist zu erwarten, dass wegen seiner bereits bestehenden Überlegenheit und wegen des Mangels an alternativen Modellen, die Entwicklung in Europa, Indien, China und anderen Regionen der Welt diesem Modell folgt. Die USA haben diesen Entwicklungsvorsprung konsequent zur weltweiten Ausweitung ihrer wirtschaftlichen Macht genutzt unter dem allgemein zitierten Credo: „Business is the greatest engine of wealth in society. Creating wealth is the only real source of social security."

Im Folgenden haben wir einige markante Daten dieser Entwicklung für den Bereich produzierender Unternehmen notiert, wobei die Jahreszahlen für den Zeitraum stehen, ab dem diese Entwicklungen Einfluss auf Verhalten und Denkweisen genommen haben:

1950: die Nobelpreisträger Franco Modigliani und Merton Miller zeigen, dass die Fremdfinanzierung von Unternehmen günstiger sein kann als die Finanzierung durch Eigenkapital.

1960: Amerikanische Manager werden von der Finanzwelt gerügt als introvertiert, auf das Wachstum, die Diversifikation von Unternehmen fixiert, mit der Betonung von Unternehmen als einer „Familie". Es wird festgestellt, dass die Unternehmen zur Erfüllung ihres Unternehmenszwecks zu „fett" sind, über zu viel Vorräte, Betriebsmittel und Mitarbeiter verfügen.

1970: Manager werden aufgefordert, Aktionärsinteressen ihren eigenen Interessen hintan zu stellen. Dies erklärt sich im Wesentlichen durch die zunehmende Beteiligung von Versicherungen und Pensionsfonds an Unternehmen. – Es kommt zu heftigen Auseinandersetzungen über die Frage, wie Unternehmen geführt werden sollen.

1980: Es bilden sich Finanzinvestoren heraus, die mit Hilfe von Fremdmitteln „fette" Unternehmen kaufen und dann durch den Verkauf von Unternehmensteilen oder nach Restrukturierung des gesamten Unternehmens viel Geld verdienen. Dies löst eine gigantische Welle von Firmenübernahmen aus und führt zu einem Produktivitätsanstieg in der amerikanischen Wirtschaft.

1990: Der Siegeszug dieser Bewegung manifestiert sich weltweit in dem Dogma des Shareholder Values, des Risikomanagements und der Corporate Governance Bewegung.[27] Konsequenz: Ein Unternehmen, das nicht mehr verdient als seine Kapitalkosten, vernichtet Unternehmenswert. Das ist auf absehbare Zeit die unausweichliche Messlatte.

2000: Die europäischen Staaten passen ihre Gesetzgebung an die Gegebenheiten des globalen Finanzmarktes an. Der globale Markt der Finanzinvestoren bemächtigt sich immer stärker der Waren- und Dienstleistungswirtschaft durch Direktinvestitionen, Finanzierung von Übernahmen, Beteiligungen, Private-Equity-Aktivitäten, Public Private Partnerships, Real Estate Investment Trusts etc.

Insgesamt drängt sich der Eindruck auf, dass das unter dem Stichwort „Deutschland AG" verschriene Engagement der deutschen Banken und Versicherungen jetzt durch die verschiedensten internationalen Finanzinvestoren erfolgt. Das Ergebnis wird dann eine „Deutschland International AG" sein, in der nicht mehr primär die deutschen Banken und Versicherungen an inländischen Firmen beteiligt sind, sondern überwiegend

Investoren, die sich international bewegen. Eine zutreffende Beschreibung des Endes der Deutschland AG befindet sich in dem lesenswerten Positionspapier von Goldman Sachs vom August 2006 mit dem Titel „Capital Markets and the End of Germany Inc."[28]. Darin wird aufgezeigt, wie der Einfluss der deutschen Banken auf die Wirtschaft durch die internationalen Kapitalmärkte zurückgedrängt wird und sich die deutsche Wirtschaft von einer bankenbasierten zu einer marktgetriebenen Volkswirtschaft hin entwickelt. Der Beweis, ob dieser Wandel zu einer höheren Produktivität der deutschen Volkswirtschaft führen wird, ist allerdings noch zu erbringen.

Was die, mit obigen Entwicklungen verwobene Diskussion um die Gehälter von Vorstandsvorsitzenden (CEOs) in Deutschland angeht, so möchten wir dazu in Auszügen Ira Kay zitieren, die 1998 über die USA („we") und ihre Unternehmensführer (Chief Executive Officers, CEOs) geschrieben hat:

> „Because U.S. CEOs are motivated to focus on growth, globalization and efficiency, their pay is a competitive advantage in the global economy.
> We do not care how much someone gets paid as long as we get paid; it's our dirty little secret. CEO pay for performance has also increased employee's economic security by providing stronger job security for those who survive downsizing and for those who move on to new jobs with higher salaries, and by driving up the value of pension plans. Once again, U.S. pay practices are a source of international advantage. In Japan and Europe, fixed-pay programs, protectionism and guaranteed employment stifle competition and weaken economies. Requiring CEOs to purchase their company's stock, in addition to receiving options, is the most effective way to ensure that CEOs take prudent, not unnecessary, risks to increase shareholder value."[29]

Die in USA vorherrschende Meinung demnach war, und ist – wie wir dem Gedankenaustausch mit amerikanischen Freunden entnehmen – auch noch heute, dass, mit anderen Worten, Vorstände

- auch dafür bezahlt werden, den Weltmarktanteil der USA zu erhöhen, und wenn sie das tun, ihr Gehalt eine untergeordnete Rolle spielt,
- durch Personalabbau die wirtschaftliche Sicherheit der verbleibenden Mitarbeiter erhöhen,
- neben Aktienoptionen auch durch eigenen Kauf von Anteilen am Unternehmen beteiligt sein sollten und

• das Wirtschaftsmodell der USA international überlegen ist, weil es keine Fixgehälter, Anstellungsgarantien und andere protektionistische Maßnahmen kennt.

Einer der Überwachungsmechanismen, dass Vorstände ihre Unternehmen im Sinne dieser international akzeptierten Regeln führen, ist das so genannte „Rating".

Große, börsennotierte Unternehmen und auch Länder werden von unabhängigen Rating-Agenturen wie Moody's, Standard & Poor's und Fitch regelmäßig und bei besonderen Ereignissen auf ihre Kreditwürdigkeit bzw. Bonität beurteilt. Ein solches Rating stellt eine „Bonitätsnote" für das Unternehmen dar. Unternehmen mit einem guten Rating sind in der Vergangenheit sehr selten, Unternehmen mit einem schlechten Rating öfter ihren Zahlungsverpflichtungen nicht nachgekommen. Ratings werden in Investment-Grade und Speculative-Grade eingeteilt mit jeweils mehreren Untergruppen. Über ein positives Rating erhalten Unternehmen einen leichteren Zugang zu den Ressourcen des Kapitalmarkts und günstigere Zinsbedingungen. Ein negatives Rating erschwert den Zugang und bedeutet eine höhere Zinsbelastung bei der Aufnahme von Krediten. Im Zuge der Durchsetzung der Spielregeln der Kapitalmärkte werden sich auch kleinere Unternehmen in zunehmendem Maße einer Rating-Prozedur unterziehen müssen, wobei externe Rating-Agenturen in Betracht kommen oder interne Ratings durch die Hausbank des Unternehmens. Im Gegensatz zu kleinen und mittelständischen Unternehmen haben Großunternehmen jedoch die Möglichkeit, sich auch direkt am Kapitalmarkt zu bedienen, d. h. sie suchen sich ihre Kreditgeber selbst.

Börsennotierte Unternehmen müssen quartalsweise Unternehmensberichte veröffentlichen. Ebenso Aktiengesellschaften, die sich für eine Mitgliedschaft im Prime Standard der Frankfurter Börse entschieden haben. Die Quartalsberichte müssen zumindest eine Bilanz, eine Gewinn- und Verlustrechnung, eine Kapitalflussrechnung sowie einige weitere Angaben zu Geschäftätigkeit und Unternehmen enthalten. So nützlich die Quartalsberichte für Analysten und Investoren sind, so verleiten sie doch Vorstände zum Kurzfristdenken. Sich alle drei Monate möglichst gut darzustellen, ist eine große Herausforderung und Versuchung.

Im Zuge der zunehmenden Einflussnahme der Finanzwelt haben sich
Manager von börsennotierten Unternehmen immer häufiger mit Anle-
gern, meist in Gestalt von Fondsmanagern und Analysten verschieden-
ster Art, auseinander zu setzen über die Strategie und die Führung des
Unternehmens. Die meist am kurzfristigen Erfolg interessierten „Spieler"
der Finanzwelt handeln nach den Regeln der Finanzwelt und fordern
konsequenterweise möglichst große Transparenz, geringes Risiko und
maximalen Gewinn. Oder anders gesagt: die Konzentration auf das
Kerngeschäft, keine Subventionierung von Einheiten innerhalb eines
Konzerns, eine möglichst geringe Kapitalbindung, Veräußerung nicht betriebsnotwendigen Vermögens, möglichst hohe operative Margen und
damit Gewinne, die deutlich über den Kapitalkosten liegen. Die Forde-
rungen reichen bis hin zur Zerschlagung von Unternehmen, wenn angenommen oder spekuliert wird, dass aus einem Verkauf der Unterneh-
mensteile auf Sicht mehr Profit erwirtschaftet werden kann als mit der
Fortführung des Unternehmens in seiner gegenwärtigen Form. Die Interessen der lokal Beschäftigten spielen dabei nur eine untergeordnete
Rolle, weil sie in den Spielregeln der internationalen Finanzinvestoren
nicht als Regelgröße vorkommen.

Im Gegensatz zu England und Amerika ist in Deutschland die Finanzierung von Unternehmen durch internationales, privates Beteiligungskapital, d. h. das Eindringen internationaler Finanzinvestoren in die hei-
mische Wirtschaft, noch unterentwickelt. Die im angelsächsischen Bereich erzielten Größenordnungen sind in Deutschland bei weitem noch
nicht erreicht, daher gilt Deutschland als großer Wachstumsmarkt. Das
hat zur Folge, dass immer mehr Kapitalsammelstellen und private Investoren mit neuen Gesellschaften und Fonds an den noch ungeregelten
Markt drängen. Die bis jetzt ersichtlichen Auswirkungen wurden kürz-
lich von einem Vorstandsmitglied der Deutschen Bundesbank wie folgt
beschrieben:

> „Neben den Hedgefonds fallen Private Equity Gesellschaften durch ein zuneh-
> mend offensives Finanzierungsverhalten auf. So hat sich der Fremdkapitalanteil
> bei Unternehmensübernahmen – auch im Zuge von Weiterreichungen innerhalb
> der Branche – in den letzten Monaten erhöht. Entsprechend hoch ist der Druck
> auf die Zielunternehmen, die für die Tilgung notwendigen Cashflows zu gene-
> rieren. Je weiter der Hebel angesetzt wird, desto eher besteht die Gefahr, dass –
> etwa in Folge eines konjunkturellen Abschwunges – der entsprechende Schul-
> dendienst die Zielunternehmen überfordert. Zwar sind die Risiken bei diesen
> Transaktionen in der Regel weit gestreut, da die Finanzierung üblicherweise über

ein Konsortium von Banken erfolgt und die Risiken größtenteils auf den Se-
kundärmarkt verlagert werden. Gleichwohl sollten mögliche Folgen für die
Volkswirtschaft nicht übersehen werden. Geht der von den Private Equity Häu-
sern ausgehende Ausschüttungsdruck zu Lasten der Eigenkapitalpuffer, könnte
dies durchaus ernst zu nehmende Stabilitätsimplikationen haben.[30]

Aufgrund des geschilderten Einflusses und der Dominanz der Finanzmärkte ist vorhersehbar, dass der deutsche Markt für Unternehmensbe-
teiligungen weiter wachsen wird. Das heißt, eine zunehmende Zahl von
Unternehmen wird sich zu verschiedenen Zwecken über privates Beteiligungskapital finanzieren, wie z. B. als Startbasis bei der Unternehmens-
gründung, für den Produktionsausbau, für den Aufbau oder Ausbau von
Vertriebskanälen, bei der Konsolidierung des Wachstums oder der Neu-
ordnung der Kapitalstruktur. Bei diesen Beteiligungen stellen die Finanzinvestoren neben dem Eigenkapital für eine gewisse Zeit ihre eigene,
durch Markterfolge aufgebaute Reputation zur Verfügung und sind
durchaus in der Lage, dem Unternehmen den Weg zu Beratern, Banken
und Anwälten zu öffnen.

Einen guten Überblick über die Entwicklung des Beteilungsmarktes in
Deutschland publiziert regelmäßig der Bundesverband Deutscher Beteiligungsgesellschaften[31]. Aus dessen Statistiken geht hervor, dass sich
vom Beginn des Jahres 1993 bis Ende September 2006 die Anzahl der mit
Beteiligungskapital finanzierten Unternehmen von 2455 auf 5918 weit
mehr als verdoppelt hat. Bei all diesen Beteiligungen ist zu berücksichtigen, dass die Finanzinvestoren ihre Rendite überwiegend durch den Verkauf ihrer Beteiligung erzielen. Ihr Geschäftszweck ist in erster Linie der
Handel mit Beteiligungen und nicht die Führung und das Management
des Beteiligungsunternehmens. Sie betrachten also Unternehmen primär
unter Verwertungs- und nicht unter Nutzungsgesichtspunkten. Ihr Interesse an der Wertsteigerung eines Unternehmens ist daher hauptsäch-
lich von dem Wunsch getrieben, die Beteiligung mit einem möglichst
großen Profit wieder zu verkaufen.

Für den Ausstieg des Finanzinvestors gibt es verschiedene Exit-Strategi-
en, wie zum Beispiel den Verkauf der Beteiligung an ein anderes Beteili-
gungsunternehmen, den Verkauf an einen strategischen Investor aus der
Branche oder einer verwandten Branche, den meist über Darlehen finanzierten Verkauf des Unternehmens an das Management (Manage-
ment-Buy-out) oder auch den Gang an die Börse (IPO). Der weiteren Un-

tersuchung wert wäre, warum trotz der Betreuung durch den Finanzinvestor knapp über 10 Prozent der Unternehmen als Totalausfall in der Exit-Statistik erscheinen und warum sie damit nur unwesentlich unter der Quote von 13 Prozent der kleinen und mittleren Unternehmen allgemein liegen.

Bei einem Blick in die Zukunft ist es natürlich interessant darüber zu spekulieren, was vermutlich passieren wird, wenn praktisch alle Unternehmen der realen Wirtschaft in den Händen von global agierenden Finanzinvestoren gelandet sind und von diesen gesteuert werden. Und ihre Steuerung abgekoppelt von der Politik ausüben. Das letzte Treffen der Finanzminister der führenden Industriestaaten (G7) im Februar 2007 in Essen hat dieses Problem erkannt, jedoch wenig Greifbares beschlossen. Der kurz davor erfolgte Aufruf unseres Altbundeskanzlers Helmut Schmidt: „Beaufsichtigt die neuen Großspekulanten!"[32] verhallte ungehört. Ob dieses Spiel von Versuch und Irrtum durch Einsicht oder einen großen Crash beendet werden wird, bleibt abzuwarten. Vorhersehbar ist es nicht. Noch passt eine Regulierung der globalen Kapitalmärkte durch zum Beispiel den Internationalen Währungsfonds (IWF) nicht in das Konzept der amerikanischen Politik.

Literatur zu 1.1

[1]   Kayser, G. (2006). Der Mittelstand in Deutschland, Vortrag an der FH Osnabrück am 29. März 2006. Institut für Mittelstandsforschung, Bonn. www.ifm-bonn.org
[2]   Insolvenzen, Neugründungen, Löschungen (1. Halbjahr 2006). Bericht der Creditreform Wirtschaftsforschung, Neuss. www.creditreform.de
[3]   Thomson Financial (2007). Mergers and Acquisitions Continue to Dominate Exit Scene For Full Year 2006; Pressebericht vom 2.1.07. www.thomson.com
[4]   Studien „CEO Succession 2004" und „CEO Succession 2005" von Booz Allen Hamilton, McLean, Virginia, USA. www.boozallen.com
[5]   Zeppelin-Universität Friedrichshafen, Lehrstuhl für Strategische Organisation & Finanzierung (2005), www.zeppelin-university.de
[6]   Mohr, G.; Otto, K. (2005). Schöne neue Arbeitswelt: Risiken und Nebenwirkungen, Report Psychologie 6/2005, S. 260-267
[7]   BKK Gesundheitsreport 2005, BKK Bundesverband, Essen. www.bkk.de
[8]   Wirtschaftskriminalität 2005. Studie der Martin-Luther-Universität, Halle-Wittenberg und PricewaterhouseCoopers, Frankfurt am Main. www.pwc.com
[9]   Pressebericht des Bundeskriminalamtes vom 29.8. 2006. www.bka.de
[10] The new titans, a survey of the world economy, Sonderbericht in: The Economist, September 16, 2006

(11) Anzeigenkampagne der Initiative Neue Soziale Marktwirtschaft, September 2006
(12) Blaise, C. (2004). Die Zähmung der Zeit, Frankfurt, S. Fischer, S. 193
(13) Kernig, C. D. (2000). Welttrend 2000 – Zur Struktur und Eigendynamik moderner Gesellschaftssysteme, Vortrag bei der BASF Aktiengesellschaft
(14) Mohr, H. (1998). Zitat der Veröffentlichung von Vitousek, P.M. et al.: Human Appropriation of the Products of Photosynthesis, BioScience, Vol.36, Nr.6.,1986
(15) Schmidt-Bleek, F. (1998). Das MIPS-Konzept: Weniger Naturverbrauch – mehr Lebensqualität durch Faktor 10. München: Droemer Knaur
(16) International Panel on Climate Change (2007). Climate Change 2007. 4th Assessment Report, first volume, February 2nd, 2007. www.ipcc.ch

Literatur zu 1.2

(17) International Monetary Fund, September 2005, Global Financial Stability Report, Chapter III : Aspects of Global Asset Allocation. www.imf.org
(18) Fuchs, M. (2005). Zur Internationalisierung der österreichischen Finanzwirtschaft seit dem Beitritt zur Europäischen Union. Geldpolitik & Wirtschaft, Q205, S. 139-154. www.oenb.at
(19) Statistisches Bundesamt, Volkswirtschaftliche Gesamtrechnungen, www.destatis.de
(20) Deutsche Börse (2007). Umsätze an deutschen Börsen und an Eurex. Frankfurt: Pressenotiz vom Januar 2007. www.deutsche-boerse.com
(21) Mercer Oliver Wyman (2007). State of the Financial Services 2007, Frankfurt, Januar 2007. www.mow.com
(22) Willke, H. in: Marburger Forum (2006), Beiträge zur geistigen Situation der Gegenwart, Jg. 7, Heft 3, www.philosophia-online.de
(23) Robinson, W. I.; Harris, J. (2000). Towards A Global Ruling Class? Globalization and the Transnational Capitalist Class. Science & Society, Vol. 64, No. 1, Spring 2000, 11-54
(24) Lafontaine, O. (2002). Die Wut wächst. Politik braucht Prinzipien. München: Econ, S. 175-186
(25) Hummel, D.; Breuer, R. E. (Hrsg.) (2001). Handbuch Europäischer Kapitalmarkt, Wiesbaden: Gabler
(26) Hutzschenreuter, Th. (2005). Wachstum ist kein Allheilmittel, in: Harvard Business Manager, Heft 11, 2005, S. 104-111
(27) Deutscher Corporate Governance Kodex, Bekanntmachung im elektronischen Bundesanzeiger vom 24.07.2006. www.corporate-governance-code.de
(28) Schumacher, D. (2006). Capital Markets and the End of Germany Inc., Global Economic Paper No.144, Goldman Sachs & Co, New York. www.gs.com
(29) Kay, I.T. (1998). CEO Pay and Shareholder Value. Helping the U.S. win the global economic war. Boca Raton, Florida: St.Lucie Press
(30) Deutsche Bundesbank (2006). www.bundesbank.de
(31) Bundesverband Deutscher Beteiligungsgesellschaften (2006). BVK Statistics. www.bvk-ev.de
(32) Schmidt, H. (2007). Beaufsichtigt die neuen Großspekulanten! In: DIE ZEIT, Nr. 6, Seite 21 und 22.

2 Von Kenngrößen und anderen Zahlen, Fakten, Formeln

2.1 Die Größenstruktur der Wirtschaft

Die Berichterstattung in den Medien befasst sich überwiegend mit den großen Unternehmen (eine der rühmlichen Ausnahmen ist das „Mittelstandsforum" in der Süddeutschen Zeitung). Die mediale Konzentration auf große Unternehmen vermittelt in Bezug auf die Anzahl und Größe der Betriebe und der darin Beschäftigten den Anschein, dass es Großfirmen sind, die weitreichend Beschäftigung bieten. Dies ist ein verzerrtes Bild. Um es zu korrigieren, ist es nützlich, sich die Struktur und Unternehmensgrößen der etwa 3 Millionen deutschen Betriebe vor Augen zu halten: 70 Prozent aller Beschäftigten sind in Kleinst-, Klein- und mittelgroßen Betrieben beschäftigt.[1] 30 Prozent aller Beschäftigten sind in Großbetrieben mit mehr als 500 Mitarbeitern tätig, welche ihrerseits nur 0,3 Prozent aller Betriebe darstellen. Von den gut zwei Millionen Betrieben, die sozialversicherungspflichtige Mitarbeiter beschäftigen, haben 81 Prozent weniger als zehn Mitarbeiter und einen Umsatz unter 500 000 Euro.[2] Für das Jahr 2000 konnte das Institut für Mittelstandsforschung belegen, dass von allen deutschen Unternehmen 94,8 Prozent nicht konzerngebunden, sondern eignergeführt sind.[1]

Die folgenden Abbildungen vermitteln Ihnen einen Überblick über den Mittelstand in Deutschland und seine volkswirtschaftliche Bedeutung.[3] Berücksichtigt man, dass auch viele Großbetriebe ihre Mitarbeiter nicht an einem einzigen Standort beschäftigen, sondern in kleineren „Unterfirmen" oder Zweigen, kann man sagen, dass die überwiegende Zahl der Beschäftigten in Deutschland in Unternehmensbereichen kleinerer und mittlerer Größe arbeitet. Ein klassisches Beispiel dafür sind die etwa 40 000 Bankfilialen mit im Durchschnitt weniger als 15 Mitarbeitern. Diese gehören zwar zu einem Großbetrieb; ihre interne Funktionsweise lässt sich indes durchaus als die eines Kleinbetriebes beschreiben.

Abb. 7: Unternehmen in Deutschland 2004 nach Umsatzgrößenklassen

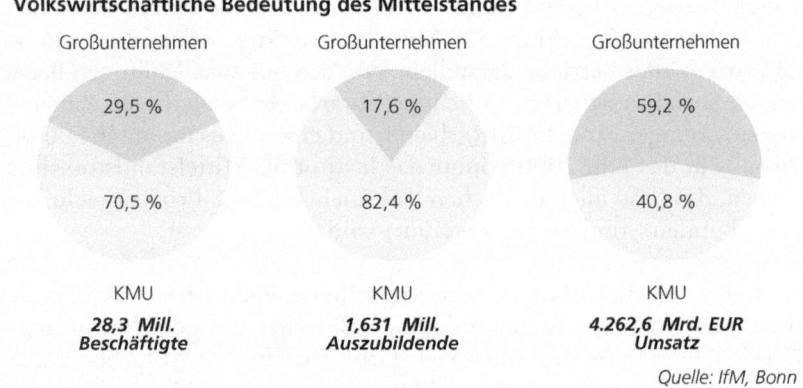

Abb. 8: Volkswirtschaftliche Bedeutung des Mittelstandes

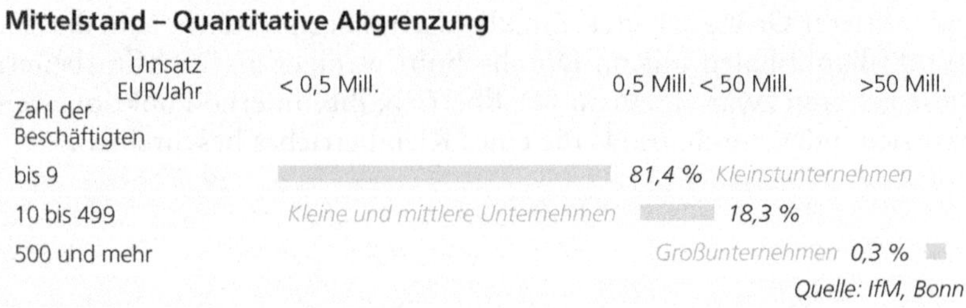

Mittelstand – Quantitative Abgrenzung

Umsatz EUR/Jahr Zahl der Beschäftigten	< 0,5 Mill.	0,5 Mill. < 50 Mill.	>50 Mill.
bis 9	81,4 % Kleinstunternehmen		
10 bis 499	Kleine und mittlere Unternehmen 18,3 %		
500 und mehr	Großunternehmen 0,3 %		

Quelle: IfM, Bonn

Abb. 9 Mittelstand – Quantitative Abgrenzung

2.2 Schlüsselfaktoren und Kenngrößen des Unternehmenserfolgs

Denkt man darüber nach, wie beruflicher Erfolg und Unternehmenserfolg entstehen, dann entdeckt man eine Reihe von Ähnlichkeiten. Beschäftigen wir uns zuerst mit dem Unternehmenserfolg. Kenngrößen für den Erfolg eines Unternehmens sind anerkanntermaßen:

1. Marktstellung
2. Innovationsleistung
3. Produktivität
4. Attraktivität
5. Kapitalrendite
6. Liquidität

Marktstellung
Unabhängig von der Größe des Marktes, in dem ein Unternehmen sich bewegt, gilt folgende Proportion: Je besser ein Unternehmen diesen Markt kennt und bearbeitet, desto höher ist die Wahrscheinlichkeit, dass seine Stellung wenig bis gar nicht angefochten wird und Erfolg nahezu garantiert ist. Zur Kenntnis des Marktes gehören die Kenntnis der Branche und deren Verflechtung mit anderen relevanten Akteuren und Kreisläufen im Wirtschaftssystem, der Rahmenbedingungen des Wirtschaftens sowie das Wissen über die Bedürfnisse der Kunden.

Innovationsleistung und Produktivität
Um seine Stellung im Markt zu behaupten, bedarf es der gezielten Innovation, d. h. der Entwicklung von Produkten und Dienstleistungen, die einem Bedarf oder einem Kundenwunsch entsprechen. Innovationen lösen ein vorliegendes Problem, ermöglichen Mehrwert für alle Beteiligten und sollten nicht einfach nachgeahmt werden können. Unternehmensintern schließt die innovative Weiterentwicklung die der Unternehmensorganisation mit ein.

Besonders in Zeiten miteinander wetteifernder Arbeitsmärkte ist es notwendig, sowohl bei der Herstellung von Produkten als auch der Erbringung von Dienstleistungen auf der Kostenseite wettbewerbsfähig zu sein. Unter der Voraussetzung, dass Führungskräfte nur bedingt die per Tarifvertrag festgelegten Löhne und Gehälter beeinflussen können und dass Materialpreise heute auf dem Weltmarkt verhandelt werden, bleibt als einziger Ausweg für das lokale Unternehmen die Erhöhung der Produktivität. Diese Art der Wettbewerbsfähigkeit wird dadurch erzeugt, dass die Leistungsfähigkeit der Anlagen, Maschinen (und anderer produktiver Einheiten) sowie der Beschäftigten erhöht wird. In Rede steht ein spezifisches Verhältnis von Output und Input: Der Output oder Wirkungsgrad einer Tätigkeit, eines Ablaufs, eines Herstellungsverfahrens sollte im Vergleich zum Input erhöht werden. Bei produzierenden Unternehmen wie bei Dienstleistern geschieht dies über gezieltes Prozess- und Projektmanagement. Für Unternehmen, die nicht lokal fixiert sind, besteht natürlich auch die Möglichkeit der Verlagerung der Leistungserbringung an einen kostenmäßig günstigeren Standort.

Attraktivität und Kapitalrendite
Die Attraktivität eines Unternehmens hat mehrere, zum Teil nur schwierig quantifizierbare Facetten. Da sind einmal die Produkte und Dienstleistungen, die für den Kunden oder Nutzer in einem ansprechenden Preis-Leistungsverhältnis angeboten werden müssen, d. h. Qualität und Preis müssen attraktiv sein. Für die Mitarbeiter ergibt sich die Attraktivität aus dem Betriebsklima, d. h. den Anstellungs- und Arbeitsbedingungen, der Stabilität (Arbeitsplatzsicherheit) und einem guten Ruf des Unternehmens. Hervorzuheben ist, dass für das einzelne Unternehmensmitglied die Attraktivität des Unternehmens in der Arbeitsrealität primär, wenn auch nicht ausschließlich, von dem Betriebsklima der Gruppe bestimmt wird, in der der Einzelne arbeitet. Auch das beste Image eines Unternehmens kann eine anhaltend miese Stimmung in der eigenen Arbeitsumgebung nicht kompensieren. Diese Unmöglichkeit der Kompensation vernachlässigen Führungskräfte in der Praxis häufig.

Lieferanten und Subunternehmer leiten die Attraktivität eines Unternehmens aus der Berechenbarkeit, Verlässlichkeit und Zahlungssicherheit des Unternehmens ab. Für Gesellschafter und Investoren ist Attraktivität gleichbedeutend mit effektivem, professionellem Management, einer klaren Unternehmensstrategie, Transparenz der Maßnahmen und einer über den Kapitalkosten liegenden Kapitalrendite. Mit der zunehmenden Dominanz der Kapitalmärkte ist die Kapitalrendite das Maß schlechthin für Erfolg und Kreditwürdigkeit geworden. In den Augen der Öffentlichkeit bedeutet Attraktivität dazu noch soziales Engagement, die Wahrnehmung staatsbürgerlicher Pflichten und Offenheit in der Berichterstattung auch über kritische Dinge.

Liquidität
Liquidität ist im Allgemeinen kein Attraktivitätsfaktor. Für mittelständische Unternehmen bedeutet genügende Liquidität, jederzeit zahlungsfähig zu sein. Liquidität ist überlebensnotwendig. Umso erstaunlicher ist es, dass sie in ihrer Bedeutung in praxi durchaus öfter unterschätzt wird. Besonders bei Neugründungen muss der Liquiditätsplanung die gebührende Aufmerksamkeit geschenkt werden.

Die enorme Bedeutung der genannten sechs Kenngrößen wird generell akzeptiert und Unternehmen werden nach dem Zielerreichungsgrad bei diesen Kenngrößen und davon abgeleiteten Kenndaten beurteilt. Einschlägige Literatur, Schulung und Beratung wird hierzu in reichlicher Form angeboten. Dennoch begegnen uns Firmen, die diese Kenngrößen vernachlässigen und deren Überleben schwierig zu gewährleisten oder gar in Gefahr ist. Die Frage nach dem Warum drängt sich förmlich auf. In zahlreichen Fällen nehmen Schieflagen von Unternehmen ihren Ausgang sicherlich in divergierenden Interessen im Kreis des Topmanagements, der Gesellschafter und ähnlicher Gremien, die einen entscheidenden Einfluss auf die Unternehmensführung haben. Ferner spielen Differenzen oder mangelnde Qualifikation der Geschäftsleitung, einschließlich der Praxis von Personalpolitik und Personalentwicklung, eine Rolle bei Negativentwicklungen. Doch die Frage nach dem Warum lässt sich kaum mit einer sämtliche Faktoren und Wechselwirkungen einbeziehenden Diagnose beantworten. Vielmehr möchten wir Ihr Augenmerk auf einen grundsätzlichen Zusammenhang und dessen Logik lenken: Erfolg oder Misserfolg eines Unternehmens hängt davon ab, inwieweit es dem Management gelingt oder misslingt, über die Schlüsselfaktoren

Wollen – Wissen – Können
und
Menschen – Zeitpunkte – Ressourcen

so nachzudenken, sie so zu koordinieren und einzusetzen, dass eine nachhaltig gute Leistung im Sinne der Kenngrößen des Unternehmens möglich wird. Wir sprechen von der notwendigen inneren Stärke, die das Unternehmen befähigt, auf Veränderungen in seiner Umwelt rechtzeitig und angemessen zu reagieren. Wie die Synchronisation von Wollen, Wissen und Können zur Erzielung von innerer Stärke und unternehmerischem Erfolg in der Praxis gelingen kann, haben wir an anderer Stelle ausführlich beschrieben.[4] Lassen Sie uns hier zum weiteren Verständnis einige Ausführungen zu den Schlüsselfaktoren: Menschen, Zeitpunkte und Ressourcen machen.

Es ist unstrittig und wird in aller Ausführlichkeit in der Managementliteratur beschrieben, dass die Menschen der Schlüsselfaktor Nummer 1 zum Erfolg eines Unternehmens sind. In Tagungen und Konferenzen, Seminaren und Schulungen wird dies dargelegt und in bunten Unternehmensbroschüren wortreich ausgeführt. Die Praxis des Human Resource Managements, neuerdings auch Human Capital Management genannt, schaut dagegen oft ganz anders aus und ist weit entfernt von einem partizipativen und befähigenden Management, d. h. der Einbeziehung der Mitarbeiter in das unternehmerische Denken und Handeln und ihre Ausstattung mit den nötigen Entscheidungs- und Handlungsspielräumen sowie der für eine Weiterentwicklung erforderlichen Aus- und Weiterbildung. Mitarbeiter wollen betreut, geführt, gefordert und gefördert werden. Genau dafür zu sorgen, obliegt als ureigenste Aufgabe und Verantwortung der Geschäftsführung, unabhängig von der Größe des Unternehmens.

Weniger gründlich reflektiert und diskutiert ist die gleichermaßen wichtige Aufgabe der Geschäftsführung, nämlich die Auswahl und Festlegung der richtigen Zeitpunkte für die Aktivitäten des Unternehmens. Viele Unternehmen erleiden Schiffbruch, obwohl sie das Richtige tun. Sie tun es nur zum falschen Zeitpunkt. Dieser Gedanke führt unmittelbar zu dem der Festlegung, Bereitstellung und Koordination der für die Erzielung von Wettbewerbsvorteilen notwendigen Ressourcen.

Wie vielfältig die zu koordinierenden Ressourcen sind, mag die folgende Abbildung für ein Unternehmen der Baubranche aufzeigen:

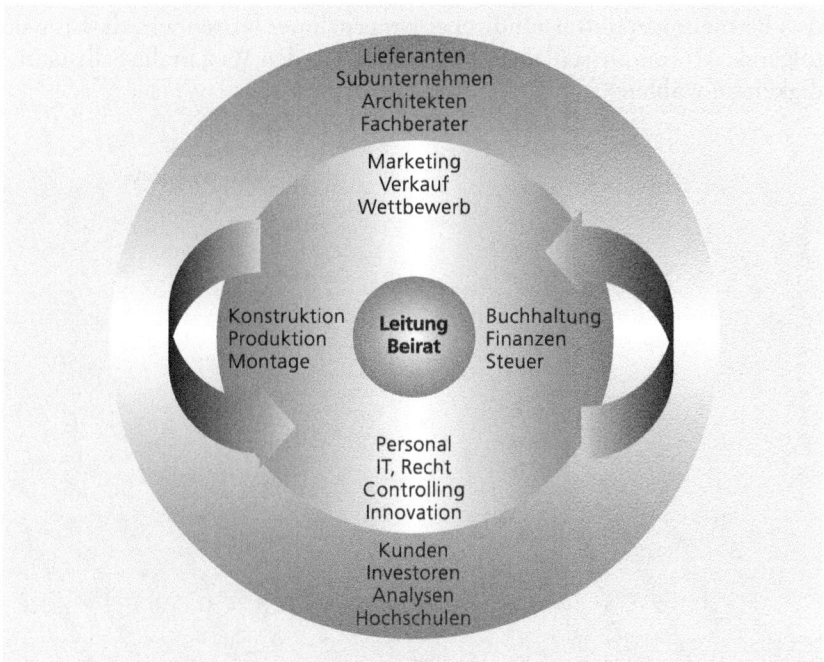

Abb. 10 Das System Unternehmen

Die Abbildung soll Ihnen zunächst einen Eindruck davon vermitteln, welche personellen und materiellen Ressourcen in einem Unternehmen und um ein Unternehmen herum vorhanden und wirksam sind. Einen zweiten Eindruck, nämlich von der Komplexität des Systems Unternehmen (vgl. Kapitel 5), gewinnen Sie, wenn Sie sich zusätzlich vorstellen, dass diese Ressourcen fortwährend in Bewegung sind: Dinge produzieren, miteinander kommunizieren, Informationen austauschen etc.

Das Nachdenken über das Unternehmen sollte mit dem Nachdenken über das unternehmerische Wollen beginnen. Je nach Alter und Größe des Unternehmens hat dieses Wollen eine unterschiedliche Ausprägung und findet in der Formulierung von Visionen, Missionen, Botschaften und der Beschreibung des Sinns und Zwecks eines Unternehmens ihren Niederschlag.

Aus Befragungen mittelständischer Unternehmer wissen wir, dass für sie folgende Motive ausschlaggebend waren, um den Weg in die Selbstständigkeit zu wählen[5]:

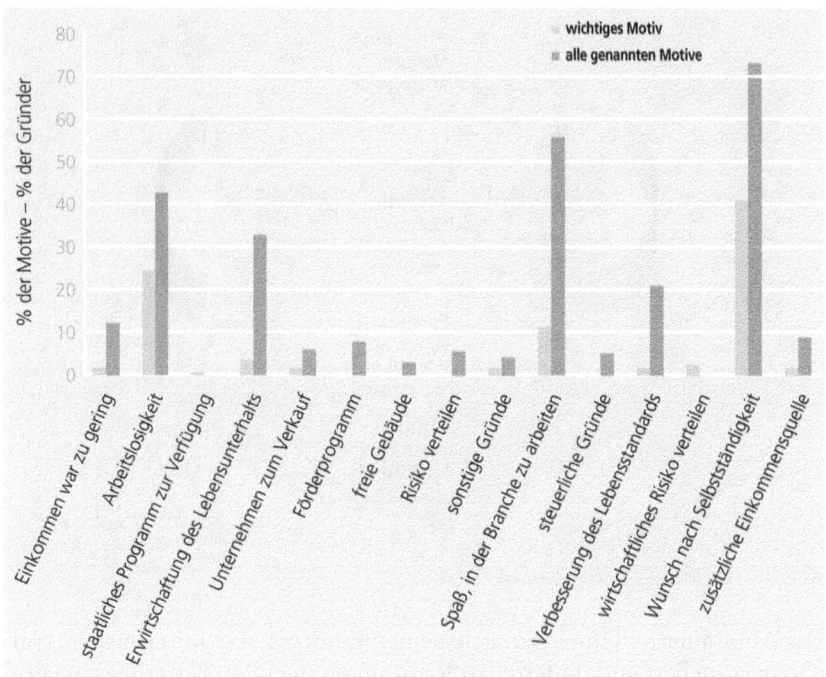

Abb. 11 Motive für Existenzgründungen und Selbstständigkeit

Diese Art von Motivation genügt aber nicht, um ein Unternehmen zu führen. Sie muss übersetzt werden in ein konkretes unternehmerisches Wollen, und dieses wiederum in unternehmerische Ziele, die definieren, was das Unternehmen in einem bestimmten Zeitraum erreichen will. Es ist erstaunlich, wie wenig mittelständische Unternehmer die unternehmerischen Ziele aufschreiben. Und wenn sie es tun, dann tun sie es nicht konsequent und nicht in Bezug auf die Kenngrößen des unternehmerischen Erfolgs. Oft bleibt das unternehmerische Wollen den Mitarbeitern ein Geheimnis. Dies beraubt sie der Möglichkeit, an der Verwirklichung des unternehmerischen Ziels mit ihrem Wissen und ihrer Kraft mitzuarbeiten. Der Unternehmer vergeudet auf diese Weise Motivation, Produktion und Geld.

In großen Unternehmen werden zwar heute in der Regel Unternehmens-
visionen oder Unternehmensstrategien zu Papier gebracht und auch veröffentlicht. In den meisten Fällen sind diese aber wiederum nicht konsequent an den Kenngrößen des Unternehmenserfolgs ausgerichtet bzw.
diese Ausrichtung wird nicht oder nur in Teilen publiziert und bleibt daher den Mitarbeitern wie auch den Anteilseignern in weiten Teilen verborgen. Dies geschieht unter dem Deckmantel der Wahrung von Unter-
nehmensgeheimnissen. Vielleicht ist es Topmanagern auch zu riskant, ihr
unternehmerisches Wollen klar zu formulieren, weil sie ja dann an der
Erreichung der Ziele gemessen werden könnten.

An die Formulierung des unternehmerischen Wollens muss sich der Abgleich mit dem im Unternehmen vorhanden Wissen und Können anschließen. Verfügt das Unternehmen über das Wissen und die Ressourcen, das Wollen in die Tat umzusetzen? Nach unserer Erfahrung gehen
mittelständische Unternehmer eher konservativ – im Sinne von selbstkritisch und realistisch – an diesen Abgleich heran und gestehen sich eher
ein, dass Mängel im Wissen und Können vorhanden sind. Bei sehr großen
Unternehmen hat man bisweilen den Eindruck, dass das Management
einfach davon ausgeht, dass allein aufgrund der Größe das erforderliche
Wissen und Können vorhanden sind. Dass dies häufig ein Trugschluss
ist, demonstriert beispielsweise die Tatsache, dass die meisten Restrukturierungen und Fusionen nicht den gewünschten Erfolg bringen.

Wenn man theoretisch weiß, wie etwas geht, bedeutet das noch lange
nicht, dass ein Unternehmen das gewünschte Ziel realisieren kann. Erst
der Abgleich zwischen Zielen, Anforderungen, zur Verfügung stehender
Erfahrung, dem Können, den verfügbaren Ressourcen sowie von tradierten und neuen Strukturen und Abläufen, ermöglicht die fundierte
Aussage, inwiefern unternehmerische Ziele erreicht werden können. Zur
Methode und deren detaillierte Schritte finden Sie in unserem Buch „Erfolgsplanung KMU" eine erprobte Handlungsanleitung. Diese Art des
Abgleichs ermöglicht, den Veränderungsbedarf zu skizzieren und daraufhin Etappenziele und Maßnahmen zu bestimmen und zu koordinieren, die nötig sind, um die anvisierten Ziele realisieren zu können.

Die Praxis zeigt, dass Beiräte und Aufsichtsräte die hier knapp beschriebene erfolgsnotwendige Ausrichtung der Unternehmensstrategie an den
Kenngrößen nicht mit Nachdruck einfordern, so dass oft keine ganz-

heitliche Strategie entsteht, sondern nur Teilstrategien, die später mit viel Energie und Geld wieder korrigiert werden. Trotz ihrer erheblichen Ressourcen beweisen dies selbst auch ganz große Unternehmen, wie z. B. DaimlerChrysler und die Deutsche Telekom, leider eindrücklich.

2.3   Schlüsselfaktoren und Kenngrößen des persönlichen Erfolgs

Die Bücherregale quellen förmlich über von Ratgebern zum persönlichen Erfolg. Viele der so genannten Erfolgsrezepte neigen zu einer oberflächlichen Vereinfachung, wie z. B.:

- Vorausdenken und Anpacken
- Wichtige Dinge zuerst erledigen
- Erst verstehen, dann überzeugen
- Die Konsequenzen des Tuns bedenken
- Gemeinsame Erfolge schaffen
- Perfektion in der Ausführung
- Synergien erzeugen
Oder
- Herz und Verstand
- Was du nicht willst, das man dir tu, das füg auch keinem andern zu
- Mens sana in corpore sano
- Tue recht und scheue niemand

Jedes der genannten Rezepte enthält eine mehr oder weniger große Dosis an Wirksamkeit und sie zu beherzigen ist sicherlich nicht falsch. Zum persönlichen beruflichen Erfolg gehört allerdings etwas mehr. Selbstverständlich geben wir im Folgenden keinen umfassenden Einblick in diejenigen Einstellungen, mentale Grundhaltung, Ambitionen und Handlungen, die bedeutsam sind und die maßgeblich dazu beitragen, persönlichen Erfolg zu erzielen. Wir möchten jedoch einige Aspekte aufzeigen, um Ihnen deutlich zu machen, dass das Nachdenken darüber zum beruflichen Engagement genauso gehört wie das morgendliche Aufstehen, um sich auf den Weg ins Büro zu machen.

In diesem Sinn sei zunächst die Einsicht betont, dass der „ganz große Erfolg", über den die Medien berichten und der andere neidisch macht, die

Ausnahme ist und nicht die Regel. Die Tatsache, dass es solche Ausnahmen gibt, beflügelt zwar die Phantasie, taugt aber nicht viel für die Realität des beruflichen Alltags.

Sodann sei auf „härtere" Kategorien verwiesen, die Sie im letzten Abschnitt zum Unternehmenserfolg bereits kennen gelernt haben. Gemeint sind die Kennzahlen. Beruflicher Alltag und berufliche Entwicklung folgen ebenso den Regeln und Gewohnheiten, die sich im Zusammenhang mit den Kenngrößen für den Unternehmenserfolg etabliert haben. Da wir nicht glauben, dass sich an diesen Regeln und Gewohnheiten in den nächsten Jahrzehnten essentiell etwas ändern wird, lassen Sie uns die Kenngrößen für den Unternehmenserfolg auf ihre Bedeutung für den persönlichen beruflichen Erfolg übertragen.

Marktstellung
Niemand kann leugnen, dass eine gute Ausbildung und später einschlägiges berufliches Wissen und Erfahrung die Aussichten eines Stellensuchenden auf dem Arbeitsmarkt verbessern. Die Frage, die zu lösen ist, ist also, wie und wo man zu einer Ausbildung kommt, für die auf dem Arbeitsmarkt Bedarf und damit Nachfrage besteht. Je gründlicher der Einzelne diese Frage für sich beantwortet, desto besser ist seine Stellung auf dem Arbeitsmarkt: seine Beschäftigungsfähigkeit oder Employability (Genaueres dazu in Kapitel 4.3).

Innovationsleistung
Analog zur Innovationsleistung eines Unternehmens muss der Einzelne sich etwas einfallen lassen. Das beginnt bei der Art und Weise, wie er sich vorstellt und bewirbt bis hin zu der weiteren Ausbildung, die ihn für bessere Jobs qualifiziert. Innovation kommt selten als Geistesblitz, sondern meistens aus dem konstruktiv-kritischen Mitdenken bei der Arbeit. Wenn Sie bereit sind, Ihre Ideen und Vorschläge einzubringen und zur Diskussion zu stellen, wird man Ihnen die Innovationsleistung gerne attestieren.

Produktivität
Während Unternehmen die Möglichkeit haben, sich durch Unternehmensvergleiche, das Benchmarking, ein Bild über ihre Wettbewerbsfähigkeit zu verschaffen, ist das für den Einzelnen in der Regel schwieriger. Selbstverständlich kann er sich mit anderen Personen vergleichen, die

in etwa die gleiche Ausbildung und Berufsbiografie vorweisen, eine ähnliche Funktion bekleiden oder ähnliche Verantwortung tragen. Das kann, wenn dieser Aufwand überhaupt betrieben werden kann und wird, nur annäherungsweise zuverlässige Daten über den persönlichen Leistungsstand liefern. Bewährt haben sich regelmäßige Beurteilungsgespräche mit den Vorgesetzten, die auf konkret vereinbarten, zu erbringenden Ergebnissen beruhen und verknüpft werden mit der Festlegung entsprechender Aus- und Weiterbildungsmaßnahmen. In diesem Fall erhält der Kandidat ein Feedback von denjenigen, die in demselben System (z. B. Abteilung) arbeiten und das Wirken des Kandidaten noch am ehesten beurteilen können. Empfehlenswert ist auch, sich bei Kollegen ernsthaft danach zu erkundigen, inwiefern sie mit der Leistung des Fragenden zufrieden sind und wo sie Verbesserungsbedarf sehen. Schließlich sei das „Scannen des Marktes" empfohlen: Schauen Sie sich auf dem Markt der Stellenangebote um, und bewerben Sie sich. Auf diese Weise lernen Sie, Ihren Marktwert einzuschätzen, und darüber hinaus, welche Anforderungen an Sie gestellt werden, wenn Sie in ein anderes Unternehmen eintreten würden.

Attraktivität
Ihre persönliche Attraktivität im Berufsleben hängt entscheidend davon ab, wie Sie von anderen gesehen und eingeschätzt werden (das Fremdbild als Bild, das andere von Ihnen haben) und weniger davon, wie Sie sich selbst sehen und einschätzen (das Selbstbild als Bild, wie Sie sich selbst betrachten). Um keinem Missverständnis zu erliegen: Worum es geht, ist zu erfahren, wo es Unterschiede in Selbst- und Fremdbild gibt; mit welchen dieser Unterschiede Sie leben wollen (nach dem Motto: „Damit müssen andere nun einmal klar kommen") und welcher dieser Unterschiede Sie dazu ermuntert, an sich selbst zu arbeiten. Um ein Beispiel zu geben: Nehmen wir an, Sie gehören zu den Personen, die Freude am sprachlichen Ausdruck haben, daher fließend und elegant formulieren. Das Fremdbild, das Sie bei einigen Zeitgenossen durch Ihre Eloquenz hervorrufen, lautet: „Der Typ ist arrogant und hält sich für 'nen besonderen Rhetoriker!" Nehmen wir an, Sie haben von diesem Urteil gehört. Jetzt lautet die Frage, ob Sie das Risiko, weiterhin für arrogant gehalten zu werden, in Kauf nehmen („Ich selbst halte mich für selbstbewusst und sprachlich ganz okay") oder ob Sie das Fremdbild korrigieren wollen und daher überlegen, wie Sie Ihr sprachliches Auftreten im Gespräch so verändern, dass das Urteil der Arroganz allmählich verschwindet. Bedenken Sie: Attraktivität

heißt Anziehung. Die Frage, die Sie persönlichen beantworten müssen, lautet: Für wen möchte ich wie bzw. inwiefern anziehend wirken – und was bin ich bereit, dafür zu tun und zu unterlassen?

Kapitalrendite und Liquidität
Auf den ersten Blick mögen Kapitalrendite und Liquidität Ihnen für den beruflichen Erfolg nicht so wichtig erscheinen. Gespräche mit vielen Mitarbeitern und Vorgesetzten zeigten uns jedoch wiederholt, dass jemand von der Erfüllung seiner beruflichen Aufgaben erheblich abgelenkt wird, wenn seine privaten Finanzen nicht in Ordnung sind, oder er vielleicht gar vor einer privaten Insolvenz steht. Mit der Konsequenz, dass dadurch auch seine berufliche Entwicklung gefährdet ist. Zum eigenen Erfolg gehört daher auch das sichere Management der eigenen Finanzen und die Vermeidung von Überschuldung.

Wie Sie sehen, ergibt sich für Sie selbst ein Bild, das in seiner Komplexität und Dynamik dem eines Unternehmens durchaus vergleichbar ist:

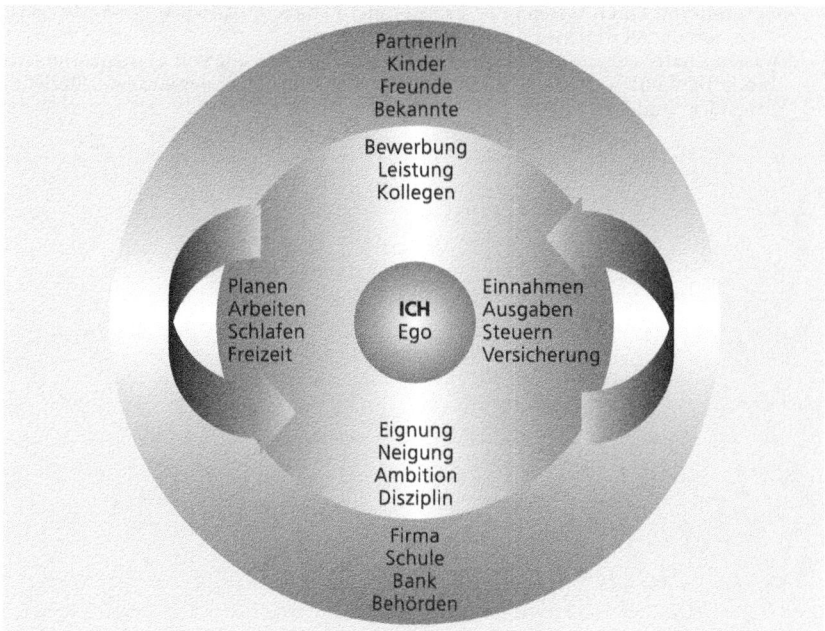

Abb. 12: Das System Individuum

Wie bei dem Unternehmen in Abbildung 10 müssen Sie auch dieses Bild dynamisieren, d. h. sich die gezeigten Dinge und Ressourcen in Bewegung vorstellen, um zu erkennen, dass auch Sie selbst ein komplexes System sind. Wenn Sie nun dieses System – sich selbst – in das System des Unternehmens hineinversetzen und beide in Bewegung bringen, erhalten Sie ein Bild von der Komplexität der Welt, in der Sie leben. (Ausführlicher zum Thema „Komplexität" in Kapitel 5.)

Literatur

[1]   Icks, A. (2006). Der Mittelstand in Deutschland, Vortrag anlässlich der INQA-Sitzung am 12.6.06 in Berlin. Institut für Mittelstandsforschung, Bonn. www.ifm-bonn.org

[2]   Kay, R. (2006). Herausforderungen und Perspektiven für den Mittelstand in Deutschland, Vortrag auf dem bundesweiten Ländertreffen des Verbandes deutscher Unternehmerinnen am 7.6.2006 in Bad Kissingen. www.ifm-bonn.org

[3]   Kayser, G. (2006). Der Mittelstand in Deutschland, Vortrag an der FH Osnabrück am 29. März 2006. Institut für Mittelstandsforschung, Bonn. www.ifm-bonn.org

[4]   Pelz, B. F.; Mahlmann, R. (2006): Erfolgsplanung KMU, Souveräne Unternehmensführung durch systemische Erneuerung. Leonberg: Rosenberger-Fachverlag. www.rosenberger-fachverlag.de

[5]   Wissenschaftszentrum Weihenstephan (2006): Finanzierung von Existenzgründern durch Banken. www.wzw.tum.de/wdl/wirueberuns/personen/kraemer/Bericht_Gruender_Stand_19_3.pdf

3 Erfolgreich sein mit und in kleineren Unternehmen

3.1 Charakteristika kleiner Unternehmen

70 Prozent aller Beschäftigten in Deutschland arbeiten in kleinen und mittleren Unternehmen (KMU). 80 Prozent der zwei Millionen Unternehmen in Deutschland mit sozialversicherungspflichtig Beschäftigten haben weniger als 10, und 92 Prozent weniger als 50 Mitarbeiter. Nicht einmal ein halbes Prozent hat über 500 Mitarbeiter. (Eine zusammenfassende Darstellung der Bedeutung und wirtschaftlichen Situation kleinerer und mittlerer Unternehmen in Deutschland seit 1997 findet sich im Monatsbericht Dezember 2006 der Deutschen Bundesbank.[1])

Die überwiegende Zahl der mittelständischen Unternehmen sind Familienunternehmen. Sie sind gekennzeichnet im Besonderen durch die Einheit in persona von Eigentum, Risiko und Kontrolle, Leitung, Entscheidung und Verantwortung, ein ausgeprägtes Bewusstsein von Markt- und Kundennähe sowie die Versammelbarkeit der Belegschaft an einem Ort. Inhabergeführte Unternehmen zeichnen sich zusätzlich durch persönliche Beziehungen nach innen und außen aus. Allerdings bleibt von dieser Art von Transparenz diejenige der Einkünfte des Unternehmers ausgespart. Das Klima persönlicher Beziehung zu den Mitarbeitern schließt deshalb nur selten betriebswirtschaftliche Transparenz ein.

Die entscheidende Frage ist, wie in diesen Betrieben, die in allen Bereichen von Handwerk, Handel, Industrie und Dienstleistung zu finden sind, unternehmerische Veränderungen erfolgreich gemanagt werden können, kurz: wie in unserer schnelllebigen Zeit diese Unternehmen am Leben erhalten werden können. Erschwerend kommt hinzu, dass Führungskräfte in KMUs Unternehmensführung meist nicht „gelernt", sondern sich autodidaktisch angeeignet haben. Bei vielen sind nach wie vor die Macht des Trivialmodells der Organisation und das entsprechende Bild des Managers als „Alpha-Tier" und „Macher mit Biss und Durchsetzungsvermögen" außerordentlich wirksam.

Wie wir in Kapitel 1 aufgezeigt haben, werden pro Jahr etwa 400 000 dieser kleinen und mittelgroßen Unternehmen liquidiert und durch eine etwas größere Zahl an Neugründungen ersetzt. Dieses Kommen und Gehen trägt sicherlich auch zur Erneuerung und Anpassung der Wirtschaft an veränderte Gegebenheiten und Entwicklungen bei. Interessant wäre allerdings herauszufinden, was eine erforderliche, „gesunde" Zahl von Liquidationen ist, um eine Wirtschaft in Gang zu halten, d. h. zu erneuern und anzupassen. Das generelle Problem dabei ist, dass diese Erneuerung zu Lasten der Mitarbeiter geht, die mit der Liquidation der Unternehmen ihren Arbeitsplatz verlieren und natürlich auch der Gläubiger, die um ihr Geld kommen.

3.2   Planen und Rechnen

Planen und Rechnen gehört zum Einmaleins erfolgreicher Unternehmensführung und erfolgreichen Selbstmanagements. Aufgrund der Tatsache, dass wir viele mittelständische Unternehmen haben untergehen sehen, weil nicht richtig gerechnet wurde, möchten wir einige Ausführungen zu den Ursachen und der Vermeidung von Insolvenzen machen:

Mit der Anzahl der Jahre der Republik hat sich die Anzahl der Insolvenzen vergrößert. Ein paar Zahlen mögen diese Entwicklung aufzeigen: 1950 ca. 4 500; 1960 ca. 2 700; 1970 ca. 3 900; 1980 ca. 9 000; 1986 ca. 18 800; 2002–2006 pro Jahr über 30 000 Insolvenzen.[2]

Pleite gehen heißt, entweder zahlungsunfähig, insolvent oder überschuldet zu sein. Wenn man die Aussagen von Dietrich Dörner in dem Buch „Die Logik des Misslingens" auf Unternehmen überträgt, dann hat jedes unternehmerische Misslingen im Sinne einer Pleite lange und viel verzweigte Wurzeln[3]. Dazu passt, dass Mitarbeiter eines insolventen Unternehmens in der Regel äußern, dass sie „das" lange haben kommen sehen. Und in der Tat lässt sich durch Diskriminanzanalysen nachweisen, dass man aus den Vergleichszahlen bestandsgefährdeter und solventer Unternehmen einer Branche, wenn man sie für vergleichende Vorhersagen einsetzt, etwa drei Viertel der insolvenzgefährdeten Unternehmen zwei Jahre vor dem Exitus sicher erkennen kann. Solche Analysen werden im Mittelstand leider selten durchgeführt. Sie könnten jedoch, zum

Beispiel koordiniert durch Branchenverbände, anonymisiert durchgeführt werden. Mit einem geeigneten Krisenmanagement ließe sich dann manches Unheil noch abwenden.

Gerät man nun in die missliche Situation der eigenen oder Unternehmenskrise, dann steht man unter immensem Zeitdruck und dem Risiko, das Vertrauen bei seinen Mitarbeitern, den Banken, Lieferanten etc. zu verlieren. In einer solchen Situation ist die Sicherung der Liquidität oberstes Gebot. Das heißt erst einmal sparen: Verschieben oder Senken von Ausgaben und, wenn möglich, Vorziehen zusätzlicher Einnahmen. Im Betrieb gehören hierzu Investitionsstopps, Kurzarbeit, Veräußerung nicht betriebsnotwendigen Vermögens. Diese Maßnahmen dienen der Sicherung des Vertrauens; denn ist ein Imageverlust einmal eingetreten, ist die Mobilisierung von Krediten praktisch unmöglich. Die Sicherung der Zahlungsfähigkeit muss Vorrang haben vor den üblichen Bedenken, Verluste und Markteinbußen hinnehmen zu müssen. Wer mit dem Insolvenzantrag wartet, bis die Kasse leer ist, vergibt die Chance, sein Unternehmen zu retten.

Interessant ist, dass nicht nur kleine Betriebe, sondern auch sehr große Unternehmen pleite gehen, die über ein eigentlich ausreichendes Arsenal an Betriebswirten und Kennzahlen verfügen. Sofern nicht unlautere Machenschaften im Spiel sind, handelt es sich in vielen Fällen um mangelnden Realitätssinn, Wunschdenken des Unternehmers oder Managements, und bei größeren Unternehmen auch mangelnde Einsicht oder Verstand von Beiräten. Leidtragende sind in den meisten Fällen die Mitarbeiter.

Wie bewahren Sie sich nun selbst bzw. Ihr Unternehmen in der Praxis davor, pleite zu gehen?

1. Machen Sie eine realistische Jahresplanung. Das ist eine Planung, die Sie mit 80-prozentiger Sicherheit erreichen.
2. Vergewissern Sie sich monatlich, wo Sie stehen, und passen Sie Ihre Maßnahmen der aktuellen Situation an.
3. Machen Sie in jedem Fall eine Finanz- und Liquiditätsplanung für das Jahr und für die einzelnen Monate. Ermitteln Sie Ihre Engpässe.
4. Trennen Sie strikt zwischen operativem Ergebnis, Finanzergebnis und außerordentlichen Erträgen.

5. Schreiben Sie sich illusionslos Ihre Risiken auf. Nur so zwingen Sie sich, ernsthaft darüber nachzudenken, wie Sie Ihre Risiken und Abhängigkeiten in akzeptablen Grenzen halten.

6. Verschaffen Sie sich Klarheit über Ihre Kostenstrukturen. Stellen Sie Plausibilitätsbetrachtungen an.

7. Überprüfen Sie die Kalkulationen für Ihre Produkte und Leistungen. Wenn Sie nicht wissen, wo Sie Geld verdienen und wo Sie Geld verlieren, bewegen Sie sich auf dünnem Eis.

8. Scheuen Sie sich nicht, Ihre Mitarbeiter in Planungen und Überlegungen zur Wirtschaftlichkeit des Unternehmens einzubeziehen. Denn nur so nutzen Sie das in ihrem Betrieb vorhandene Wissen.

9. Suchen Sie sich einen neutralen Berater, mit dem Sie Ihre Zahlen und Probleme diskutieren können. Sofern Sie einen Beirat haben, fordern Sie ihn. Ein Beirat ist dazu da, kritisch und hilfreich zu sein.

10. Verwandte und Freunde sind in der Regel keine guten Berater, weil sie meist nicht neutral sind, ihnen zu wenig oder zu heftig widersprechen und Probleme dadurch eher emotionalisieren als lösen.

11. Wenn Sie Ihre Defizite erkannt haben, handeln Sie schnell.

Sie werden sich vielleicht jetzt wundern, warum wir Ihnen nicht geraten haben, sich zuallererst mit Markt und Kunden zu beschäftigen. Wir bestätigen gerne, dass dies die wichtigste Aufgabe eines Unternehmers ist, wenn er sich mit den oben genannten Punkten beschäftigt hat. Dann weiß er nämlich, mit welchen Produkten und Dienstleistungen er Geld verdient und sucht sich seinen Markt und seine Kunden entsprechend aus.

3.3   Kundenbindung

Der Erfolg eines jeden Unternehmens hängt ab von der Qualität seiner Marktbearbeitung und bei mittelständischen Unternehmen besonders von Kundenbindung und Neukundengewinnung. Zur Beurteilung, wie gut es damit bei Ihnen steht, haben wir Ihnen ein paar Fragen zusammengestellt:

1. Wer waren Ihre Kunden in den letzten drei, wenigstens zwei Jahren? Ordnen Sie diese nach Ähnlichkeit, d. h. bilden Sie, wenn es geht, Gruppen.

2. Wie viele Kunden haben Sie in den letzten Jahren neu gewonnen, und von wie vielen haben Sie nichts mehr gehört?

3. Wie war die Umsatzentwicklung bei diesen Einzelkunden oder Kundengruppen? Stellen Sie diese in tabellarischer oder grafischer Form dar.

4. Wie war der Ergebnisbeitrag dieser Einzelkunden oder Kundengruppen? Setzen Sie den Ergebnisbeitrag in Relation zur Umsatzentwicklung.

5. Welche Art von Produkt oder Leistung wurde besonders nachgefragt?

6. Was waren die Gründe für diese Entwicklung? Lag es an Ihnen oder den Kunden oder woran sonst? Welche Möglichkeiten haben Sie, positive Entwicklungen zu verstärken und negativen entgegenzuwirken?

7. Schätzen Sie die Stabilität und Lebensfähigkeit Ihrer Kunden und Ihrer jeweiligen Kontaktpersonen beim Kunden ein sowie Ihre Möglichkeit, mit diesen in Zukunft Ihr Geschäft auszubauen. Sofern Nachfolgefragen anstehen: Kennen Sie die Kinder Ihrer Kunden oder die in Betracht kommenden Nachfolger?

8. Welche Rolle spielen Sie bei diesen Kunden? Welchen Marktanteil haben Sie bei ihnen? Schätzen Sie, wie wichtig Sie für den Kunden sind. Kann er auf Sie verzichten?

9. Reichen die existierenden Kundenbeziehungen aus, um Ihre Zukunft zu sichern? In der Regel ist es einfacher, existierende Kundenbeziehungen zu stärken, als neue aufzubauen.

10. Warum sollen Kunden gerade bei Ihnen kaufen und Ihre Dienstleistung in Anspruch nehmen? Haben Sie Mängel bei Produkten oder im Service? Am besten, Sie notieren die Argumente, warum der Kauf bei Ihnen oder die Arbeit mit Ihnen für den Kunden von Vorteil ist, ohne zu beschönigen. Danach sollten Sie darüber nachdenken, ob diese Argumente für den Kunden oder die Zielgruppe verständlich und nachvollziehbar sind.

11. Haben Sie Anzeichen dafür, dass das nicht ausreichende Kunden-interesse durch interne Mängel bei Ihnen bedingt ist? Können Sie die Mängel selbst beseitigen, oder brauchen Sie dazu externe Hilfe oder einen Partner? Denken Sie daran, dass Sie weniger Produkte und Dienstleistungen anbieten müssen als vielmehr Problemlösungen und Sicherheit für den Kunden.

12. Haben Sie ausreichende Informationen über die Kundenbindungs-
    maßnahmen Ihrer Mitbewerber? Vor allem von denen, die Ihre
    schärfsten Wettbewerber sind? Berücksichtigen Sie dabei das Inter-
    net als kostengünstige und immer wichtiger werdende Informati-
    onsquelle? Was Sie abgucken können, brauchen Sie nicht zu erfin-
    den!

Vergessen Sie bei all dem Nachdenken nicht, sich in die Lage Ihrer Kunden zu versetzen. Diese haben einen Grund, bei Ihnen zu kaufen oder arbeiten zu lassen – oder eben nicht. Finden Ihre Kunden Sie schnell, zuverlässig, einfallsreich, leicht erreichbar, freundlich, preiswert? Oder passen zu Ihnen eher Zuschreibungen wie unzugänglich, selbstgefällig, un-
durchsichtig, wenig hilfreich?

Nur etwa 20 Prozent dessen, was Sie tun und darstellen, wird unserer Erfahrung nach von den Kunden oder Zielgruppen als wichtig empfunden.
Und genau diese 20 Prozent beeinflussen im Wesentlichen die Entscheidung für oder gegen Sie. Das Kunststück ist, diese Entscheidungskriteri-
en zu identifizieren und Ihre Aufmerksamkeit darauf zu lenken.

Noch eine letzte Frage, die eigentlich die erste ist, wollen wir Ihnen
stellen:

13. Haben Sie ausreichend Zeit und Lust, sich mit den vorangegange-
    nen Fragen zu beschäftigen? – Wenn ja, dann sind Sie auf einem gut-
    en Weg.

3.4 Wertschöpfungskette und Kostenstrukturen

Das übliche Herangehen an die Kostenstrukturen erfolgt über die traditionelle Gewinn- und Verlustrechnung und die Bilanz. Im Zuge der zunehmenden Komplexität der Wirtschaft ist es jedoch erforderlich, wie
Michael E. Porter anschaulich beschrieben hat, in Wertschöpfungsketten zu denken[4] und nicht nur in den üblichen Deckungsbeitrags- oder
Gewinn- und Verlustrechnungen. Auf KMU übertragen, lassen sich die
von Porter für global agierende Großunternehmen entwickelten Vorstellungen vereinfacht wie folgt zusammenfassen:

Auch kleine und mittlere Unternehmen sollten eine Unternehmensstrategie haben. Die möglichen Strategien, etwa Kostenführerschaft, Differenzierung oder Konzentration auf Schwerpunkte, sollten sich gründen auf eine Analyse von

1. Branche und Wettbewerbskräften
2. Konkurrenten
3. Wertkette des Unternehmens mit Zuordnung von Kosten und Anlagen zu den Wertaktivitäten
4. Kostenverhalten der Wertaktivitäten und Kostenantriebskräfte
5. Verknüpfungen
6. Verflechtungen
7. Differenzierung

Für mittelständische Unternehmer und Führungskräfte zu den Punkten 1. bis 3. zu beantwortende Fragen sind:

1. Die Branche betreffend
Welche Struktur hat die Branche?
Welches sind die bestimmenden Wettbewerber?
Wie groß ist die Rivalität unter den bestehenden Wettbewerbern?
Wie wahrscheinlich ist der Eintritt neuer Wettbewerber?
Wie wahrscheinlich ist der Austritt/die Fusion von Wettbewerbern?
Besteht eine Gefahr durch Ersatzprodukte?
Wie groß ist die Verhandlungsstärke von Lieferanten?
Wie groß ist die Verhandlungsstärke von Kunden?

2. Konkurrenten betreffend
Wie führt der Konkurrent den Wettbewerb?
Wie steht er wirtschaftlich da?
Welche Ziele hat er in Bezug auf Markt und Wirtschaftlichkeit?
Welche Annahmen hat er für sich und die Branche?
Wie gefährlich/expansiv ist er?
Wo ist er verwundbar?
Wie ist er organisiert?
Wie ist das Management?
Welche Fähigkeiten, sowohl Stärken als auch Schwächen hat er in Bezug auf Produkte, Händler/Vertrieb, Marketing und Verkauf, Kooperationen, Verfahren, Forschung und Technik, Variable Kosten, Gesamtkos-

ten, Finanzielle Stärke, Organisation, ungenutzte Kapazitäten, Standorte und Anlagen, allgemeine Managementfähigkeiten, Nachfolgeprobleme?

3. Die Wertkette betreffend

Die Wertkette zeigt den Gesamtwert der Betriebsleistung und setzt sich aus den Wertaktivitäten und der Gewinnspanne zusammen. Jede Tätigkeit eines Unternehmens sollte unter einer der folgenden primären oder unterstützenden Aktivitäten zugeordnet werden. Die Einordnung sollte im Allgemeinen den Arbeitsabläufen folgen. Als primäre Aktivitäten nennt Porter: Eingangslogistik, Operationen, Marketing und Vertrieb, Ausgangslogistik und Kundendienst. Unterstützende Aktivitäten sind die Unternehmensstruktur, Personalwirtschaft, Technologieentwicklung und Beschaffung. In jeder Kategorie gibt es dann drei weitere Subaktivitäten:

- Direkte Aktivitäten, die an der Wertbildung für den Käufer direkt beteiligt;
- Indirekte Aktivitäten, die die Ausführung von direkten Aktivitäten ermöglichen;
- Qualitätssichernde Aktivitäten, die die Qualität anderer Aktivitäten sichern.

Kostenuntersuchungen konzentrieren sich in produzierenden Betrieben meistens auf die Fertigungskosten und übersehen die Auswirkungen anderer Aktivitäten (Marketing, Infrastruktur, Kundendienst) auf die relative Kostenposition. Außerdem werden die Kosten einzelner Aktivitäten sequentiell analysiert, ohne die möglicherweise kostenwirksamen Verknüpfungen zwischen den Aktivitäten zu erkennen. Eine sinnvolle Kostenanalyse untersucht deshalb die Kosten auch im Rahmen der Wertkette. Zu jeder Aktivität in der Wertkette gehören sowohl Betriebskosten als auch -anlagen in Form von Anlagevermögen und freiem Betriebskapital. Bezogene Leistungen machen einen Teil der Kosten jeder Wertaktivität aus und können sowohl die Betriebskosten als auch die Anlagenkosten erhöhen. Aus der Kosten- und Anlagenallokation zu den Bereichen ergibt sich eine Wertkette. Die Verteilung dieser Kosten und Wertschöpfungsbeiträge im Unternehmen sollte zur Veranschaulichung grafisch dargestellt werden.

Praktischer Hinweis

Mittelständische Unternehmen verfügen in der Regel nicht über eine Buchhaltung und ein Controlling, welche die Kosten bereits entsprechend den Porterschen Definitionen zugeordnet haben oder in absehbarer Zeit zuordnen können. Für KMU ist es deshalb in erster Näherung empfehlenswert, die Komplexität und den Zeitaufwand der Analyse zu reduzieren, indem die Kostenstrukturen, einschließlich der Anlagen- und Gebäudekosten, vereinfacht für folgende Bereiche ermittelt werden:

(1) Marketing / Vertrieb
(2) Entwicklung
(3) Verwaltung
(4) Produktion
(5) Montage
(6) Beschaffung
(7) Logistik
(8) Kundendienst

Aufschlussreich ist es, die Kosten dabei in drei Kategorien einzuteilen: Bezogene Leistungen, Personalkosten und Anlagenkosten. Weitere Einsichten können sich ergeben, wenn man die Wertaktivitäten in direkte, indirekte und qualitätssichernde gruppiert. Ergänzend sollte die Profitabilität der Produkt- oder Dienstleistungsgruppen ermittelt werden.

Als Quintessenz aus dieser Darstellung können Sie mitnehmen, dass sich kleine und mittlere Unternehmen in ihrer betriebswirtschaftlichen Darstellung zunehmend den internationalen Gepflogenheiten annähern und ihr Unternehmen transparent darstellen können müssen. Allerspätestens, wenn sie erwägen, einen Teil an einen Investor zu verkaufen.

3.5   Wissensmanagement und Netzwerke

Wir leben in einer Zeit umfassender Veränderungen. Ein wesentliches Merkmal ist dabei die rasante Wissensvermehrung, wobei vor allem der Vormarsch der Informations- und Kommunikationstechnologien die Arbeitsprozesse, ebenso wie unseren Alltag, weiter radikal wandeln werden. Welche Konsequenzen können wir bereits erkennen, und welche Folgen können wir als Antwort auf die Wissenszunahme für Wirtschaft und Unternehmen annehmen?

Der Trend zu einer Weltwirtschaft und die Globalisierung der Märkte und Unternehmen werden sich fortsetzen. Aufgrund der Möglichkeiten zum schnellen und kostengünstigen Transport und als Folge der infor-

mationstechnischen Revolution ist die Wirtschaft immer weniger an ei-
nen Standort und das Konzept einer nationalen Wirtschaft gebunden.
Waren, Kapital und Informationen überschreiten mühelos Grenzen.
Nicht ob, sondern wie sich ein Unternehmen den Anforderungen an die
Kommunikations- und Wissensgesellschaft anpasst, ist heute die zentra-
le Überlebensfrage für die Organisation.

Wissensvermehrung bedeutet Zunahme des Gesamtwissens einer Gesellschaft. Umgekehrt ist das Individuum nicht mehr in der Lage, mit dieser Entwicklung Schritt zu halten. Denn bezogen auf den Wissenszu-
wachs der Gesellschaft weiß der Einzelne immer weniger. Der Trend zur
Wissensgesellschaft ist deshalb unwiderruflich mit zunehmender Spezia-
lisierung und Expertentum verbunden. Mit wachsendem Expertentum
wird heute bereits die Weitergabe von Wissen und Informationen zum
Problem. Denn ich kann nicht mehr ohne weiteres davon ausgehen, dass
das, was ich anderen zu sagen habe, überhaupt verstanden wird. Hin-
sichtlich seines Kommunikationsverhaltens sollte sich jeder Gedanken
machen, wie verständlich die Botschaften für andere sind, die in dem „einen oder anderen" Thema nicht „so tief" drin sind.

Das Wissen, das ein Unternehmen braucht, um „richtige" Entscheidungen zu treffen und am Markt Erfolg zu haben, besteht also aus dem ge-
bündelten oder vernetzten Wissen aller Mitarbeiter einer Organisation.
Oder anders gesagt: Die Bündelung oder Vernetzung des Wissens und die
Ausrichtung des Unternehmens auf eine gemeinsame Leistung und Zielsetzung hin ist eine Bedingung für zukünftigen Unternehmenserfolg.

Unter diesem Vorzeichen sind hohe Anforderungen an die Lehr- und
Lernfähigkeit und -bereitschaft von jedem Einzelnen gestellt. Lebenslanges Lernen ist das Stichwort. Vor allem auch die Bereitschaft, das eigene
Tun und Verhalten zu reflektieren, in Frage zu stellen und gegebenenfalls
zu ändern. In einer insgesamt alternden Gesellschaft wie der unserigen
können es sich Unternehmen nicht leisten, dass sich Teilnehmer am Er-
werbsleben (besonders Leistungsträger) mit 50 Jahren oder früher zur
Ruhe setzen, und auf deren Kompetenzen verzichten. Erforderlich ist
ständiges Agieren und Reagieren auf Veränderungen und Bereitschaft
zum Lernen von Anderen. Die Aufgabe der Führungskräfte wird in zunehmenden Maße darin bestehen, Alt und Jung zum gemeinsamen Lernen, zum Wissens- und Erfahrungsaustausch zusammenzubringen.

Aufgrund der rasanten Wissensvermehrung kann sich Lernen für jeden Einzelnen von uns immer weniger auf die reine Ansammlung von Wissen und Informationen beschränken. Denn die individuellen Möglichkeiten, alles in Erfahrung zu bringen und zu behalten, sind begrenzt. Gemessen an den Speicherkapazitäten einer Festplatte, muss das individuelle Gehirn zwangsläufig ins Hintertreffen geraten. Folglich müssen wir uns beim Lernen in Zukunft auf andere Dinge konzentrieren. Besonders wichtig wird sein, dass wir als Einzelne und als Organisation „das Lernen und Lehren lernen"[5]. Es geht also auch um ein neues Verständnis von Wissen und Lernen. Lernen meint weniger das Archivieren und Abspeichern von Wissen. Vielmehr lautet das Lernziel „Aufbau von Erfahrungs- und Umgangswissen" und einer wissensbasierten Kompetenz, die uns in die Lage versetzt, zu lernen, wie Probleme kompetent bearbeitet und gelöst werden können.

In diesem Zusammenhang sollte sich jeder bewusst machen, dass wir selbst nicht alles wissen können. Was wir wissen müssen, ist: zu wissen, wen wir im Zweifelsfall um Rat fragen, wie wir uns die notwendigen Informationen beschaffen und für unsere Zwecke nutzbar machen können. Wir sind aufgerufen, uns sowohl methodische Kompetenzen für Zugang zu Wissen anzueignen, als auch zu prüfen, welche Lernstrategie individuell die wirkungsvollste ist. Organisationen stehen folglich vor einer zusätzlichen Herausforderung, nämlich derjenigen, entsprechende Strukturen, Optionen, einschließlich Zugangskompetenzen und Zeit, bereit zu stellen und die notwendige Transparenz zu schaffen, damit alle Mitarbeiter einer Abteilung bzw. eines Bereiches wissen, wie sie sich für sie relevante Informationen, inklusiv Fort- und Weiterbildungsmaßnahmen, beschaffen und in ihren Aufgaben- und Verantwortungsbereichen verarbeiten können. Die Organisation muss, in kurzen Worten, wechselseitiges Lernen und Lehren ermöglichen.

Lernen und Lehren in Organisationen ist immer auch ein sozialer Prozess und setzt von allen Beteiligten voraus, definierte Verhaltensregeln einzuhalten. So wird es angesichts der gestiegenen Komplexität immer wieder Situationen geben, in denen das vorhandene interne Wissen nicht ausreicht, um anstehende Entscheidungen im Unternehmen fundiert und sicher zu treffen. In dieser Situation sollten die Akteure externe Quellen und Personen aufsuchen, die ihnen die benötigten Informationen liefern können. Das oben genannte Bewusstsein, dass heute kein Mensch mehr

alles wissen kann, was nötig ist, um ein Unternehmen erfolgreich zu
führen, sollten insbesondere Führungskräfte ausbilden und sich immer
einmal wieder aufrufen. Führungskräfte geben sich keine Blöße, wenn
Mitarbeiter in Bezug auf einzelne Situationen kompetenter sind (in ihrem
Expertentum sollten sie es im Übrigen unbedingt sein!). Führungskräfte
helfen sich, befähigen Mitarbeitende und machen erfolgreiches Arbeiten
wahrscheinlicher, wenn sie Ihre Führung professionalisieren: wenn Sie
die Art der Führung der skizzierten Komplexität anpassen und einen dia-
logischen Stil pflegen, der unter anderem das wechselseitige Lernen und
Lehren als Selbstverständlichkeit behandelt. Mit anderen Worten: Auf
Dauer hat diejenige Führungskraft die besten Erfolge, die es schafft, sich
die besten Mitarbeiter heranzuziehen und mit diesen abgestimmt zu arbeiten. Nur so lässt sich das im Unternehmen vorhandene Wissen nutzen und zielgerichtet verwenden.

Wenn wir über Wissensmanagement nachdenken, so beginnen wir meist
nicht mit Nichts, nicht mit einem vollständigen Nicht-Wissen. Aber wir
wissen nicht genau, wie viel oder wenig wir wissen, und wir wissen nicht
genau, was dabei „Wissen" überhaupt heißt und was ein uns befriedi-
gender Stand unseres Wissens wäre.

Um nicht in die Irre geleitet zu werden, hat es sich als nützlich erwiesen,
sich beim Nachdenken über das Wissensmanagement von den Schlüsselfaktoren und Kenndaten für unternehmerischen Erfolg leiten zu lassen, das wir Ihnen auf Seite 23 ff. bereits vorgestellt haben:

Wollen – Wissen – Können

Marktstellung
Innovationsleistung
Produktivität
Attraktivität
Kapitalrendite
Liquidität

Menschen – Zeitpunkte – Ressourcen

Ausgerichtet an dem unternehmerischen Wollen und Können müssen die Menschen und die Ressourcen des Unternehmens so geleitet werden, dass die gewünschten Ziele für die Kenndaten zum richtigen Zeitpunkt erreicht werden. Hierzu ist das für alle Bereiche des Unternehmens notwendige Wissen zu ermitteln, zu beschaffen und einzusetzen.

Als Warnung sei hier gesagt, dass bereits die Festlegung des unternehmerischen Wollens, d. h. der Vision oder Strategie, Wissen erfordert. Wer diesen Punkt nicht ernsthaft beachtet, richtet sein Wissen am Wunschdenken aus. Dies führt mit Sicherheit, besonders bei Existenzgründungen, nicht zum Erfolg. Wir haben es also bereits hier, wie im gesamten Wissensmanagement-Prozess mit Feedback-Prozessen zu tun: Das Nachdenken über das Wissen wird eingebettet und modifiziert durch die sich aus dem Nachdenken ergebenden Erkenntnisse. Beim Wissensmanagement geht es also darum, relevantes Wissen zu generieren, zu aktivieren, zu generalisieren, zu verteilen, zu nutzen und zu revidieren. Grundsätzlich ist zu beachten:

- Wissen fließt umso besser, je weniger Grenzen es zu überwinden hat.
- Organisationen neigen zum Aufbau von Grenzen. Profitcenter schotten sich nach außen ab, werden leicht zum Unternehmen im Unternehmen und wehren sich, Informationen aus anderen Unternehmensteilen überhaupt zur Kenntnis zu nehmen.
- Wissen ist die einzige Ressource, die sich bei Gebrauch nicht verzehrt, sondern vermehrt.
- Gelingt es einem Unternehmen über Daten-, Informations- und Dokumentenmanagement hinauszukommen, hat es einen kaum zu parierenden Konkurrenzvorteil. Dazu muss es sein Wissen produktiv machen.

Ein ernst genommenes Wissensmanagement verschärft allerdings die Problematik der Steuerung komplexer sozialer Systeme und verschiebt die Grenzen hierarchischer Steuerung deutlich in Richtung Selbststeuerung und Kontextsteuerung.

Wissensmanagement sollte daher in der Praxis als dreiphasiger ineinander greifender Prozess betrachtet werden, wobei die folgenden drei Phasen abgestimmt zueinander entwickelt werden sollten:

Phase 1: Informationsverarbeitung, Datenbanken, Kundenbefragung
Für die Soft- und Hardware gibt es mittlerweile für fast jede Art von Unternehmen eine reiche Auswahl geeigneter Möglichkeiten für die Abwicklung der üblichen Geschäftsprozesse. Das Augenmerk kann daher
auf die Frage gelenkt werden, wie die Datenverarbeitungssysteme die
Lernfähigkeit und das Management von Wissen unterstützen können.
Dazu ist es notwendig, nicht nur IT-Berater zu befragen, sondern die Wissensarbeiter im Unternehmen, die mit den Systemen arbeiten und lernen
sollen. Außerdem hat es sich als nützlich erwiesen, die Sichtweise von
Kunden und Lieferanten in die Betrachtungen einzubeziehen.

Phase 2: Produktivmachen des Wissens durch Erfolgsplanung
Was man managen kann und muss, ist nicht Wissen an sich, sondern das
Arbeiten mit Wissen und die Vernetzung der Personen, die das tun, nämlich die Wissensarbeiter. Es geht also darum, ein Lernumfeld zu schaffen, in dem jeder Mitarbeiter und jede Unternehmenseinheit weiß, wie
wichtig kontinuierliches Lernen für die Realisierung der langfristigen Unternehmensziele ist. Beide müssen wissen, wie sie in den Wissensverbund
des Unternehmens eingeordnet sind und zu ihrem Nutzen und zur Erhaltung des Unternehmens und seinem Wachstum beitragen.

Die Intelligenz eines Unternehmens bemisst sich dabei nicht an der Fähigkeit zur Konsensbildung, sondern an seiner Fähigkeit, mit Konsensfik-
tionen Widersprüche und Konflikte regelgeleitet zu provozieren und aufzulösen und so das Unternehmen geistig zu durchdringen, d. h. zu denken.[6]

Phase 3: Wissensmanagement durch organisierte Kommunikation
Unternehmen bilden sich auf der Grundlage von Kommunikation. Für
ihre Kontinuität ist fortlaufende Kommunikation unerlässlich. Kommu-
nikationsmanagement kann daher auch als Logistik des Wissens beschrieben werden: Durch geeignete Kommunikation gelangt der richtige
Wissensinhalt in richtiger Form zur richtigen Zeit an den Ort, wo er gebraucht wird.

Kommunikation ist *der* Erfolgsfaktor für Unternehmen. Mit einer ziel-
gerichteten und effektiven Kommunikation kann ein Unternehmen leis-
tungsfähiger sein als der Wettbewerb. Durch Kommunikation wird gemeinsames Lernen erst möglich, organisationales Wissen lässt sich in
Wettbewerbsvorteile verwandeln.

Dafür müssen jedoch motivations-, kommunikations- und gruppen-theoretische Grundlagen berücksichtigt werden. Der Einsatz von Kommunikationsmitteln muss zielgerichtet und geplant erfolgen und alte Führungsmodelle müssen durch neue ersetzt werden. Der Weg, der dahin führt, ist mit großen Veränderungen verbunden, die sich sowohl auf Strukturen als auch auf Denk- und Verhaltensmuster beziehen.

Für das praktische Vorgehen gibt es keinen Königsweg. In vielen Fällen hat es sich jedoch als nützlich erwiesen, das Nachdenken über Wissensmanagement mit einem moderierten Workshop der Führungskräfte des Unternehmens zu beginnen. Dabei wird hinterfragt, welches Wissen nach Meinung der Führungskräfte relevant und notwendig ist, um die Kenndaten mit Hilfe der Schlüsselfaktoren in die gewünschte Richtung zu bewegen. Unter dem Aspekt Wissen werden dort die Qualifikation, Motivation und Lernfähigkeit der Mitarbeiter genau so zur Sprache kommen wie die der Geschäftsleitung. Durchleuchtet werden ebenso die Infrastrukturen und Prozesse aller Bereiche des Unternehmens im Hinblick auf Transparenz, Kunden- und Mitarbeiterorientierung sowie ihren Beitrag zur Wertschöpfung. Wichtig ist auch, sich mit dem Wissensaspekt in den Beziehungen zu Kunden und Lieferanten, Kooperations- und Netzwerkpartnern zu beschäftigen.

Nach der Auflistung der Ergebnisse werden diese nach Prioritäten geordnet und zur weiteren Strukturierung des Wissensmanagementprozesses eingesetzt. Ohne die Abkehr von lieb gewonnen Gewohnheiten und vorherrschenden Denkmustern wird dies nicht zu schaffen sein. Die freie Marktwirtschaft ist eine Wirtschaft ohne Mitleid. Die Lebensfähigkeit eines Unternehmens wird bestimmt durch seine Fähigkeit, aufgrund seiner Wertschöpfungs- und Leistungsfähigkeit in einen lokal oder international definierten Markt einzutreten, darin zu bestehen und sich weiter zu entwickeln. Wenn ein Unternehmen diese Fähigkeiten nicht hat, ist es in absehbarer Zeit draußen.

Viele kleine und mittlere Unternehmen suchen ihr Heil in Netzwerken und Partnerschaften, getrieben von Einsicht, von Not oder von Beratern. (Anmerkung: Kaufen Sie Beratungsleistung nur, wenn Sie sich durch persönliche Vorstellung und Referenzen von Qualität und Erfahrung der Berater überzeugt haben.) Netzwerke und Partnerschaften haben durchaus ihre Berechtigung und können sehr wohl funktionieren, wenn von allen

Beteiligten die Bedingungen der Zusammenarbeit verstanden und akzeptiert sind. Und wenn alle wissen, dass Netzwerke und Partnerschaften kontinuierlicher Betreuung, Pflege und des fairen Umgangs, einschließlich eines wechselseitigen Gebens und Nehmens, bedürfen. Ein Netzwerk oder eine dauerhafte Partnerschaft, in der ein Part nur gibt und nichts empfängt, ist in der Wirtschaftswelt extrem störanfällig.

3.6 Fähige Gesellschafter, Geschäftsführer und Mitarbeiter als Team

In der gegenwärtig grassierenden Literatur zu Führung und Management lesen wir, dass wir ein Neues Denken brauchen, dass wir einen Schritt in die Paradoxie wagen müssen, dass wir Rationalität eigentlich nur zur nachträglichen Begründung unserer emotional getroffenen Entscheidungen brauchen, dass wir einen partizipativen Führungsstil brauchen, dass, dass, dass...

Die Frage ist, was brauchen wir heute wirklich, um ein mittelständisches Unternehmen erfolgreich zu führen? Sicherlich nicht jeden Tag ein neues Strickmuster für Führung, sondern ein Führungssystem, das

- aufbaut auf den weltweit geltenden Regeln der Betriebswirtschaft, ausgedrückt in Bilanzrelationen, Gewinn- und Verlustrechnungen und Kapitalrenditen und
- das im Unternehmen vorhandene Wissen und Können optimal mit dem unternehmerischen Wollen in Einklang bringt und dadurch
- nachhaltigen unternehmerischen Erfolg garantiert.

In unserer unternehmerischen Praxis und Beratungsarbeit hat sich eine von uns entwickelte Vorgehensweise bewährt, die wir unter dem Motto „Denken – Kommunizieren – Abgestimmtes Handeln" ausführlich beschrieben haben.[6]

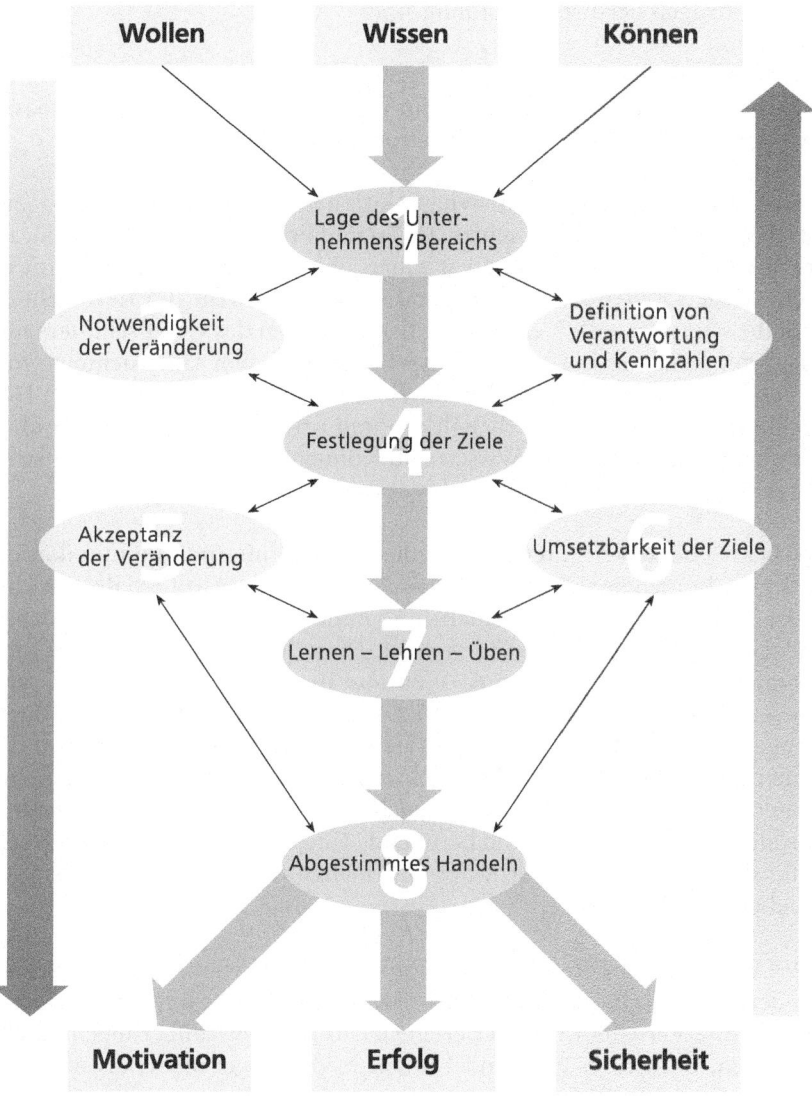

Abb. 13 Das Kommunikations- und Führungssystem der Erfolgsplanung

Die Leitfragen der Erfolgsplanung sind:

1. Wer denkt das Unternehmen ergebnisorientiert?
2. Was sind die Ziele und der damit verbundener Veränderungsbedarf?
3. Wie bewegt man eine Organisation ergebnisorientiert?

Das Erfolgsplanungssystem zwingt Unternehmer und Mitarbeiter dazu, das Unternehmen in allen seinen Teilen und Prozessen zu reflektieren, zu planen und sich der Frage zu widmen, wie man eine Organisation in schwierigen Zeiten zielgerichtet und synchron bewegt. Im Kern geht es um die wirkungsvolle Verzahnung der Interessen des Gesellschafters mit dem der Führungskräfte und Mitarbeiter zu einem Unternehmen von solch innerer Stärke, dass das Überleben im Markt garantiert ist. Der Schlüssel dazu ist eine vorbehaltlose und offene Kommunikation über das gemeinsame Wollen, Wissen und Können und die Festlegung klarer Ergebnisverantwortung.

Nebenbei bemerkt: Unternehmen, die eine gute interne Kommunikation pflegen, brauchen sich nicht vor der innerhalb und außerhalb des Unternehmens laufenden informellen Kommunikation zu fürchten, deren Bedeutung generell unterschätzt wird. Diese für die gefühlsmäßige Einschätzung der (Unternehmens-)Welt und für die Meinungsbildung sehr wesentliche Kommunikation findet zwischen den Mitarbeitern und ihren Angehörigen und Freunden statt. Sie reflektiert meist sehr treffend die inneren Zustände. Wenn die Männer und Frauen an der Spitze keine guten Kommunikatoren sind, ist nicht zu erwarten, dass sich eine auf produktiver Kommunikation beruhende Unternehmenskultur entwickelt und sich diese auch in Form der informellen Kommunikation bestätigt und nach außen getragen wird.

Der Weg zu einer guten internen Kommunikation ist mit spürbaren Veränderungen verbunden, die sich sowohl auf Strukturen als auch auf Denk- und Verhaltensmuster beziehen. Um solche Veränderungen durchzusetzen, braucht es Zeit und Übung. In der Regel mehr, als man annimmt. Sind zum Beispiel in einem Unternehmen Diskussionen mehr von einer Kampfsprache beherrscht und ist der argumentativ-sachliche Stil und Ton auf der Strecke geblieben, ist eine konstruktive Arbeitsweise nur noch schwer realisierbar. Dann beginnt eine Neuorientierung erst einmal mit der Einübung akzeptabler Gesprächspraktiken. (So Sie sich bei einem

Unternehmen bewerben und mit mehreren Leuten sprechen können, sollten Sie auch auf deren Sprachgebrauch achten. Der verrät manchmal mehr als die Hochglanzbroschüren.) Ein weiteres Beispiel: In der Unternehmensspitze kann es zum Beispiel sehr liebenswerte Menschen geben, die nur ihren eigenen Erfolg in der Form von Wirkung auf andere suchen. Da sie sich über diese Art des Erfolgs definieren, werden sie es sehr schwer haben, gemeinsame Ziele zu definieren und sich auf eine gemeinsame Zielerreichung einzulassen. „Ich bin an der Spitze, weil ich gut bin, und ich bin gut, weil ich an der Spitze bin", ist heute eine gefährliche Einschätzung für einen Unternehmer oder eine Führungskraft. Auch die einprägsame Vorstellung, ein „Alpha-Tier" zu sein, garantiert noch keinen nachhaltigen unternehmerischen Erfolg. Die gewünschte offene Kommunikation steht und fällt mit der Art und Weise des persönlichen Umgangs miteinander, und das alte Sprichwort „Wie der Herr, so's Gescherr" trifft auf zahlreiche mittelständische Unternehmer und Führungskräfte zu. Detailliertere Ausführungen dazu finden Sie im Kapitel 5 zum Thema Leadership.

Dauerhafter Unternehmenserfolg ist also entscheidend von dem Verhalten und Wissen der Führungskräfte abhängig. Qualifizierte Führungskräfte zu finden und zu halten ist deshalb eines der herausragenden Probleme von KMU. Was die Suche nach qualifiziertem Personal angeht, konkurrieren die 90 Prozent der mittelständischen Unternehmen, die weniger als 50 Beschäftigte haben, mit den größeren Betrieben und vor allem mit den Großbetrieben, welche nicht nur durch ihre Größe und Bekanntheit, sondern unter anderem durch ihr Arsenal an ausgefeilten Personalrekrutierungsmaßnahmen qualifizierte Mitarbeiter anziehen. So ist es nicht verwunderlich, dass talentierte Absolventen von Fachschulen, Fachhochschulen und Universitäten eher den Verlockungen einer Beschäftigung in einem Großunternehmen erliegen, als sich bei einem kleineren Betrieb zu bewerben. Das bedeutet, dass die beschäftigungstragenden Unternehmen unserer Wirtschaft, die zum Überleben einen überdurchschnittlich qualifizierten Mitarbeiterstamm brauchen, bei der Personalsuche stark benachteiligt sind. Zum einen durch die Kosten der Personalsuche und zum anderen in der möglichen Wahl der Maßnahmen. Die Kosten der Personalsuche lassen sich gegenüber Printanzeigen, der Suche durch Personalberater oder den Besuch von Jobmessen durch den Einsatz des Internets, durch Job-Börsen und Online-Anzeigen, wesentlich reduzieren. Der Einsatz des Internets ist jedoch nicht ohne Tücken, da sie eine professionelle Darstellung des Unternehmens erfordert. Hierzu gehören eine Beschreibung der Tätigkeitsfelder und Produkte des Unternehmens sowie Unternehmenskennzahlen und eine Beschreibung der Organisation und natürlich, siehe Kapitel 2, eine Beschreibung, warum das Unternehmen für den Bewerber attraktiv ist. Aus unserer Sicht können die Handelskammern sowie regionale Wirtschaftsfördergesellschaften und Branchenverbände bei der Personalsuche wertvolle Hilfestellung geben.

Letztlich kommt es darauf an, welchen Eindruck die Repräsentanten des Unternehmens in dem Gespräch auf den Bewerber machen. Da sich aufgrund der demografischen Entwicklung die Verfügbarkeit qualifizierter Mitarbeiter weiter verschärfen wird, muss jeder Unternehmer diesem Thema seine besondere Aufmerksamkeit schenken, so er an eine Weiterführung seines Betriebes denkt.

Tipp zum demografischen Wandel
Mit den Altersstrukturproblemen der Betriebe beschäftigen sich unter anderem auch die AOKs, die Altersstrukturanalysen aus den Daten der bei einem Betrieb beschäftigten Versicherten anbieten. Im ersten Schritt zeigt eine ausführliche Ist-Analyse dem Unternehmen die seitherige Entwicklung des Altersbaumes und Durchschnittsalters der Versicherten im Längsschnitt sowie im Branchen- und Regionalvergleich. Auch die bisherigen Krankenstände und Krankheitsschwerpunkte werden nach Altersgruppen verteilt betrachtet und den Vergleichswerten von Branche und Region gegenübergestellt. In einem zweiten Schritt kann in einer 10-Jahres-Modellrechnung die Altersstruktur des Versichertenkollektivs fortgeschrieben und die zukünftige Entwicklung des Krankenstandes und der Krankheitsschwerpunkte im Unternehmen prognostiziert werden.[7]

Literatur

(1) Deutsche Bundesbank (2006). Zur wirtschaftlichen Situation kleiner und mittlerer Unternehmen in Deutschland seit 1997. Monatsbericht Dezember, S..37–68. www.bundesbank.de
(2) Creditreform (2007). Insolvenzen in Europa 2006/07. Neuss 8.2.07. www.creditreform.de
(3) Dörner, D. (1989). Die Logik des Misslingens. Reinbek: Rowohlt
(4) Porter, M. E. (1999). Wettbewerbsvorteile. Frankfurt a. M.: Campus
(5) Tichy, N. A. (2004). The Cycle of Leadership. How great leaders teach their companies to win. New York: Harper Collins
(6) Pelz, B. F., Mahlmann, R. (2006). Erfolgsplanung KMU, Souveräne Unternehmensführung durch systemische Erneuerung. Leonberg: Rosenberger-Fachverlag
(7) AOK Hessen, Bad Homburg (2006). Altersstruktur-Datenanalyse für Unternehmen. www.inqa.de

4   Der Zwang zu wachsen und seine Folgen

4.1   Charakteristische Herausforderungen für größere Unternehmen

Nach den Veröffentlichungen des Club of Rome 1972 über die Grenzen des Wachstums versuchten einige Unternehmen vergeblich, den Pfad eines „Nullwachstums" einzuschlagen. Steigende Material- und Personalkosten ließen sich nicht im nötigen Maße durch Preiserhöhungen und Produktivitätssteigerungen kompensieren, und die Unternehmen kehrten, um zu überleben, auf eine Wachstumsstrategie zurück. Gegenwärtig – in einer Phase wegfallender Grenzen, wachsender Weltwirtschaft und dem „Wachstums"-Mantra der globalen Finanzmärkte – wird von einem Nullwachstum nicht mehr gesprochen. Die Devise heißt: Ein Unternehmen, das nicht wächst, stirbt. Die praktische Konsequenz ist, dass die Zahl der größeren und großen Unternehmen sowohl durch organisches Wachstum, aber vor allem durch Übernahmen und Fusionen weiter zunehmen wird.

Zahlenmäßig stellen in Deutschland heute Unternehmen mit mehr als 500 Beschäftigten nur etwa 0,3 Prozent aller Betriebe dar, wie in Kapitel 2.1 bereits ausgeführt wurde. Diese Unternehmen beschäftigen jedoch 30 Prozent aller in der Wirtschaft Beschäftigten, sie tätigen knapp 60 Prozent der Umsätze und knapp 50 Prozent der Bruttoinvestitionen. Die Relationen in den anderen EU-Ländern sind ähnlich.

Was die Organisation größerer Unternehmen angeht, finden sich je nach Branche, Alter, Produkt- und Dienstleistungsstruktur sowie Internationalisierung sehr unterschiedliche Organisationsmodelle, wobei drei Grundtypen unterschieden werden: die funktionale Organisation, die divisionalisierte Organisation, die oft auch als Spartenorganisation bezeichnet wird, und die Matrixorganisation. In der Realität gibt es viele Zwischenformen, die oft nach dem Gutdünken des Eigentümers oder eines Geschäftsführers gewählt werden. Der Nachteil all dieser meist in kästchenförmigen Organigrammen dargestellten Organisationen ist, dass Sie bei den Mitarbeitern auch Kästchendenken provozieren und ihnen nicht nachdrücklich genug den Gedanken der Vernetzung, Abhängigkeit und Zusammenarbeit nahe bringen.

Fairerweise muss man jedoch sagen, dass zunehmend auch die im Wesentlichen in den letzten dreißig Jahren entwickelten Vorstellungen vom vernetzten Denken im Management[1], der Management-Kybernetik[2], der Theorie sozialer Systeme[3], dem Wissensmanagement[4] sowie der Dynamik von wirtschaftlichen Systemen (Business Dynamics)[5], Eingang in die praktische Umsetzung in deutschen Unternehmen finden. (Als Randbemerkung sei hier erlaubt, dass die Bemühungen, die reale Welt in Rechnerprogrammen abzubilden durch die zunehmenden Erkenntnisse in den Naturwissenschaften, besonders der Biologie, befördert wurden. Dabei stellte man fest, dass Wirtschaften nicht mehr genügend in der Logik der Linearität modelliert werden konnte. Die Einsicht drängte sich auf, dass es um vernetzte Prozesse ging und geht. Ein schönes Beispiel dafür, wie technologische Entwicklung und anwendbare Welterkenntnis miteinander verwoben sind.)

Soweit wir anhand von Geschäftsberichten recherchieren konnten, finden diese Gedanken jedoch bis jetzt weniger ihren Niederschlag in der Organisation als in dem Bemühen um ein geändertes Kommunikationsverhalten im Unternehmen. Vermutlich findet die organisatorische Neugestaltung erst statt, wenn eine in der neuen Denkweise erzogene und erfahrene Managergeneration in die Geschäftsführungen, Vorstände und vor allem Beiräte und Aufsichtsräte einzieht. Es ist also davon auszugehen, dass sich größere Unternehmen in den nächsten Jahren organisatorisch auch wesentlich verändern werden. Das heißt für die in größeren Unternehmen Beschäftigten auf der Hut zu sein und zu erspüren, wohin die Entwicklung läuft und, wenn möglich, aktiv dabei mitzuwirken.

Unternehmen entwickeln sich heute, auf Grund der allgemeinen Zunahme des Wissens, zwangsläufig mehr und mehr zu spezialisierten Wissensfabriken. Für sie besteht die Herausforderung darin, ein internes Lernumfeld zu schaffen, in dem jeder Mitarbeiter und jede Unternehmenseinheit weiß, wie wichtig kontinuierliches Lernen für die Realisierung der langfristigen Unternehmensziele ist und, dass diese Ergebnisse des Lernens zum Wohle des Unternehmens, der Mitarbeiter und der Allgemeinheit auch eingesetzt werden. Ziel dieses Lehrens, Lernens und Wissensmanagements ist die bessere Beherrschung der Komplexität sozialer Systeme. Solche komplexen Systeme zeichnen sich gegenüber einfachen Systemen dadurch aus, dass ihre Steuerung, Regulierung und Lenkung uns Menschen ernsthafte Probleme bereiten. Der Grund liegt darin, dass wir die möglichen Wechselwirkungen der Komponenten innerhalb des Systems (sein Verhaltensspektrum) und die möglichen Wechselwirkungen des Systems oder einzelner Systemkomponenten mit der Umwelt und damit ihre Auswirkungen nicht präzise vorhersagen und daher auch nicht kontrollieren können. Zur Beherrschung komplexer Systeme bedarf es, wie R. W. Ashby[6] gezeigt hat, komplexerer Mittel der Steuerung.

Die goldene Regel für das Management ist also zweifach: Wenn man einfache Systeme hat, genügen einfache Mittel nach dem Motto „Keep it simple". Wenn man komplexe Systeme hat, braucht man Steuerungs- und Regulierungsmechanismen, die dieser Komplexität angemessen sind: Die Steuerung von jemandem, der den Hof fegt, ist sicherlich einfacher als die Steuerung von einem Dutzend Spezialisten in verschiedenen Ländern, die zusammen an einem Projekt arbeiten und über ein virtuelles Netzwerk verbunden sind oder gar die eines global agierenden Unternehmens mit mehreren zehntausend Beschäftigten. Das Management eines Unternehmens ist nicht das Management von Human Capital allein, sondern, wie wir in Kapitel 2 dargelegt haben, das synchrone Management der Schlüsselfaktoren in Bezug auf die verschiedenen Kenngrößen des Unternehmens.

Das synchrone Management wird dadurch erschwert, dass Unternehmen ab einer Größe von etwa 500 Mitarbeitern beginnen, eine gewisse Unpersönlichkeit zu entwickeln und auch die Versammelbarkeit der Belegschaft zur Entwicklung eines Zusammengehörigkeitsgefühls nicht mehr gegeben ist. Das heißt, die Führer von stark wachsenden und größeren Unternehmen müssen sich sehr auf ihre Führungskräfte in den Untereinheiten verlassen können, da sie nur über diese wirken und zudem nur gefiltert durch diese erfahren, was an der Basis des Unternehmens wirklich passiert. Vor allem müssen sie aber darauf achten, dass diese Führungskräfte und damit letztlich das gesamte Unternehmen eine klare Ansage der Führung hat, was die Vision oder längerfristige Zielsetzung ist. Diese Zielsetzung muss verständlich und nachvollziehbar sein. Ist sie das, wird sie auch von den Mitarbeitern respektiert, akzeptiert und in die Tat umgesetzt.

Um einem Missverständnis vorzubeugen: eine klare Ansage ist nicht eine einmalige Ansprache der Geschäftsführung („Es muss ein Ruck durch das Unternehmen gehen!") oder eine schön bebilderte Unternehmensbroschüre mit klugen Texten. Eine klare Ansage ist die Bestätigung einer mit den Führungskräften des Unternehmens entwickelten Unternehmensvision oder Strategie zur Förderung der Interessen aller an der Unternehmensentwicklung Beteiligten (Stakeholder), letztlich ist sie also immer eine Aussage darüber, wie sich das Unternehmen aus Sicht der Kunden vom Wettbewerb abzuheben gedenkt.

Existiert diese klare Ansage der Führung, dann ist es die Aufgabe der Führung, in Abstimmung und zusammen mit den Führungskräften die gewünschten Zielsetzungen in den Köpfen der Mitarbeiter zu verankern. Hierzu gibt es nur eine probate Methode, nämlich, sich vor Ort zu begeben und seinen Leuten den Willen zum Erfolg sichtbar und spürbar werden zu lassen und ihn so zu vervielfältigen. In unserer Führungs- und Beratungspraxis bei angelsächsischen Unternehmen wurde dies als „missionary hands-on management" bezeichnet.

Eine weitere charakteristische Herausforderung für das Management wachsender und größerer Unternehmen ist es, den Überblick über alle laufenden Aktivitäten zu behalten, sie durch ein geeignetes Controlling messbar zu gestalten und über Feedback-Prozesse zu bündeln und synchron zu steuern.

4.2 Entwicklungs- und Krisenphasen beim Unternehmenswachstum

Die Tatsache, dass Unternehmen eine heterogene Zusammensetzung an Mitarbeitern haben, bedarf keiner großen Erläuterung. Mitarbeiter unterscheiden sich nach Ausbildung, Alter, Firmenzugehörigkeit, Geschlecht, Nationalität, Sprache, Erfahrung, Talenten, Neigungen, Erwartungen etc. Diese Verschiedenheit bedeutet unter anderem, dass in einem Unternehmen eine Vielzahl an Fähigkeiten versammelt ist, die es gilt, geschickt einzusetzen. Zum Zweck der Unternehmenssteuerung und zur Erledigung spezifischer Aufgaben werden diese Fähigkeiten zugeordnet, etwa zu Gesellschaften, Funktionen, Verantwortungsbereichen, Projekten, Abteilungen und Bereichen.

Organisationales Wachstum birgt daher mehrere Risiken. Hervorgehoben seien an dieser Stelle nur zwei. Mit zunehmendem Wachstum einer Organisation neigen Mitarbeiter bzw. Kleingruppen, Abteilungen, deren

Leiter, und auch Geschäftsführungen dazu, ein gewisses Eigenleben zu entwickeln. Zwei bemerkenswerte und häufig anzutreffende Verselbstständigungstendenzen werden erkennbar in dem Bestreben, sich auf dem persönlichen Wirkungsfeld zu perfektionieren (Kompetenz durch Vervollkommnung) sowie in der Praktik, um sich herum sichtbare und unsichtbare Grenzen zu errichten (Abgrenzung, Profilierung). Dies sind zwei der Gründe dafür, dass Unternehmen mit zunehmender Größe und zunehmenden Alter in verschiedene krisenhafte Zustände geraten. Denn Eigendynamik (hier in der Form von Perfektionierung und Profilierung) begünstigt Fragmentierung und Fraktionierung; diese wiederum erschwert koordiniertes Zielhandeln. Austausch und Abstimmung, folglich Zusammenarbeit als gemeinsames Ziehen am selben Strang in dieselbe Richtung zur selben Zeit, kurz: synchronisiertes Handeln wird schwieriger und aufwändiger. Ohne entsprechende gegensteuernde Maßnahmen riskiert eine Geschäftsführung, die diese Entwicklungen toleriert, kompletten Verlust an Korrigierbarkeit und Kontrolle. Zwar kann man – so jedenfalls die Erfahrung – davon ausgehen, dass Mitarbeiter grundsätzlich bestrebt sind, Fehler ihres Managements auszubügeln (schließlich hängt nicht zuletzt ihr Arbeitsplatz davon ab). Da sie indes normalerweise keinen, bestenfalls einen geringen Einfluss auf strategische Entscheidungen haben – und die Kultur der Zusammenarbeit im Unternehmen gehört durchaus zu strategischen Grundentscheidungen –, liegt es nicht in der Macht der Mitarbeitenden, strategische Weichenstellungen maßgeblich zu korrigieren. Mit anderen Worten: Führungsgremien sollten einen wachsamen Blick nach innen richten, spätestens dann, wenn das Unternehmen spürbar wächst. Denn nur dann haben sie eine Chance, frühzeitig auf unternehmenskulturelle (inklusive mikropolitische) Fragestellungen explizit einzugehen und Kulturfragen systematisch zu bearbeiten.

In Bezug auf wachsende Unternehmen hat es zahlreiche Systematisierungsversuche gegeben. In einem viel beachteten Aufsatz hat Larry E. Greiner bereits 1972 die evolutionären und revolutionären Phasen beim Wachstum von Organisationen beschrieben.[7] Die von ihm beschriebenen vier Phasen seien hier kurz zusammengefasst:

1. Am Anfang eines Unternehmenslebens steht meist ein Gründer, der eine Geschäftsidee oder ein Produkt erfunden hat und der sich auf die Herstellung und den Verkauf des Produktes oder der Dienstleistung

konzentriert. In der Regel hält er nicht viel und weiß nicht viel von Management. In dieser Phase arbeiten die Mitarbeiter eng zusammen, bringen ihre Ideen ein und machen, in der Erwartung, dass es in absehbarer Zeit deutlich aufwärts gehen wird, ohne Probleme Überstunden oder vertreten sich gegenseitig. Auf Reaktionen aus dem Markt und ihrer Kunden antworten sie unmittelbar.

2. Sofern der Markt die Produkte des Unternehmens gut aufnimmt und das Unternehmen wächst, gerät es in seine ersten Krisen: in die der Unternehmensorganisation, in die der Unternehmensführung und in die der Finanzierung des Wachstums. Bedingt durch die notwendige Ausbildung von Bereichen wie Entwicklung, Produktion, Vertrieb, Marketing, Buchhaltung entstehen Hierarchien, Formalitäten und Spezialistentum. Es entsteht ein Koordinationsproblem. Die Unternehmensführung muss Entscheidungskompetenzen delegieren und die interne Kommunikation, Verantwortungen, Prozessketten, Finanzplanung etc. organisieren. Das heißt die Gesamtorganisation des Unternehmens muss parallel zum Wachstum entwickelt werden, um ein abgestimmtes und synchrones Handeln zu gewährleisten. Tut sie das nicht, verlassen wertvolle Mitarbeiter das Unternehmen.

3. Wächst das Unternehmen weiter, bilden sich eine Unternehmenszentrale, Niederlassungen, Filialen, Profitcenter, Joint Venture. Aus dem egoistischen Bestreben, im Vergleich mit anderen möglichst gut abzuschneiden, und auch, um den eigenen besonderen Status zu zeigen, neigen die gebildeten Organisationen dazu, sich abzuschotten, werden leicht zu Unternehmen im Unternehmen. Im Extremfall wehren sie sich, Informationen aus anderen Unternehmensteilen überhaupt zur Kenntnis zu nehmen. Kommen bei einer Internationalisierung noch sprachliche und kulturelle Barrieren hinzu, verstärkt sich die Tendenz zur Verselbstständigung. Sofern in dieser Phase die Organisationsentwicklung nicht dem Unternehmenswachstum folgt, gerät die Unternehmensleitung in ein Führungs- und Steuerungsproblem. In vielen Fällen wird dann das Heil gesucht in einer Verstärkung des Controllings und der Planungsaktivitäten und einer Zentralisierung von Dienstleistungsfunktionen. Sofern dieses nicht achtsam geschieht, schlittert das Unternehmen in seine nächste Krise, die der überbordenden Bürokratie.

4. Die Reaktion auf die überbordende Bürokratie ist dann meist eine Gegenreaktion zur Reduzierung der Komplexität. Aus Zeitgründen wird dann zuerst auf einfache Mittel zurückgegriffen: eine Verschlankung der Organisation durch Personalreduzierung, Abbau hierarchischer Ebenen sowie von Stabsfunktionen, Schließung von Teilbetrieben. Diese einfachen Mittel reichen selten aus, um die Probleme in den Griff zu bekommen, und man muss zu komplexeren Methoden greifen, wie z. B. die Einführung von Projektarbeit in Matrixorganisationen, Erhöhung der Mitarbeiterqualifikation durch Aus- und Weiterbildungsaktivitäten, Verbesserung der Kommunikation und des Wissensmanagements durch Intranets, sowie die Schaffung von Anreizsystemen für bereichsübergreifende Teamleistungen etc.

Soweit die Ausführungen von Greiner. Wir möchten sie ergänzen um prognostische Aussagen von Stan Davis und Christopher Meyer aus ihrem Buch „Das Prinzip Unschärfe"[8]. Die Publikation wurde von Ernst & Young, einer der weltweit größten Wirtschaftsprüfungsgesellschaften, unterstützt und erfuhr weite Verbreitung. Sie ist deshalb interessant, weil sie die Sicht der Welt in einer für populäre amerikanische Managementliteratur typischen Weise vereinfacht. Auch wenn die Darstellung wissenschaftlichen Anforderungen möglicherweise nicht genügt, ist sie unserer Meinung nach doch eine treffende Zusammenstellung der Denkweise der New Economy, die heute wieder im Aufschwung begriffen ist. Zusammengefasst sind die Aussagen:

Die Wirtschaftswelt befindet sich in einer Phase rasanter und gravierender Veränderungen. Vorangetrieben werden sie durch drei Kräfte: Vernetzung, Geschwindigkeit und die Zunahme nicht greifbarer Dinge.

1. Geschwindigkeit: Jeder einzelne Aspekt der Wirtschaft und der vernetzten Organisation operiert und verändert sich in Echtzeit. Es ist alles mit allem in Echtzeit verbunden. Durch die beinahe augenblicklich stattfindende Kommunikation und Datenverarbeitung per Computer wird die Zeit verkürzt, und Geschwindigkeit rückt in den Brennpunkt.
2. Vernetzung: Alles wird über elektronische Netzwerke miteinander verbunden: Produkte, Menschen, Länder, Unternehmen. Durch die Vernetzung wird jedermann auf irgendeine Weise in ein Netz eingebunden. Das vermittelt den Eindruck eines Schrumpfens des Raumes.

3. Alle möglichen Arten von nichtgreifbaren Dingen und Werten, wie etwa Dienstleistungen und Informationen, nehmen explosionsartig zu und verringern die Bedeutung greifbarer Dinge. In der Welt ohne Grenzen verschmelzen Produkte und Dienstleistungen, Käufer verkaufen und Verkäufer kaufen in einem, zugleich und wechselseitig. Geordnete Wertschöpfungsketten werden zu scheinbar ungeordneten wirtschaftlichen Netzwerken und die Wohnung wird zum Büro. Es gibt keine klare Trennung mehr zwischen Strukturen und Prozessen und auch nicht zwischen Besitz und Verwendung, Wissen und Lernen, Wirklichkeit und Virtualität.

Vernetzung, Geschwindigkeit und Nichtgreifbarkeit rauben uns nachts die Ruhe, weil wir über die Zukunft bzw. darüber nachdenken müssen, wie wir zukünftig gut (über-)leben können. Um die Richtung nicht aus den Augen zu verlieren, in die wir uns bewegen, konzentrieren wir uns auf die konstant bleibende Funktion der Wirtschaft. Diese besteht im Einsatz von Ressourcen zur Erfüllung von Bedürfnissen.

Die konstante Beschleunigung in der wirtschaftlichen Entwicklung und der Vernetzung, so die Autoren, ist nicht mehr rückgängig zu machen. Ihrer Meinung nach müssen wir die Geschwindigkeit nicht nur beherrschen lernen, sondern die Beschleunigung noch vorantreiben und die eigene Welt immer mehr verändern und aus dem Gleichgewicht bringen. Ihr Vorschlag ist, dies einfach zu akzeptieren, weil wir es ohnehin nicht mehr ändern können, und die neuen, sich entwickelnden Regeln zu lernen, sobald sie sich entwickeln. Unschärfe wird ihrer Meinung nach das Charakteristikum der Welt sein, in der wir leben und arbeiten werden.

Sowohl die obige Betrachtung der Wachstumsphasen eines Unternehmens als auch die gegenwärtig in unserer Wirtschaft stattfindenden Veränderungen weisen auf eine zunehmende Komplexität im wirtschaftlichen Handeln hin. Das bedeutet, dass Unternehmen auch entsprechend ausgebildete und geschulte Mitarbeiter benötigen, die in solch komplexer werdenden Umgebungen produktiv arbeiten können. Woher werden diese kommen? Wo und wie werden sie ausgebildet? Idealerweise sollten die zentralen Denkfiguren bereits in der Schule und der weiteren Ausbildung vermittelt werden. Solange dies noch selten der Fall ist, obliegt es der innerbetrieblichen Weiterbildung, entsprechende Kurse anzubieten.

Auch im interkulturellen Management bieten sich Möglichkeiten, von den Weltanschauungen anderer als westlicher Kulturen zu lernen.

Im ersten Kapitel haben wir aufgezeigt, dass die Zahl der Studenten sowohl in Indien als auch in China die Zahl der Studierenden in Europa bereits jetzt übersteigt. Der Gedanke, sich in Deutschland und Europa schon heute auf eine „battle of brainpower" vorbereiten zu müssen, ist daher nicht von der Hand zu weisen. Alle großen Firmen begeben sich deshalb bereits jetzt mit ausgefeilten Programmen, sowohl intern als auch extern, auf die Suche und Identifizierung von so genannten „High-Potentials", Mitarbeitern mit überdurchschnittlichem Führungspotenzial, d. h. überdurchschnittlichen fachlichen und sozialen Kompetenzen.[9]

Für die Mehrzahl der kleineren und mittelständischen Unternehmen ist eine solche Vorgehensweise nicht leistbar. Mit zunehmenden Mangel werden sich aber auch da Lösungen finden. Denkbar wäre zum Beispiel die Einrichtung einer allgemein zugänglichen Qualifikationsbörse (Qualification Exchange). Mit ihrer Einrichtung würde sich wahrscheinlich auch Geld verdienen lassen und vor allem ein kommendes Problem gelöst werden.

4.3   Qualifikation sichert Ihre Existenz (Employability)

Bezüglich der eigenen beruflichen Entwicklung sind die meisten Menschen in ihrer Betrachtung eher nüchtern. Sie schließen von ihrer schulischen Entwicklung und ihrem Engagement bei außerschulischen Aktivitäten auf Chancen, sich für „Höheres" zu qualifizieren. Natürlich gibt es auch Menschen, die sich losgelöst von diesen Erfahrungen für eine große Karriere prädestiniert sehen. Was die Planbarkeit von beruflichen Karrieren angeht, so reduziert sie sich auf eine statistische Betrachtung, d. h. für wie viele Menschen in einer Branche oder in einem Unternehmen Führungspositionen vorhanden sind und wie viele davon pro Jahr oder in einem absehbaren Zeitraum frei und wieder besetzt werden. Individuelle Planungssicherheit ergibt sich aus dieser Datenlage allerdings nicht. Als weitere Möglichkeit, die eigene Laufbahn zu gestalten, werden Branchen- oder Unternehmenswechsel genutzt (zuweilen begrenzt durch Alter und Wechselhäufigkeit in der Berufsbiografie). Die Literatur zum

Thema Karriere ist unüberschaubar umfangreich und lebt, fast wie Romane, von den Träumen und der Vorstellungskraft der Menschen. Große Karrieren hängen auch bei sehr guter Ausbildung, überdurchschnittlicher Intelligenz und großem Arbeitseinsatz ab von viel Geschick, Geduld und Glück und einem achtsamen Umgang mit der eigenen Persönlichkeitsentwicklung.

Da etwa 90 Prozent aller Beschäftigten abhängig beschäftigt sind, wollen wir das Thema Beschäftigungsfähigkeit unter dem Aspekt der Forderung nach lebenslangem Lernen betrachten: Eine Studie des Instituts für Beschäftigung und Employability der Fachhochschule Ludwigshafen kommt beispielsweise zu dem Schluss, dass der Einzelne dem Erhalt der Qualifikation bzw. der Anpassung seines fachlichen und überfachlichen Kompetenzstandes mehr Gewicht einräumen sollte als dem Streben nach Arbeitsplatzsicherheit. Verantwortung für sich selbst und die berufliche Entwicklung wird zur Schlüsselqualifikation und Kernkompetenz erhoben. Zur vollständigen Beurteilung von Beschäftigungsfähigkeit, so die Studie, ist es notwendig, die Evaluierung des fachlichen Qualifikationsstandes zu kombinieren mit einer Beurteilung überfachlicher Kompetenzen. Nur so kann eine Entscheidung für einen von drei möglichen Karrierewegen sinnvoll gefällt werden: einer Fachkarriere, Projektkarriere oder Führungskarriere.

Die in der Studie aufgeführten verschiedenen Kompetenztests auf überfachliche Kernkompetenzen führen folgende Eigenschaften und Fähigkeiten auf, die zur Beschäftigungsfähigkeit beitragen[10]:

- Initiative
- Eigenverantwortung
- Unternehmerisches Denken und Handeln
- Fleiß / Selbstdisziplin
- Lernbereitschaft
- Teamfähigkeit
- Kommunikationsfähigkeit
- Empathie, Einfühlungsvermögen
- Belastbarkeit
- Konfliktfähigkeit, Frustrationstoleranz
- Offenheit
- Reflexionsfähigkeit

Oder anders zusammengestellt:

- *Fähigkeit, Richtungen zu bestimmen:* Dazu gehören Durchsetzungsvermögen, Überzeugungsfähigkeit, Entscheidungskompetenz, Souveränität und Begeisterungsvermögen
- *Fähigkeit, Interaktionen zu gestalten:* Dazu gehören Flexibilität, Einfühlungsvermögen, Konfliktfähigkeit, Kontaktstärke, Kooperationsvermögen, Kritikfähigkeit und Kundenorientierung
- *Fähigkeit zum Selbstmanagement:* Dazu gehören Durchhaltevermögen, Planungsvermögen, Sorgfalt, Belastbarkeit und Frustrationstoleranz
- *Bereitschaft, sich im Beruf zu engagieren:* Dazu gehören Einsatz, Eigeninitiative, Erfolgsorientierung, Veränderungsbereitschaft und Verantwortungsbereitschaft
- *Mitarbeiterführung (nur bei Führungskräften):* Dazu gehören Teamorientierung, Transparenz, Delegation und Rückmeldung

Falls Sie am Anfang Ihrer beruflichen Karriere stehen, stellen Sie sich jetzt wahrscheinlich die Frage: Was fange ich mit diesem Wissen nun an? Im folgenden Kapitel 5 legen wir detaillierter klar, wo wir den Schwerpunkt für Ihre Karriereentwicklung sehen: in Ihrer Fähigkeit, sich selbst zu managen. Der beste Ratschlag, den wir Ihnen in diesem Zusammenhang geben können, ist, wenn möglich, bei der Unternehmenswahl ein Unternehmen auszuwählen, dass sich die Förderung und Ausbildung seiner Mitarbeiter auf die Fahnen geschrieben hat und entsprechende Maßnahmen vorweisen kann, wie zum Beispiel Trainee-Programme und Aus und Weiterbildungsmaßnahmen.

In unserem schnelllebigen, wissensorientierten und vom Marketing getriebenen Umfeld ist das Know-how der Mitarbeiter das wichtigste Vermögen eines Unternehmens. Unternehmen werden in Zukunft mehr als bisher darauf angewiesen sein, Ihre Mitarbeiter zu fördern und weiterzubilden, sowohl in fachlicher als auch in überfachlicher Hinsicht, den so genannten „soft skills". Ihre Karriere stellt sowohl für Sie als auch für das Unternehmen gewissermaßen eine „Vermögensentwicklung" dar, wobei Ihre Führungskraft quasi als „Vermögensberater" fungieren sollte.

Falls Sie bereits einige Jahre berufliche Erfahrung gesammelt haben und nicht selbst Unternehmer sind, werden Sie prüfen müssen, inwieweit Ihr

Unternehmen Ihnen Schritte zu Ihrer Weiterbildung angeboten hat und ob Sie diese angenommen haben. Sofern Sie keine Angebote erhalten haben, prüfen Sie das Unternehmen. Wenn Sie Angebote nicht angenommen haben, prüfen Sie sich selbst! Ein guter Weg für Sie, um herauszufinden, wie Sie stehen, sind die im nächsten Abschnitt beschriebenen Mitarbeitergespräche oder aber eine Bewerbung bei einem anderen Arbeitgeber und das dabei stattfindende Einstellungsgespräch.

Insofern Sie selbst Unternehmer sind, stellen die miteinander verknüpften Themen Wissensmanagement und Beschäftigungsfähigkeit der Mitarbeiter eine generelle Herausforderung für Sie und Ihr Unternehmen dar. Besonders, wenn Sie weniger als 50 Mitarbeiter beschäftigen. Denn sowohl ein funktionierendes Wissensmanagement als auch ein Management der Beschäftigungsfähigkeit erfordern nicht nur die Darstellung des Unternehmenszwecks und der Unternehmensziele und die dazu erforderlichen Kernkompetenzen, sondern auch dafür nötige Datensysteme, ein akzeptiertes Führungssystem sowie eine geeignete Personalpolitik und eine mühelose Kommunikation der Wissensträger miteinander. Die nicht unbeträchtlichen Kosten und Mühen, um dahin zu kommen, stellen für viele kleine Unternehmen kaum zu überwindende Hindernisse dar. Nur in einer engen und vertrauensvollen Zusammenarbeit von Gesellschaftern, Geschäftsführern, Führungskräften und Mitarbeitern und einem Zusammenschluss von KMUs in Bezug auf das Einkaufen von Personalentwicklungsleistungen kann man diesen Weg erfolgreich gehen. Aus Sicht der Unternehmen geht es dabei nicht mehr in erster Linie um den Lerninput, d. h. das, was gelehrt werden soll, sondern um das Lernergebnis, welches sich als reales Können in offenen und auch problematischen Situationen bewährt. Wie das am besten gehen soll, wird gegenwärtig kontrovers diskutiert.

Eine ganz andere, in die Zukunft gerichtete Art der Betrachtung, die nicht unbedingt Ihre Zustimmung finden muss, liefern die bereits zitierten Stan Davis und Christopher Meyer, die wir Ihnen wegen der Ausrichtung des Denkens (single mindedness) nicht vorenthalten wollen. Wir fassen zusammen und zitieren sinngemäß:

Schon immer waren die Organisationen die Mittler zwischen den Arbeitnehmern und dem Markt. Sie vereinen die Arbeitskraft zahlreicher Beteiligter und verteilen die Produkte dieser gemeinsam geleisteten Ar-

beit an die Käufer. An dieser Rolle wird sich nichts ändern. Doch im Leben des Einzelnen werden diese Organisationen nicht mehr den zentralen Platz einnehmen. Das Individuum wird sich im Wesentlichen als Knoten in einem ökonomischen Netzwerk neu definieren. Diese Neudefinition wird die Unterscheidung zwischen Arbeitern und Konsumenten und
zwischen Arbeit und Leben überwinden. Die Wirtschaftswissenschaften
beharren immer noch überwiegend auf der Abgrenzung von Arbeitern
und Konsumenten und von Arbeitsleben und unserem übrigen Leben.
Diese Trennungen werden sich nicht aufrechterhalten lassen: Die Menschen leben nicht weniger, und sie geben auch keinen Teil ihrer Persönlichkeit auf, wenn sie zur Arbeit gehen. Das wirtschaftliche Ich einer Person existiert nicht getrennt von dem übrigen Ich. Jede menschliche Interaktion und Transaktion bedeutet auf irgendeiner Ebene einen Austausch von Werten. Sie alle existieren im selben Raum, finden zwischen
denselben Knotenpunkten in ein- und demselben ökonomischen Netz
statt. Ihr Zusammenwirken bedingt, dass das Arbeitsleben immer mehr
mit dem Privatleben verbunden wird. Dies hat jedoch die unvermeidliche Folge, dass das ganze Leben ebenso wenig scharf definierbar wird wie
die Arbeit. Das bedeutet, dass Sie als Einzelperson keineswegs nur ihr Arbeitsleben in den Griff bekommen müssen, sondern Ihr ganzes Leben.
Und dass der Umfang der Aufmerksamkeit, die Sie Ihrem Netzwerk von
Freunden und Bekannten anzubieten haben, eine der begrenztesten Ressourcen Ihrer Person darstellt.(11)

Aus dem Dargestellten mögen Sie erkennen, dass für eine berufliche Karriere eine gute Ausbildung und soziale Kompetenz die Grundlage darstellen. Hinzu kommen muss die Möglichkeit, in Unternehmen tätig zu
sein, die Ihnen helfen, Ihre Fähigkeiten auszubauen und weiter zu entwickeln. Letztlich kommt es aber auf Sie selbst an, nämlich Ihre Fähigkeit vorauszuschauen und sich an Veränderungen rechtzeitig anzupassen.
Für eine überdurchschnittliche Karriere kommt sicherlich noch der
Glücksfaktor dazu, d. h. gerade zu dem Zeitpunkt die Unterstützung zu
haben und auch zur Verfügung zu stehen, wenn eine Weiterentwicklungsmöglichkeit gegeben ist.

4.4   Zeit ist Ihre kostbarste Ressource

Ihre Zeit ist die kostbarste Ressource Ihres Unternehmens und unserer Volkswirtschaft. Warum das so ist, wollen wir kurz erläutern: Betrachtet man den Einzelnen, Sie selbst, so ist unschwer nachzuvollziehen, dass Ihr Erfolg maßgeblich davon abhängt, wie viel Zeit Sie auf Ihre Aufgaben verwenden und wie Sie Ihre Prioritäten setzen. Betrachtet man das Unternehmen, so ist ebenfalls leicht zu verstehen, dass das Unternehmen möchte, dass Sie möglichst viel Ihrer Zeit dem Unternehmen für produktive Tätigkeiten zur Verfügung stellen, da es Sie ja nach Ihrer Arbeitszeit bezahlt. Darüber, wie man durch bessere Zeiteinteilung und geschickte Prioritätensetzung seine eigene Produktivität und die für den Betrieb erhöht, ist viel geforscht und geschrieben worden. In populärer Form lauten die Rezepte etwa so: Nehmen Sie sich nicht zuviel vor! Nicht alles selbst erledigen wollen! Bereiten Sie sich vor! Hören Sie zu, bevor Sie handeln! Setzen Sie sich Prioritäten! Das Wichtigste zuerst! Schätzen Sie die Dauer richtig ein! Programmieren Sie sich! Mehr Produktivität in der Informationsverarbeitung! Gleich anfangen! Bleiben Sie am Ball! Lernen Sie, nein zu sagen! Konzentrationsfähigkeit stärken! Nehmen Sie sich Zeit! Strukturieren Sie den Arbeitstag! Planen Sie Abläufe vom Ende her!

Das Beherzigen dieser Aufforderungen ist für das persönliche und betriebliche Zeitmanagement nützlich, löst aber nicht das inzwischen eklatant aufscheinende Problem der unterschiedlichen Demografien und Dynamiken von Volkswirtschaften. Wie sich zeigt, haben Länder wie Deutschland, Japan, Spanien, Italien und Saudi-Arabien mit niedrigen Geburtenraten, starker Orientierung der Sozialsysteme am Ernährermodell und wenigen Kinderbetreuungseinrichtungen, geringer Frauen- und Alterserwerbstätigkeit im weltweiten Vergleich weniger Wachstum. Hinzu kommt noch, dass Länder mit multikulturellem Einschlag ein besseres Verständnis für neue und unterschiedliche Märkte entwickeln.

Aus der Erkenntnis heraus, dass eine schrumpfende Bevölkerung schrumpfende Märkte bedeutet und gerade Wirtschaften mit hoher Frauenerwerbstätigkeit und Alterserwerbstätigkeit dynamischer sind, ihre sozialen Sicherungssysteme besser bezahlen können, weniger Arbeitslose haben und schneller wachsen, hat sich die Politik dieser Thematik angenommen. Die Schlagwörter dazu heißen „Work-Life-Balance", „Diver-

sity" und „Inclusion". Sie stehen für den Wunsch und die Absicht, mehr
Frauen in der Wirtschaft tätig zu haben sowie kulturelle Homogenität in
den Betrieben und der Gesellschaft durch eine bunte Mischung aus Al-
ter, Geschlecht, Nation und Lebensstil zu ersetzen. Eine ausführliche
Darstellung zur Work-Life-Balance hat die Deutsche Bundesregierung im
Juni 2005 veröffentlicht.[12]

Für den Einzelnen bedeutet das Gesagte, dass sich die Politik aus wirtschaftlichen Gründen das Zeitmanagement seiner Bürger auf die Fahnen
geschrieben hat und er sich daher weit mehr als bisher mit der eigenen
Zeit als einer Ressource, die gemanagt werden muss, auseinander zu setzen hat. Wir wissen nicht, wie Ihre Zeiteinteilung aussieht: Haben Sie genug Zeit zum Arbeiten, zum Nachdenken, zum Planen, zum Spielen, zum
Lesen, für den Sport, für Freunde, für die Familie, für die Andacht, zum
Träumen, zum Lachen? Sind Sie mit Ihrer Einteilung zufrieden?

Die Bildermaschinen dieser Welt, sprich Fernsehen, Internet, Zeitschriften, produzieren für jeden von uns eine permanente Überdosierung von
Eindrücken, die in unserem Gehirn das Gefühl hervorrufen, dass unsere
Zeit immer knapper wird und wir sie deshalb besser nutzen müssten.
Gleichzeitig bewirkt das Mantra wirtschaftlichen Wachstums in der Arbeitswelt die Forderung nach immer kürzerer Reaktionszeit und schnel-
lerer Leistungserbringung. Hinzu kommt, dass wir mit der wachsenden
Vielfalt von Freizeitbeschäftigungen und Konsumgütern jeweils immer
weniger Zeit dafür übrig haben, was unsere Unrast weiter schürt.

Diese Situation, in der wir uns befinden, ist entwicklungsgeschichtlich
neu, wir haben noch keinen probaten Umgang damit gefunden. Da wir
in diesem Sinne den Umgang mit der Zeit nicht gelernt haben, müssen
wir uns selbst helfen. Haben Sie schon einmal überlegt, wie viel Lebenszeit Ihnen voraussichtlich noch verbleibt und was Sie damit machen werden? Wie meinte doch Nietzsche?

> „Hauptmangel der tätigen Menschen. – Den Tätigen fehlt gewöhnlich die höhe-
> re Tätigkeit: Ich meine die individuelle. Sie sind als Beamte, Kaufleute, Gelehr-
> te, das heißt als Gattungswesen tätig, aber nicht als ganz bestimmte einzelne und
> einzige Menschen; in dieser Hinsicht sind sie faul. Es ist das Unglück der Täti-
> gen, dass ihre Tätigkeit fast immer ein wenig unvernünftig ist. Man darf zum
> Beispiel bei dem Geld sammelnden Bankier nach dem Zwecke seiner rastlosen
> Tätigkeit nicht fragen: sie ist unvernünftig. Die Tätigen rollen, wie der Stein rollt,

gemäß der Dummheit der Mechanik. Alle Menschen zerfallen, wie zu allen Zeiten so auch jetzt noch, in Sklaven und Freie; denn wer von seinem Tage nicht zwei Drittel für sich hat, ist ein Sklave, er sei übrigens, wer er wolle: Staatsmann, Kaufmann, Beamter, Gelehrter. "(13)

Die Kosten Ihrer Freizeit in Einklang zu bringen mit dem Verdienst aus Ihrer Arbeitszeit, wird eines der Kunststücke in Ihrem Leben sein. Denn für die meisten Menschen ist ein Lebensstil, wie ihn Fernsehen und andere Medien uns vorgaukeln nicht erschwinglich. (Die Bruttomonatsverdienste der Angestellten im produzierenden Gewerbe, Handel, Kredit- und Versicherungsgewerbe betrugen nach Angaben des Statistischen Bundesamtes im Jahr 2005 durchschnittlich 3452 €, mit einer Spreizung von 2626 € im Osten und 3538 € im Westen. Die der Arbeiter waren entsprechend um etwa 900 € geringer.(14)) Nach Abzug der Steuern halten sich die durchschnittlich verfügbaren Einkommen in deutlichen Grenzen und erklären zumindest zum Teil den Trend zur Zwei-Einkommen-Familie bzw. -Partnerschaft und zur kinderarmen bzw. kinderlosen Familie.

Befragt man Fabrikarbeiter, womit sie ihre Arbeitszeit verbringen, erhält man in der Regel recht präzise Auskunft über die Art und Dauer der ausgeführten Tätigkeiten und auch der Pausen. Dies ist auch nicht verwunderlich, da diese Tätigkeiten über verschiedene Methoden der Arbeitszeitermittlung und durch Rationalisierung meist gut untersucht und dokumentiert sind. Die Transparenz in Bezug auf die tatsächlich ausgeführten Arbeiten und die Zeitnutzung im Bereich der Angestellten oder der Dienstleister ist weniger ausgeprägt. Dies lässt den Schluss zu, dass in diesen Bereichen noch Rationalisierungspotenziale über das bereits realisierte Maß hinaus schlummern und zur Erhöhung der Wettbewerbsfähigkeit des Standortes Deutschland beitragen werden. Zum Missvergnügen der darin Beschäftigten, denn sie werden, wenn auch mit moderneren Mitteln, mehr Arbeit pro Zeiteinheit, also mehr Leistung erbringen bzw. durch größere Mobilität oder auf andere Art und Weise, wie zum Beispiel durch Desk Sharing produktiver sein müssen.

Optimale Modelle, wie der Wunsch der Mitarbeiter nach einem sicheren und geregelten Arbeitsplatz mit der Notwendigkeit zu höherer Produktivität und Flexibilität verknüpft werden kann, müssen erst noch entwickelt werden. Speziell für mittelständische Unternehmen ist das ein Problem.

Lassen Sie uns Ihre Aufmerksamkeit aber noch auf einen anderen Aspekt der Zeit lenken, nämlich darauf, für welche Zeitspanne Sie in Ihrer jeweils langfristigsten Aufgabe verantwortlich sind. Vermutlich geht es Ihnen nicht wie Devisenhändlern in den Gefechtsstationen der Geldhandelszentren, die nach zwei bis fünf Jahren dem Stress des Geschäftes nicht mehr gewachsen sind und dann, zwar reich, aber ausgebrannt und für nichts mehr verantwortlich, ausscheiden.[15] Vermutlich auch nicht wie den Vorstandsvorsitzenden, die im Durchschnitt nach weniger als fünf Jahren ihren Posten verlassen und dann auch nicht mehr für das verantwortlich sind, was sie in dem Unternehmen angeleiert haben. Eher wird es so sein, dass Sie mehrere Jahre in einem Job sind und in diesem Job auch für Aufgaben verantwortlich sind, deren Ergebnisse noch nach Jahren einer Nachprüfung standhalten müssen.

Befragt man Manager, womit sie ihre Zeit verbringen, dann erhält man etwa folgendes Bild:

Geplante Besprechungen: 50-60 Prozent
Ungeplante Besprechungen: 10-15 Prozent
Telefonate: 6-10 Prozent
Schreibtischarbeit: 20-30 Prozent
Besuche: 4-10 Prozent

Damit hat man allerdings noch keine Aussage über den Inhalt der Tätigkeit, zum Beispiel wie viel Prozent der Zeit auf Routinetätigkeiten verwendet wird und wie viel Zeit auf die Verbesserung der Produkte, der Organisation, der Betreuung von Kunden etc. verwandt wird. Aber genau darauf kommt es an. *Nicht die Organisation der Zeit ist das Ziel, sondern der Einsatz Ihrer Zeit für die Dinge, die für Sie und das Unternehmen wichtig sind.* Das heißt, Sie müssen sich in regelmäßigen Abständen, wenigstens halbjährlich, Gedanken machen, worauf Sie mehr Zeit verwenden müssten. Auch wenn Sie eine Abneigung dagegen haben, Sie sollten wenigstens einmal jährlich über einen Zeitraum von zwei bis drei Wochen wirklich festhalten, was Sie tun.

Wenn Sie eine Führungskraft sind, sollten Sie sich klar machen, dass die Arbeitskapazität Ihrer Abteilung viel größer ist als Ihre eigene. Sie müssen mehr Zeit dafür haben, sich darum zu kümmern, dass Ihre Mitarbeiter optimal arbeiten und Sie selbst über die bei Ihnen zusammenlaufenden Informationen nachdenken, sie bewerten und zur Erreichung der Unternehmenszielsetzung einsetzen können.

Permanente Überstunden führen in der Regel weder bei Ihnen noch Ihren Mitarbeitern dazu, dass die Qualität der Arbeit besser wird, sondern dass sie sinkt. Durch zusätzliche Arbeit schaffen Sie ein Problem nicht ab, sondern sie schreiben es fort. Dies ist weder für Ihr Unternehmen noch für Ihre Gesundheit gut. In solchen Fällen gilt es, das Problem dadurch abzuschaffen, dass Sie auf eine neue Arbeitsweise übergehen. Wenn Sie in ihrem Betrieb Auszubildende beschäftigen, ist es eine durchaus lohnende Aufgabe, von diesen einmal aufnehmen zu lassen, mit welchen Tätigkeiten sich Ihre Führungskräfte beschäftigen. Wir haben dieses in einigen Betrieben getan und sind zu für manche Führungskräfte doch recht unbehaglichen Einsichten gekommen: Mehr als 90 Prozent der Zeit wurde auf die Abwicklung des Geschäftes, mit Routinetätigkeiten und „Haus und Hof"-Themen verbracht und weniger als zehn Prozent auf die Weiterentwicklung von Kundenbeziehungen, neuen Produkten, Verbesserungen in den organisatorischen Abläufen etc.

Durch das Zusammenfallen der reproduktiven Lebenszeit mit der produktiven Arbeitszeit, d. h. dem Eingehen von Partnerschaften und dem gleichzeitigen Bemühen im Job voran zu kommen, entstehen viele zusätzlichen Probleme und Spannungen. Diese lassen sich in der Regel nur lösen oder mildern, wenn Sie mit Ihrem Partner über dieses Dilemma reden und ihn oder sie in die Lösung mit einbeziehen. In diesem Zusammenhang erscheint uns wert zu bemerken, dass in den meisten Fällen die Lebenspartner voneinander gar nicht wissen, was ihr Partner beruflich genau macht, wie wir bei der Durchführung von Werks- und Betriebsbesichtigungen sehr eindrucksvoll erfahren haben.

Der Umgang mit Zeit ist dem normalen gesunden Menschenverstand unvertraut. Wir berücksichtigen die Ablaufcharakteristika der Ereignisse gewöhnlich nur unzulänglich. Doch heute müssen wir in Zeitabläufen denken. Wir müssen lernen, dass Maßnahmen Totzeiten haben, bis sie wirken. Wir müssen lernen, dass Ereignisse nicht nur die unmittelbar sichtbaren Effekte haben, sondern auch Fernwirkungen. Und wir müssen die Zeitnutzung durch uns selbst und unsere Führungskräfte und die Kosten unserer Zeit den geschaffenen Werten oder erbrachten Leistungen gegenüberstellen.

Nebenbei sei für Beiräte und Aufsichtsräte angemerkt, dass es durchaus sinnvoll und legitim ist, einen Vorstand oder eine Geschäftsleitung zu fragen, wie sie sich organisieren und mit ihrer Zeit umgehen und ob nicht ein gemeinsames Seminar zur Strategieformulierung und Entscheidungsfindung angebracht wäre. Die Tatsache, dass Vorstände und Geschäftsführer wesentlich mehr Geld verdienen als die normalen Arbeiter und Angestellten, finden wir nicht beunruhigend, so lange sie für ihr Geld auch Entsprechendes leisten, wie wir in Kapitel 1.2 beleuchtet haben.

Wir möchten jedoch noch einen anderen Aspekt hervorheben: Mitarbeiter gehen davon aus, dass jemand, der viel Geld verdient, wenig Zeit hat bzw. mit wichtigen Dingen beschäftigt ist, die über dem eigenen Horizont liegen. Sie neigen deshalb dazu, sich von diesen Personen fern zu halten und sie nicht mit ihren alltäglichen Sorgen und Problemen zu „belästigen". Unterstützt werden sie in dieser Ansicht auch von den die Großverdiener umgebenden „Beschützern" wie Abteilungsleitern, Assistenten und Sekretärinnen. Bemüht sich nun ein Topmanager um eine echte Beziehung zu seiner Basis und durchbricht er die Phalanx seiner Abschirmer, so sollte er dieses geplant, mit ausreichender Vorbereitung und genügend Zeit tun, um einmal in einen Teil des Unternehmens hineinzuschauen, in den er normalerweise nicht kommt. Dies fördert sein Verständnis von der zur Unternehmensführung notwendigen Varietät. Es hilft ihm außerdem ein besseres Verständnis für das Dilemma zu bekommen, das sich daraus ergibt, dass die Teilbetriebe, Niederlassungen oder Spezialabteilungen von der Führung her eher KMUs ähneln als Großbetrieben. Er wird dadurch das Dilemma nicht automatisch lösen, aber er wird anders darüber nachdenken.

4.5 Die Karriereleiter hinauf (gestolpert?)

Im Kapitel 5 werden wir uns eingehend mit dem Führen in komplexer und vernetzter Umgebung, den innewohnenden sozialen Problemen und der Selbsterkenntnis befassen, so dass wir hier Ihre Aufmerksamkeit darauf lenken wollen, wie Sie die Beurteilungskriterien und Erfolgsspielregeln in einer größeren Organisation kennen lernen und wie Sie selbst sichtbar werden.

Sofern man nicht als Azubi in ein Unternehmen hineingewachsen ist, besteht erst einmal das Problem in ein solches hineinzukommen. Wie man aus dem Studium sozialer Systeme weiß, besteht ein Großteil organisatorischen Verhaltens, Entscheidungen eingeschlossen, mehr aus dem Befolgen von Regeln als dem Abschätzen von Konsequenzen. Dies gilt auch im Bereich des Personalmanagements. Ganz am Anfang steht eine grundlegende Regel, nämlich die, wie Menschen zu betrachten sind. Sind Mitarbeiter in erster Linie Verfügungsmasse, ein Hauptkostenfaktor oder das Erfolgspotenzial des Unternehmens? Als Lippenbekenntnis sicherlich Letzteres. Welcher Vorstand, Geschäftsführer oder Personalleiter wird sich schon etwas anderes sagen trauen?

Einstellungsgespräche sind eine gute Gelegenheit, um die Wahrheit herauszufinden. Wenn Ihre Frage danach schon auf Ablehnung oder gar Entrüstung stößt, wissen Sie, woran Sie sind. Nehmen wir an, Sie haben sich überzeugen lassen, dass Sie den richtigen Arbeitgeber gefunden haben und umgekehrt, dann taucht für Sie in absehbarer Zeit die Frage auf, ob Sie vorhaben, Karriere zu machen oder nur einen relativ sicheren Arbeitsplatz haben wollen. Wenn Sie beabsichtigen, Karriere zu machen, sollten Sie früh herausfinden, welche Regeln im Unternehmen für eine Karriereentwicklung vorhanden sind. Gibt es überhaupt welche, oder ist Karriere Zufall?

Gut geführte Unternehmen haben heute Mechanismen zur individuellen Entwicklungsplanung, denen folgende Gedanken zugrunde liegen: Wenn in einem Unternehmen die Zielplanung und Zielbewertung im Rahmen einer Erfolgsplanung und variablen Vergütung geregelt sind, werden die Personal-Führungssysteme um den Punkt individuelle Mitarbeiterentwicklung und Mitarbeiterförderung ergänzt.

Wie wir dargestellt haben, kommt dem Thema interne Nachfolgeplanung und Mitarbeiterentwicklung in Zukunft eine noch höhere Bedeutung zu, denn mit zunehmender Größe eines Unternehmens sind auch bestimmte Fach- und Führungspositionen öfter und schneller zu besetzen. Umgekehrt ist es für viele kleinere Betriebe ein Problem, individuelle Entwicklungs- und Förderprogramme für einzelne Mitarbeiter aufrechtzuerhalten, weil sich mangels Größe und der relativ geringen Zahl an (neu) zu besetzenden Führungs- und Spezialistenpositionen für jeden fähigen Mitarbeiter nicht so ohne weiteres eine vorgezeichnete Entwicklungsperspektive ableiten lässt.

In der Praxis hat es sich bewährt, die Personalentwicklung in drei Stufen zu betreiben: der persönlichen Erfolgsplanung, der individuellen Entwicklungsplanung, der Strategieplanung. Im Rahmen der persönlichen Erfolgsplanung erfolgt der Abgleich zwischen den zu erreichenden und tatsächlich erreichten Ergebnissen und der gegebenenfalls daran gebundenen variablen Vergütung. – Kernstück der individuellen Entwicklungsplanung ist die Einstufung des Einzelnen anhand von „Erfolgskriterien". Dabei handelt es sich um Kriterien, die als wichtige Bestimmungsgrößen für erfolgreiches Leistungsverhalten angesehen und als wesentlich für eine positive Karriereentwicklung erachtet werden. Diese Erfolgskriterien, zum Beispiel formuliert in beschreibenden Substantiven, können auch zur Beurteilung Einzelner durch Kollegen herangezogen werden. Man kann dabei eine Skala verwenden und fragen, in welchem Maße die beschriebenen Eigenschaften auf eine Person zutreffen hat. Gemessen werden beispielsweise das Antriebsverhalten, der Beitrag zum Geschäftserfolg oder das Organisationstalent. Wenn man diese Übung mit einer größeren Zahl von Teilnehmern macht, ergibt sich meist ein sehr zutreffendes Bild des Beurteilten.

- Das Antriebsverhalten bezeichnen Substantive wie: der Analytiker, der Kommunikator, der Risikofreudige, der Erneuerer, der Engagierte.
- Den Beitrag zum Geschäftserfolg beschreiben: der Stratege, der Investor, der Fachmann, der Leistungsträger, der Internationalist.
- Das Organisationstalent kennzeichnen: der Anwalt des Kunden, der Förderer guter Beziehungen, der Integrierer, der Katalysator, der Coach.

Während des Entwicklungsgesprächs soll der Mitarbeiter von seinem Betreuer oder Vorgesetzten eine Rückmeldung darüber erhalten, wie stark die einzelnen Merkmale bei ihm gesehen werden. Diese Rückmeldung soll sich nicht allein auf die Sicht des Vorgesetzten stützen, sondern die Eindrücke anderer Führungskräfte berücksichtigen, in der Regel die von Kollegen oder auch eigenen Mitarbeitern. Für jeden Mitarbeiter kann so ein individuelles Profil erstellt werden, das Auskunft gibt über die besonderen Stärken, aber auch den persönlichen Entwicklungsbedarf. Die Entwicklungsmaßnahmen, die auf diesen Profilen begründet sind, zielen nicht nur auf eine breite Anhebung des generellen Leistungsniveaus in den für das Unternehmen wichtigen Bereichen. Sie unterstützen gleichzeitig den Einzelnen bei der Ausbildung karriereförderlicher Stärken.

In größeren Unternehmen ist es heute üblich, die Erkenntnisse aus den individuellen Entwicklungsplanungen durch eine zentrale Personalabteilung bündeln und in die Personal-Strategie-Planung für das Gesamtunternehmen einfließen zu lassen. Dabei geht es darum, für absehbare, zukünftige Personalanforderungen zur Wahrung der Unternehmenskultur aus eigenen Reihen geeignete Kandidaten zur Auswahl und zur Verfügung zu haben, wie zum Beispiel für Altersnachfolge, für Auslandseinsätze, den Aufbau neuer Märkten oder Fachgebiete.

Doch geben Sie sich auch in einem so ausgefeilten System keinen Illusionen hin: Letztlich tragen Sie selbst die Verantwortung für eine konkrete Formulierung und konsequente Umsetzung zielgerichteter Maßnahmen zur Weiterentwicklung ihrer Qualifikation. Natürlich spielt hierbei auch Ihr Vorgesetzter eine verantwortliche Rolle. Ihm obliegt es besonders, einen realistischen Eindruck von Ihrem Leistungspotenzial zu gewinnen, um Sie in Kenntnis der längerfristigen Zielplanung des Unternehmens optimal zu entwickeln und einzusetzen. Für Sie ist es dabei besonders wichtig, in diesen Gesprächen die folgenden Punkte zu klären:

- Wie beurteilt Ihr „Chef" überhaupt Ihr allgemeines Leistungsvermögen und wie zufrieden ist er bzw. das Unternehmen mit Ihnen?
- Wie beurteilt das Unternehmen Ihr Entwicklungspotenzial und welche individuellen Personalentwicklungsmaßnahmen lassen sich daraus ableiten?
- Wie ist die Zusammenarbeit und Kommunikation in der Abteilung bzw. zwischen Ihrer Führungskraft und Ihnen insgesamt zu bewerten?
- Hat es in letzter Zeit größere Veränderungen in Ihrem Bereich gegeben, die nicht ohne Wirkung auf Ihre Tätigkeit geblieben sind (zusätzliche Projekte, veränderte Verantwortungsbereiche, gravierende Abweichungen bei der Zielsetzung ...)?

Wenn Sie nun die Beurteilungs- und Erfolgskriterien kennen gelernt haben, liegt es an Ihnen zu beweisen, dass Sie sie verstanden haben, damit umgehen können und so im Unternehmen sichtbar werden. Dass Karrieren nicht automatisch erfolgen, sondern von ihrem persönlichen Geschick, ihrer Gesundheit und natürlich auch vom Glück abhängen, haben wir bereits betont. Zum persönlichen Geschick gehört vor allem verkäuferisches Geschick, d. h. sich durch gute Leistung bei denen sichtbar zu machen, die im Unternehmen über Karrieren entscheiden, und präsent und ansprechbar zu sein, wenn neue und herausfordernde Aufgaben zu bewältigen sind.

Unternehmen gedeihen dadurch, dass viele Mitarbeiter bereit sind, im Einklang mit der Unternehmenszielsetzung etwas zu unternehmen, sich einzusetzen und geschäftliche Risiken einzugehen. Die Hauptrisiken in Ihrer Karriereentwicklung liegen in der Fehleinschätzung Ihrer eigenen Leistung, der Einschätzung Ihres Arbeitsumfeldes und der Personen, die bei ihrer weiteren Entwicklung etwas zu sagen haben. Der oder die Erste, die auf Ihre berufliche Entwicklung Einfluss nehmen, sind Ihr Chef oder Ihre Chefin. Fortschrittliche Unternehmen, die Führungspositionen überwiegend aus eigenen Reihen besetzen, stellen ihren Führungskräften die Aufgabe, in einem bestimmten Zeitraum ihren Nachfolger heranzuziehen. (Ob und wie das geht, ist übrigens eine gute Frage Ihrerseits in einem Bewerbungsgespräch.)

Beschäftigen wir uns also ein wenig mit Ihrem Chef. Ihre Einschätzung wird je nach den persönlichen Ambitionen differieren: Wenn er jung ist und Sie gerne seine Position haben möchten, wird Ihre Einschätzung kritisch sein. Gleiches gilt, wenn er älter ist, patriarchalisch veranlagt und an seinem Sessel „klebt". Diese Einstellung ändert sich sofort, wenn Sie von ihm hören und Sie aus seinem Tun erkennen, dass er sich um Ihre Weiterentwicklung bemüht. Da auch Chefs keine Gedanken lesen können, müssen Sie sicherstellen, dass er von Ihnen weiß, was Sie tun, was Sie brauchen und was Sie von ihm erwarten. Vermeiden Sie, dass er von Ihrem Handeln oder dem Resultat Ihres Handelns überrascht wird. Halten Sie ihn informiert. Auch Chefs können nicht gut mit unangenehmen Überraschungen umgehen.

Egal, wie gut oder schlecht er seine Zeit managt, stellen Sie sich darauf ein. Achten Sie jedoch darauf, dass Sie genug von seiner Zeit bekommen. Den mittelalterlichen Spruch: „Gehe nicht zu Deinem Fürst, wenn du nicht gerufen wirst", sollten Sie sich nicht zueigen machen. Wenn Ihr Vorgesetzter Ihnen bei Ihrer persönlichen Entwicklung nicht weiterhilft, sollten Sie sich nach einer angemessenen Zeit nach einem neuen Chef innerhalb oder außerhalb des Unternehmens umsehen.

Wenn man den verschiedenen Studien über dauerhaft erfolgreiche Topmanager folgt, dann zeichnen sich diese nicht durch Machtstreben, Rück-
sichtslosigkeit und Abgehobenheit aus, sondern eher durch Bescheiden-
heit, Ausdauer, Zielstrebigkeit, Disziplin, Furchtlosigkeit, Besonnenheit,
Entschlussfreudigkeit, Verantwortungsbewusstsein, Integrationsvermö-
gen, Gemeinschaftsgeist und nicht zuletzt durch eine robuste Gesundheit.
Diese Eigenschaften ermöglichen ihnen, über lange Zeit mit ihren Mitarbeitern Erfolge zu produzieren. Dauerhaft erfolgreiche Manager können dazu auch mit den negativen Effekten des Erfolgs, wie Neid, Miss-
gunst und Anfeindung gut umgehen. Was sie unserer Erfahrung nach
aber vor allem verstehen, ist, die Entfremdung, die „loneliness of com-
mand" durch einen partizipativen Führungsstil erst gar nicht aufkommen
zu lassen. Sie haben erkannt, dass sie ihre Bodenhaftung nicht verlieren
dürfen und sich Ehrlichkeit gegenüber ihren Mitarbeitern, Aktionären,
Kunden, Lieferanten und gegenüber der Öffentlichkeit auszahlt. Denjenigen von Ihnen, die gerade dabei sind, die Karriereleiter zu erklimmen,
möchten wir diese Erkenntnis ans Herz legen.

Literatur

[1] Gomez, P.; Probst, G. J. B. (1987). Vernetztes Denken im Management. Eine Me-
     thodik des ganzheitlichen Problemlösens. Schweizerische Volksbank, Bern
[2] Beer, S. (1972). Brain of the Firm. The Managerial Cybernetics of Organizations,
     London
[3] Willke, H. (1995). Systemtheorie II: Interventionstheorie. Grundzüge einer Theo-
     rie der Intervention in komplexe Systeme. Gustav Fischer: Stuttgart
[4] Willke, H. (2001). Systemisches Wissensmanagement. Stuttgart: Lucius und
     Lucius
[5] Sterman, J. D. (2000). Business Dynamics. Systems Thinking and Modelling for a
     Complex World. McGraw-Hill: Boston
[6] Ashby, R. W. (1970). An Introduction to Cybernetics, 5th edition, London
[7] Greiner, L. E. (1972). Evolution and Revolution as Organizations Grow. Harvard
     Business Review, Vol. 40, Nr. 4
[8] Davis, S.; Meyer, Ch. (1998). Das Prinzip Unschärfe. Neue Spielregeln, Märkte,
     Chancen in einer vernetzten Welt. Wiesbaden: Gabler
[9] Hewitt Associates (2005). How Top Companies Grow Great Leaders. Lincoln-
     shire, Illinois, USA. www.hewitt.com
[10] Rump, J.; Eilers, S. (2005). Employability Management. Ein ganzheitlich-integra-
     tives Management-Konzept zur Steigerung der Wettbewerbsfähigkeit von Unter-
     nehmen durch Beschäftigungsfähigkeit der Beschäftigten. Forschungsprojekt der
     FH Ludwigshafen. www.fh-ludwigshafen.de/rump/
[11] Davis, S.; Meyer, Ch. (1998). Das Prinzip Unschärfe. Neue Spielregeln, Märkte,
     Chancen in einer vernetzten Welt. Wiesbaden: Gabler

(12) Work-Life-Balance (2005). Motor für wirtschaftliches Wachstum und gesell-
      schaftliche Stabilität. Hrsg. Prognos AG, Basel.; publikationen@bundesregie-
      rung.de
(13) Nietzsche, Friedrich (1960). Menschliches – Allzu Menschliches. München: Gold-
      mann, S. 233, Nr. 283
(14) Statistisches Bundesamt (2006): Lange Reihen: Bruttomonatsverdienste der Arbei-
      ter/-innen im produzierenden Gewerbe. www.destatis.de
(15) Terkel, S. (1988). The Great Divide. Second Thoughts On The American Dream.
      New York: Pantheon Books, S. 119

5 Leadership: Von Führung und einigen Erfolgsfaktoren

Kommunikation und Führung im Sinne von Verständigung bedeutet,
„Anschlussverhalten zu ermöglichen".   (Niklas Luhmann)

„Wir brauchen einen systemischen Ansatz" lautet die Schlagzeile eines
Artikels in der Frankfurter Allgemeinen Sonntagszeitung vom 31. Dezember 2006. Autor ist Utz Claassen, Vorstandsvorsitzender EnBW Energie Baden-Württemberg AG. Claassen konzentriert sich in seinen Ausführungen auf Energieforschung und plädiert für einen systemischen Ansatz im Sinn einer „Erforschung komplexer Versorgungssysteme von der
Erzeugung über die Verteilung bis hin zum Verbrauch". Er fordert dazu
auf, „globale Megatrends früh zu analysieren", um insbesondere sicher
zu stellen, aktuelle und zukünftige Nachfrage nach Energie befriedigen
zu können. Das Zitat ist ein Beleg für die auch in der Praxis zunehmend
zirkulierende Auffassung, dass sich sowohl politische als auch wirtschaftliche Akteure der Komplexität des Wirtschaftens insgesamt, einschließlich damit verbundener ethischer Fragen, stellen sollten und müssen.

Dasselbe Anliegen, die Bedingungen langfristig nachhaltigen Wirtschaftens zu erforschen und in der Praxis zu berücksichtigen, wird von verschiedenen Autoren mit unterschiedlichen Begriffen verknüpft. Die Begriffe dienen dabei häufig als Ankerwort für eine Diagnose, die in sich
bereits auf Möglichkeiten verweist, wie die Problematik oder Herausforderung angegangen werden kann. So deutet der Begriff „evolutionär-
systemischer Ansatz" darauf hin, dass wir neben Aspekten von Systemen
den der Entwicklung zu beachten haben, während der weit verbreitete
Terminus „Netzwerkökonomie" herausstellt, dass wir das Denken und
Handeln in unüberschaubaren Verflechtungen erlernen müssen.

In all diesen Publikationen und Stimmen wird die Neuartigkeit heutigen
Wirtschaftens unterstrichen. Da neben den Termini „Komplexität" und
„System" in nahezu inflationärer Weise auch von „Netzwerken" gesprochen wird, nehmen wir diese Begrifflichkeiten, um die gravierends-
ten Veränderungen im Überblick darzustellen und Ihnen einen Eindruck davon zu geben, warum es unverzichtbar ist, zumindest elemen-
tare Denkfiguren oder Logiken von Systemen, Netzwerken und Kom-

plexität zu kennen. Unisono werden als typische Merkmale der Netz-werkökonomie vorzugsweise genannt: Verdrängung und Wachstum wechseln einander in unvorhersehbarer Weise ab; Unberechenbarkeiten von Akteuren und Entwicklungen nehmen zu, ebenso wie die Komplexität. Dieser Begriff beschreibt eine fundamentale Veränderung in der Wirtschaftswelt und verlangt eine ebenso fundamentale Neuorientierung. Diese Notwendigkeit manifestiert sich eindrücklich in der Erfahrung von Managern und Unternehmen, dass es, um überleben zu können, nicht mehr ausreicht, Benchmarking zu betreiben, also Bestehendes, Probates zu optimieren, sondern es darauf ankommt, die Aufmerksamkeit darauf zu richten, das Paradigma der „Best Practice" durch die Grundfigur der „Next Practice"[1] wenn nicht zu ersetzen, so doch zu ergänzen und zur leitenden Idee zu erheben. Das Schlagwort „Next Practice" verweist nicht auf ein zeitliches Nächstes, sondern lenkt die Aufmerksamkeit auf eine semantische Veränderung, also darauf, dass wir neu oder anders und Neues oder Anderes denken lernen müssen als bisher. Es folgt der Logik des Anders-als-bisher im Gegensatz zum populären „Best Practice", das der Logik des Mehr-desselben gehorcht. Da es Menschen sind, die die grundgewandelte neue Orientierung leisten müssen, sind insbesondere in der Führung neuartige mentale Modelle und Verhaltensmuster gefragt.

Dieses Kapitel lädt Sie ein, die wesentlichen Charakteristika im Bedeutungsfeld von Komplexität und Netzwerk kennen zu lernen, Ihre Kenntnisse aufzufrischen oder zu vertiefen. Es thematisiert Logiken sowie Denk- und Handlungsstrategien, die im Rahmen dessen, was „Komplexitätsmanagement" in der Unternehmens- und Mitarbeiterführung genannt wird, ausschlaggebend und unverzichtbar sind. Wir beschränken uns dabei auf einige wesentliche Aspekte. Zwei Selektionskriterien stehen im Vordergrund: Das eine ist die Bedeutung der Themen für Führung. Das zweite ist das Ausmaß, in dem unserer Beobachtung nach die Themen bereits in eher populärer, leicht verdaulicher und somit für „eilige Lektüre" geeigneter Führungsliteratur behandelt wurden. Unser Anliegen ist es, Ihr Augenmerk auf Themen zu lenken, die in der Praxis bis jetzt zu wenig beachtet, geschweige denn realisiert werden.

Die Gliederung folgt einer deduktiven Logik insofern, als die erörterten Themen immer enger zulaufen auf konkrete individuelle Einstellungen und Bereitschaften, persönliche Dispositionen und Fähigkeiten, Fertigkeiten und Verhaltensweisen. Zunächst rücken wir Charakteristika von Komplexität in den Vordergrund, um von dort aus zu klären, in welchen zentralen Konstellationen sich vernetztes Denken zeigt. Daran schließen Beobachtungen und Reflexionen an, die Führungskräften helfen sollen, Veränderungen zielgerichtet und effektiv zu initiieren und durchzuführen. Da solche Bemühungen Ängste bei Betroffenen nicht verhindern können, wird danach berichtet, welchen Quellen jene Ängste entspringen, wie sich Ängste offenbaren und was getan werden kann, um die Folgen abzufedern. Die Persönlichkeit der Führungskraft gerät sodann in zweierlei Hinsicht in den Brennpunkt: Wir diskutieren zum einen, ob das Postulat, Führungskräfte sollen als Vorbilder dienen, anachronistisch ist oder nicht – und wenn nicht, inwiefern es sinnvoller Weise in einer komplexen Welt aufrecht erhalten und ausbuchstabiert werden kann. Zum zweiten werden sich Führungskräfte selbst zum Beobachtungssubjekt, indem verdeutlicht wird, in welchem unauflöslichen Zusammenhang das Bild von sich selbst und das persönliche Entscheidungsverhalten stehen und welche Konsequenzen dies nach sich zieht.

5.1 Charakteristika von Komplexität

> „Zweifel ist zwar kein angenehmer Zustand, aber Gewissheit ein lächerlicher."
> (Voltaire)

Die inflationäre Verwendung des Begriffs „Komplexität" und des Adjektivs „komplex" lässt es uns ratsam erscheinen, darauf hinzuweisen, dass der Begriff häufig im Sinne von „kompliziert" benutzt wird. In diesem Verständnis deckt er die Bedeutungsspanne von „besonders schwierig" über „nicht unmittelbar durchschaubar" bis hin zu „nicht zu bewältigen" ab. Dieser Wortgebrauch ist allerdings unpräzise, weil Komplexität mehr umfasst als „(individuell) nicht durchschaubares Dickicht". Ihm wohnen weitere Dimensionen inne, die ausgezeichnete Kompetenzen erfordern, um das zu tun, was „Komplexität reduzieren" und „managen" meint. Dieser Abschnitt steht daher einerseits im Zeichen einer kurzen Klärung von Begriff und Bedeutung und dient andererseits dazu, das Neue der Herausforderung zu markieren.[2]

Was unterscheidet einfache und komplizierte Situationen von komplexen Situationen?

Nicht-komplexe, einfache Situationen
Einfache Situationen oder Verhältnisse sind übersichtlich, weil die lineare Verknüpfung unmittelbar durch- oder einsichtig ist: Wir verfügen über die Kenntnis aller Variablen und deren Beziehung zueinander und sind daher in der Lage, sie berechnen zu können: Kennen wir die Anfangsbedingungen oder den Input, können wir vorhersagen, wie der Ausgang aussieht. Es handelt sich um einfache konditionale Relationen, um transparente Wenn-dann-Verknüpfungen, um lineare Ursache-Wirkungs-Verläufe, oder – in anderen Worten – um Erwartbarkeit, Voraussagbarkeit und insofern um die „Wiederkehr des Immergleichen". Einfache Maschinen sind dafür Beispiele, aber auch Interaktionsmuster, wie etwa dieses: Immer dann, wenn Sie den Geschäftsführer darauf hinweisen, dass bestimmte Abteilungen unter- oder fehlbesetzt sind, winkt er enerviert ab und wechselt das Thema. Oder: Immer dann, wenn Sie selbst höchst ärgerlich sind, verschließen Sie sich einer konstruktiven Diskussion, indem Sie das Büro verlassen oder abrupt das Thema wechseln. Der Vorteil einfacher Situationen liegt darin, dass sie bzw. die Reaktionen aus genannten Gründen berechenbar sind und es uns damit möglich ist, uns auf sie einzustellen bzw. sie gezielt und mit Sicherheit herzustellen oder herbeizuführen.

Komplizierte Situationen
Als kompliziert gelten Situationen, die uns schwierig erscheinen, weil sie weder auf einen Blick zu erfassen sind noch es uns möglich ist, die zahlreichen Faktoren und Beziehungen, die eine Rolle spielen, direkt zu erkennen und zu berücksichtigen. Diese Unübersichtlichkeit lässt uns schnell denken und fühlen, wir hätten es mit einer komplexen Situation zu tun. Doch grundsätzlich sind wir – im Gegensatz zu komplexen Verhältnissen – in der Lage, die Unübersichtlichkeit durch Wissen, analytische Durchdringung und andere kognitive Akte des Denkens und Erkennens aufzulösen und zu beherrschen. Komplizierte Situationen sind lösbar, weil die Lösungskompetenz von einem Wissen und Können abhängt, die beide leistbar sind.

Komplexe Situationen
Komplexität schließt einige Komponenten einfacher und komplizierter Verhältnisse ein und weist zugleich über sie hinaus. Komplexität hebt zusätzlich die Geschwindigkeit und Intensität der Dynamik und der Wechselwirkungen sowie die differenter Logik gehorchender Wirkungsver-

läufe hervor. Diese Variablen gelten für die einzelnen Teile, Elemente, Faktoren, Komponenten, für die Beziehungen oder Korrelationen, für die Situation oder das System sowie für den Kontakt mit Umwelt- oder Umfeldsystemen.

Sollten Sie jetzt den Kopf schütteln oder ironisch bemerken: „Aha", dann sind Sie in guter Gesellschaft. Angesichts komplexer Lagen fühlen wir uns normalerweise spontan überfordert, etwas rat- und hilflos, weil wir sie, zumindest zunächst, überhaupt nicht durchschauen. Und das Durchschauen fällt uns unabhängig von unserem Wissen schwer. (Eindrücklich demonstriert Dietrich Dörner diese Schwierigkeit und das mit ihr verwobene Versagen in seinem Buch „Die Logik des Misslingens".[3])

Bei dem Versuch, Komplexität zu überblicken, gar zu durchschauen und zu beherrschen, ist die Haupthürde die der Dynamik: Die Variablen des Systems, der Situation, des zu lösenden Problems, der zu fällenden Entscheidung bewegen und verändern sich ständig. Und das ist es, was Planungen und Vorhersagen im traditionellen Schema transparenter Wenndann-Verknüpfungen schlicht unmöglich macht.

Von der Komplexität des Fußballs

Ein beliebter Vergleich ist der zu einem Fußballspiel: Kein Mensch kann voraussagen, welcher Spieler in der nächsten Situation welchen Spielzug anregt oder durchführt, geschweige denn, was genau was zu welchem Zeitpunkt zu tun hat und tun wird, um garantiert ein Tor zu schießen. Denn alle Spieler, einschließlich des Torwarts, sind permanent in Bewegung. Diese Bewegungen entsprechen im besten Fall den subjektiv eingeschätzten Erfordernissen der jeweils neuen Spielsituation und sind nicht im Vorhinein kalkulierbar. Zudem hat jeder Spieler, wenngleich in unterschiedlicher Ausprägung, seine eigene, durch unter anderem persönlichen Ehrgeiz prädestinierte Agenda. Beispielsweise will ein Spieler mittels außergewöhnlicher Alleingänge beweisen, wie herausragend er ist. Der andere will durch exorbitante Zuspielleistungen zeigen, wie teamfähig er ist. Der Schiedsrichter gewinnt seinen geheimen Wetteinsatz nur dann, wenn er eine der Mannschaften bevorteilt ... und pfeift entsprechend etc. Und all diese individuellen Motive, die zumindest von anderen Mitspielern nicht gewusst werden können (!), manifestieren sich in Verhaltensweisen und Spielzügen, die nicht prognostizierbar sind.

In komplexen Lagen oder Systemen haben wir es also mit Teilen und Akteuren, mit ihren besonderen Eigenschaften, Motiven und anderen Spezifika zu tun sowie mit deren Beziehungen untereinander. Hinzu kommen Rückkopplungsprozesse als Anpassungsleistungen auf partikulare Agenden und situative Anforderungen. Geteilte Ziele, Wechselwirkungen zwischen Elementen und Beziehungen, die die Elemente untereinander haben, sowie Variablen der jeweiligen Situation erschweren den Durchblick weiter. Und das ist noch nicht alles. Denn Wechselwirkungen als gegenseitige Beeinflussung gehorchen verschiedenen Tempi und Intensitäten und bilden so unterschiedliche Wirkungsverläufe oder Regelkreise. Da solchen Regelkreisen der nächste Abschnitt gewidmet ist, erläutern wir hier die nur den Aspekt der Geschwindigkeit und Intensität.

Wenn von Komplexität die Rede ist, taucht immer auch der Begriff der Vernetzung auf. Vernetzung bezeichnet eine enge Wechselwirkung zwischen Elementen bzw. Akteuren, so dass eine Bewegung oder Intervention an einer Stelle Folgebewegungen an anderen Stellen nach sich zieht. Die Dynamik erfasst sowohl Elemente und Individuen als auch die Beziehungen zwischen ihnen, ganz so, wie in der Fußballanalogie angedeutet. Aus dem Führungsalltag kennt jeder Interventionen in dynamischen Netzwerken (das Unternehmen, seine Bereiche, Abteilungen), die sich sofort oder erst später, stark oder schwach bemerkbar machen. In Bezug auf die Stärke der Beeinflussbarkeit und Beeinflussung (Stärke als Ausdruck der Konvergenz von Tempo und Intensität) werden vier Kategorien unterschieden:

- *Aktive Elemente oder Interventionen.* Sie beeinflussen stark, sind ihrerseits aber wenig stark, nur schwach beeinflussbar. Beispiel: Die Marketingabteilung eines internationalen Unternehmens verabschiedet ein neues Regelwerk in Form eines Formulares, das die Verkäufer beim Kunden ab sofort befolgen und nutzen sollen. Hier übt die Marketingabteilung einen starken Einfluss aus. Sie ist ihrerseits nur schwach beeinflussbar insofern, als selbst massive Beschwerden der betroffenen Manager im Außendienst nicht bewirken können, dass das Regelwerk zurückgezogen oder auch nur den praktischen Erfordernissen angepasst wird.
- *Reaktive Elemente oder Interventionen.* Sie beeinflussen schwach, sind indes selbst stark beeinflussbar. Beispiel: Eine typische Seminarsituation, in der ein Trainer eine Gruppe von Topmanagern dazu motivieren möchte, eine neue Denkweise und Perspektive zumindest einmal auszuprobieren. Der Einfluss des Trainers ist schwach. Umgekehrt ist der Trainer selbst stark empfänglich für Rückmeldungen aus der Gruppe, also stark beeinflussbar, denn seine Absicht ist es, die Topmanager unter Nutzenaspekten zufrieden zu stellen.

- *Kritische Elemente oder Interventionen.* Sie beeinflussen stark und sind ihrerseits stark beeinflussbar. Beispiel: Die IT-Abteilung eines Forschungsunternehmens führt ein neues EDV-System ein. Sie beeinflusst stark, denn das neue System ist für alle Mitglieder im Unternehmen gültig. Damit die Einführung klappt und das System sowohl verstanden als auch von allen angewandt wird und damit seinen Zweck erfüllt, muss sich die IT-Abteilung offen und als schnell reagibel erweisen, sobald von Anwenderseite Schwierigkeiten oder dringliche bedarfs- und nutzenbezogene Veränderungswünsche, innerhalb der Leitplanken, die das System legt, vorgetragen werden. Reagieren die IT-Experten entsprechend, sind sie stark beeinflussbar.
- *Träge Elemente oder Interventionen.* Sie beeinflussen schwach und sind ihrerseits nur schwach beeinflussbar. Beispiel: In einem größeren mittelständischen Unternehmen ist die Unzufriedenheit mit der Geschäftsleitung ausgeprägt, wie auch deren Unzufriedenheit mit Teilen der Belegschaft. Ersteres zeigt sich daran, dass ungewöhnlich viel geklagt und gemurrt wird. Die Unzufriedenheit der Geschäftsleitung zeigt sich in der Frequenz immer gleicher Aufforderungen an die Mitarbeiter. Die Mitglieder dieses Führungsgremiums wissen um die Unzufriedenheit, ändern indes ihr Gebaren nicht, ebenso wenig wie die Betroffenen sich von den Appellen an verändertes Denken und Handeln beeindrucken lassen. Wir haben es mit trägen Elementen zu tun.

Was bedeutet das in praxi? Die Kenntnis der Unterschiedlichkeit in den Beeinflussungs- und Wirkungsgraden hilft, sowohl in der Vorbereitung einer Veränderung die geplanten Maßnahmen systematisch(er) und zielgerichtet(er) kritischer zu befragen und auszurichten als auch, eine realistische(re) Sicht der Ergebnisse zu entfalten. Zu diskutierende Fragen können lauten: Welche Veränderung wollen wir innerhalb welchen Zeitfensters? An welchen Elementen bzw. Beziehungsgefügen müssen wir ansetzen, um in welcher Geschwindigkeit Wirkungen erkennen zu können? Wo ist die Hebelwirkung am größten und am schnellsten? Mit welchen Folgewirkungen können wir wann wo rechnen? Wo erwarten wir die größte Unterstützung, wo den größten Widerstand?

Die Aufzählung der definitorischen oder charakteristischen Komponenten von Komplexität muss um eine weitere ergänzt werden: die prinzipielle Unmöglichkeit, akkurat planen und prognostizieren zu können. Das ist ein für Manager besonders schmerzlicher Aspekt, weil der Glaube an

Beherrschbarkeit, Determinierbarkeit, lineare Planbarkeit und Mach-
barkeit leidet und dies individuell als Kontroll- und Machtverlust erlebbar wird; zugleich führt es die Dringlichkeit, eigenes Denken und Handeln fundamental zu ändern, in ihrer Unausweichlichkeit vor Augen.
Wieso aber ist die besagte Unmöglichkeit komplexen Verhältnissen
immanent? Die prägnante Antwort: Das ist so, weil die Zahl der möglichen Interaktionen, Beziehungen, Bewegungen, Systemzustände nicht
zwangsläufig mit der Zahl übereinstimmt, die faktisch stattfinden bzw.
bemerkt werden (können). Es ist immer mehr möglich, als faktisch oder
sichtbar der Fall ist. Logisch folgt daraus, dass es Menschen grundsätzlich versagt ist, die Gesamtheit von Möglichkeiten, die sich bieten, erkennen und gezielt nutzen zu können. Alles, was wir zu leisten in der Lage sind, ist, Muster von Relationen, Korrelationen, Wirkungsverläufen
zu identifizieren, von denen wir annehmen, dass sie wesentlich, system-,
handlungs- und zielrelevant sind. Vor Überraschungen sind wir
grundsätzlich nicht sicher, da die Akteure und andere Systemkomponenten und folglich das System sich immer auch anders verhalten und
entwickeln können, als wir angenommen haben. Wir sehen nicht nur
nicht sämtliche Möglichkeiten, sondern müssen auch mit Auswirkungen
umgehen, die wir nicht beabsichtigt haben. Bereits diese Überlegungen
legen nahe, weniger in Begriffen von exakter Prognostizierbarkeit als vielmehr in Begriffen von Wahrscheinlichkeit und Optionen zu denken und
zu agieren.

Für das praktische Tun folgt daraus, dass Führungskräfte verinnerlichen
sollten, dass sie in Netzwerken wirken, die prinzipiell undurchschaubar,
undeterminierbar und in ihren Entwicklungen nicht linear planbar sind.
Eigenlogik und Eigendynamik, Rückkopplungen und Regelkreise sowie
Tendenzen zur Selbstorganisation vereiteln den Erfolg von Anstrengungen, die darauf ausgerichtet sind, Beherrschbarkeit nach altbewährtem
Muster präziser Aktionspläne und Vorhersage herstellen zu wollen. In
der Unternehmensführung sind Manager gleichsam genötigt, in den Kategorien von Komplexität zu denken, weil sich die Agenten in Unternehmen und auf dem Markt in einem riesigen komplexen System bewegen, das zudem mit zunehmender Tendenz eng wechselwirkt mit anderen Systemen wie Recht, Technologie, Natur, Lebenswissenschaften. Die
Lebenswissenschaften haben zum Beispiel dazu geführt, dass sich das
System Wirtschaft an einem korrigierten Menschenbild orientieren muss,
um überlebensfähig und nachhaltig erfolgreich zu sein. In der Mitarbei-

terführung empfiehlt es sich, von dem Grundmodell der direkten zu dem der indirekten Führung wechseln zu können. Indirektes oder vermitteltes Führen bedeutet die Abkehr von Anweisungen und die Hinwendung zur Führung über Vermittlung. Diese kann laufen über Werte und Normen oder andere Regularien, deren konkrete Ausgestaltung den Mitarbeitern überlassen wird. Diese institutionalisierten Codices wirken auf der Metaebene und repräsentieren sozusagen Transmissionsriemen. Sie geben darüber Auskunft, was erwünscht ist und wie es möglich ist, das Erwünschte praktisch umzusetzen. Ein Beispiel ist ein formuliertes Unternehmensethos, das unter anderem einen Verhaltenskanon enthält. Ein Beispiel für indirektes Führen und den Wert „Bildung": Führungskräfte verwirklichen ihre Verpflichtung, Lehren und Lernen zu ermöglichen, grundsätzlich nicht mehr dadurch, dass sie sich mit den Mitarbeitenden zusammen setzen und en detail darüber sprechen, sondern dadurch, dass sie den Wert „Weiterbildung und Qualifizierung" proklamieren; dass sie Lehren und Lernen als Wert erkenntlich (!) leben, seine Umsetzung praktisch ermöglichen (Rahmenbedingungen schaffen) und darauf vertrauen, dass die Betroffenen diesen Wert selbstständig und selbst organisiert in Handlung transformieren.

Führungskräfte können dem Glaubenssatz, dem sie ausgesetzt und den zu verinnerlichen sie aufgerufen sind, nämlich Komplexität zu reduzieren bzw. zu bewältigen, sicherlich durch die genannten Verhaltensweisen nachkommen. Die skizzierten Optionen stellen Modi dar, in denen Komplexität in konstruktiver Absicht handhabbar wird. Weiter unten werden Sie andere, weniger produktive, dafür aber verbreitete, Verhaltensweisen kennen lernen. Zuweilen ist „Komplexitätsmanagement" nur dadurch möglich, dass Komplexität zeitweise erhöht wird. Um dafür ein Beispiel zu nennen: Die Anforderungen, in Begriffen von Komplexität zu denken, erhöhen die Komplexität für den Einzelnen zunächst. Er kann die Komplexität, komplex zu denken, nur dadurch reduzieren, dass er lernt, in Begriffen von Komplexität zu denken. Und das ist zunächst einmal eine besondere Anstrengung, weil es gilt, bisherige mentale Modelle in Frage zu stellen, zu revidieren, zu ersetzen. Komplexität wird also erhöht.

In der Systemtheorie sagt man, dass die Komplexität der Lösung mindestens so ausgeprägt sein muss wie die des Problems. Idealerweise finden wir dies in fraktalen Strukturen, innerhalb derer jede Einheit das Gesamte

abbildet, ganz so, wie in jedem Samen der Bauplan, die Struktur der
Pflanze existiert, in der DNA der Bauplan des Organismus enthalten ist.
Demnach sollten Führungskräfte jedem Mitglied des Unternehmens ermöglichen, das gesamte Unternehmen, einschließlich Vision, Ziel, Strategie etc. zu verstehen und selbstständig danach zu operieren. Einige weitere Optionen auf Unternehmensebene, die die Komplexität zunächst
erhöhen, sie allerdings, nachfolgend, durch Verwirklichung der Anforderungen wieder reduzieren, seien genannt: eine „egalitäre" Kommunikationskultur befördern und pflegen, in der nicht der hierarchische Status, sondern das bessere Argument zählt; zusätzlich Strukturen, Instrumente oder Prozeduren installieren, die Lernen, Austausch, Partizipation und Selbstorganisation stärken. Dazu gehören neben den genannten
Facetten flache Hierarchien, flexible und dezentrale Strukturen sowie eine Kultur des Lehrens und Lernens. In dieser werden Lernwerkstätten,
Führungsforen, systematische Organisation und Koordination von Wissen, Erfahrungen und Kompetenzen aktiv genutzt und gefördert. Kleinere
Unternehmen bedienen sich dabei der Angebote von Handelskammern
und anderen Bildungseinrichtungen.

Im Gefolge des Redens von Komplexität befindet sich der Begriff „ganzheitlich"; er ist bezogen auf Denken und Handeln. Ganzheitliches Denken und Handeln setzt eine Einstellung, eine Gerichtetheit, eine Attitüde
und Bereitschaft voraus, die motiviert, den Blick auf das Umfängliche
oder Ganze zu lenken – eine Gerichtetheit, auf die zu verzichten im gegenwärtigen globalen Wirtschaftsnetzwerk sich kein Unternehmer oder
Manager mehr leisten kann. Denn sein Wirken ist eine Prozesskompo-
nente innerhalb von Prozessen, ist eine bewirkte Wirkung innerhalb von
Wirkungsverläufen, innerhalb einer Dynamik des Wirtschaftens, die ein
erdumspannendes Ausmaß erreicht hat. Ganzheitliches oder auch systemisches Denken erhöht, wie die Praxis zeigt, die Wahrscheinlichkeit, in
komplexen Verhältnissen, vernetzten Systemen und der Netzwerkökonomie erfolgreich zu sein. Aus diesem Grund möchten wir Ihnen im folgenden Abschnitt die Architektur dreier grundlegender Bewegungsmus-
ter, Regelkreise oder Wirkungsverläufe vorstellen, wie sie sehr anschaulich und ausführlicher Peter Senge beschrieben hat.[4]

5.2 Vernetztes Denken und Handeln

> Ich kann freilich nicht sagen, ob es besser wird, wenn es anders wird; aber so
> viel kann ich sagen, es muss anders werden, wenn es gut werden soll.
> (Georg Christoph Lichtenberg)

Vielleicht ergeht es Ihnen wie zahlreichen Praktikern mit Ergebnisverantwortung: Sobald die Begriffe „vernetzt", „systemisch", „systemisch-
evolutionär" oder „ganzheitlich" genannt werden – bevorzugt von externen Beratern, wie die Autoren wohl wissen – verdrehen Sie im gün-
stigsten Fall die Augen: „Oje, noch so ein Theoretiker!", im ungünstigs-
ten Fall winken Sie ab: „Damit können Sie unter sich brillieren – mich
lassen Sie damit bitte in Ruhe!"

In der unternehmerischen Praxis hat sich jedoch gezeigt, dass nicht nur
global, sondern auch lokal begrenzt situierte und agierende Unternehmen
sowie deren Manager zum Erfolg maßgeblich beitragen, wenn sie zumindest einige Grundkonstellationen von Vernetzung verstehen und anwenden. Deshalb möchten wir Ihnen die Logik von Regelkreisen oder
Wirkungsverläufen näher bringen.

Peter Senge hebt hervor, dass durch die neueren Herausforderungen, die
das globale Wirtschaftsgeschehen stellt, alle Teilnehmer herausgefordert
sind, umzudenken. Die Essenz des neue(re)n Denkens und Handelns beschreiben diese Kategorien. Denken und Handeln erfolgt in

- Prozessen der Rückkopplung (Feedback),
- Regelkreisen als Systematik von Wirkungsverläufen,
- dynamischen Strukturen und Mustern,
- Optionen,
- Wahrscheinlichkeiten.

Vernetzung wird dabei charakterisiert durch:

- Netzwerke als dynamische Wirkungsgefüge
- Dezentrale Organisation
- Knotenpunkte (Hubs), d. h. zentrale Stellen wie Personal, IT, Dispo,
  Vertrieb, Kundenservice
- Entschärfen von „Schnittstellen" durch Verknüpfung oder Verzahnung

Vernetzung erhöht die Komplexität vor allem in der Hinsicht, dass Kontingenz zunimmt: Wirkungsverläufe und Handlungsoptionen können immer auch ganz anders ausfallen als intendiert. Bei dieser Wirkungsoffenheit spielen Eigendynamik, Zufall, Mutationen die Hauptrolle. Wirkungen sind prinzipiell unüberseh-, undurchschau- und unvorhersehbar vielfältig – und aufgrund der zeitlichen Versetztheit, der differenten Wirkungsgewichtung und des unterschiedlichen (Reaktions-)Tempos sind sie nicht sicher prognostizierbar. Dies schließt ein, dass Verhalten, etwa Interventionen, sowohl gewollte als auch nicht gewollte Rückkopplungen in Gang setzt. Führungskräfte müssen, schlicht gesagt, damit leben, dass sie Geschehen und Menschen nicht beherrschen können, dass ein Input nicht zwangsläufig den gewünschten Output generiert. Statt dieser deterministischen oder auch mechanistischen Art des Denkens und Managens sind Führungskräfte und zunehmend auch nicht führende Mitarbeitende genötigt, optional und das heißt, mit Wahrscheinlichkeiten zu operieren. Und damit Führungskräfte dazu beitragen, die Wahrscheinlichkeit zu erhöhen, dass passiert, was passieren soll, kommen sie nicht darum herum, sich zumindest mit einigen grundlegenden Figuren von Komplexität zu beschäftigen sowie ein Verständnis für die Logik dynamischer Systeme zu entwickeln.

Um Sie möglichst rasch mit praktisch relevanten Aspekten zu bedienen, fassen wir entscheidende Grundannahmen und Charakteristika der Praxis des Systemdenkens vereinfacht und kurz zusammen:

Jeder Akteur ist selbst ein System
In jeder Person geht es komplex zu. Im Inneren eines Menschen, in Geist, Seele und Körper, finden ständig Wechselwirkungen zwischen Gedanken, Gefühlen, körperlichen Empfindungen statt, und diese beeinflussen einander, stehen in ständigem Austausch, in enger Wechselwirkung. Die Auswirkungen dieser Beziehungen und Rückkopplungen können neben erwünschten Effekten auch unvorhersehbare, überraschende, unerwünschte Folgen zeitigen. Ein Beispiel zur Konkretisierung: Sie sind schlechter Laune; diese schlägt Ihnen auf den Magen, das wiederum macht Sie gereizt, und in der Folge haben Sie überhaupt keine Lust dazu, mit Kunden zum Mittagessen zu gehen; Sie gehen trotzdem, können Unwohlsein und Missmut nicht völlig überspielen – in der Folge sind Sie wortkarg, ideenarm, und das Geschäft wird nicht abgeschlossen ... Oder: Beflügelt von einem wichtigen Erfolg fühlen Sie sich körperlich prächtig,

sind frohen Mutes – und in der Folge bringen Sie kreative Ideen hervor, die ihrerseits zu erhöhten Verkaufszahlen führen …

Jeder Akteur ist Teil des Systems
Was immer in Ihrem Wirkungskreis geschieht, Sie leisten einen Beitrag dazu. Je dichter die Kommunikation oder Interaktion, desto weniger vermittelt, desto prompter und intensiver sind die Wirkungen, die Sie (mit) auslösen. Und umgekehrt: Je dichter die Interaktion, desto größer sind die Auswirkungen als Rückwirkungen, denen Sie ausgesetzt sind. Sie sind sowohl Wirkfaktor als auch bewirkter Faktor, sowohl Akteur als auch Reakteur oder kurz: bewirkte Wirkung. Stimmen Sie beispielsweise in das Managerlied ein: „Wenn ich nicht bei den Meetings anwesend bin, tanzen die Mitarbeiter auf den Tischen!", dann besteht Ihr Beitrag zu dieser beklagenswerten Szenerie unter anderem darin, dass Sie als disziplinierender Akteur wirken: Sie „be-wirken" beispielsweise ergebnisbezogene Ergebnisse in Meetings. Gleichzeitig „re-agieren" Sie auf den (vermeintlich) vorhandenen Autoritätsbedarf Ihrer Mitarbeiter – und sind in Ihrem Verhalten davon bewirkt.

Feedback oder Prozesse der Rückkopplung,
zuweilen auch Kausalitätskreise genannt
Jeder Einfluss ist sowohl Ursache als auch Wirkung. Die oben genannten Beispiele verdeutlichen diese Quasi-Identität von Ursache und Wirkung: Jede Wirkung ist Wirkung von Wirkungen; jeder Einfluss ist Einfluss von Einflüssen, ist beeinflusster Einfluss. Die Differenzierung nach primär verursachendem Grund und seinen Folgen fällt damit schwer, auch wenn man mathematisch Ableitungen unterschiedlichen Grades darstellen kann. Diesen Sachverhalt, dass Ursachen (als prima causa) und deren Wirkung diagnostiziert werden sollen, erleben Menschen besonders drastisch in Konfliktsituationen, die nach diesem Muster verlaufen: „Weil Sie das und das gesagt haben, habe ich jenes getan. Hätten Sie das nicht gesagt, hätte ich das nicht unternommen." – „Nein, es ist anders: Weil Sie das und das getan haben, habe ich jenes gesagt" – ad infinitum. In der Kommunikationstheorie und -empirie wird dies mit dem Terminus „Interpunktionsproblem" belegt: Wo eine Definition oder Zuschreibung eines Anfangs im Sinn einer Ursache gelegt wird, wird von den Betroffenen entschieden, und die Entscheidung fällt daher meistens unterschiedlich aus. Diese subjektive Setzung, wo die Ursache liegt, hat diese Gestalt von: „Ich bin der Meinung, der Streit hat bei xyz begon-

nen." Insofern der Partner die Ursache woanders erkennt und definiert und jeder auf seiner individuellen Setzung besteht, verläuft dieses Spiel der Ursachenzuschreibung prinzipiell endlos. Das Denken in Rückkopplungen empfiehlt dagegen: Statt nach Ursache/Verursacher oder Schuld/Schuldigen suchen, sollten die Kontrahenten nach den Wirkungen fragen, die sie beobachten, erleben, sich wünschen – und damit nach Wirkungsfaktoren und -mustern, an denen sie ansetzen können, um die beabsichtigten Wirkungen zu erzielen. Das Modell dieses Dialogs könnte aus Fragen bestehen wie diesen: „Welche Wirkungen und Muster können wir beobachten? Sind das Wirkungen, die wir beabsichtigen? Welche Wirkungen wollen wir erzielen? Wie, mit welchen Mustern können wir das mit hoher Wahrscheinlichkeit anders als bisher erreichen?" Dieses Modell des fragenden Denkens und Diskutierens gilt für technische Abläufe ebenso wie für Interaktionen zwischen Menschen, Abteilungen und Unternehmen bis hin zu Gesellschaften.

Als Anmerkung sei eingestreut: Da wir als Menschen nun einmal sequentiell denken und sprechen, kann die weitläufig prominente Unterscheidung zwischen „weichen" und „harten" Faktoren helfen, die Komplexität der Beschreibung und Analyse von Rückkopplungsprozessen zu verringern. Dies, indem wir zunächst das Geschehen auf der „harten", dann auf der „weichen" Ebene beleuchten. Erst nachfolgend widmen wir uns den „Übergriffen", sprich den Wechselwirkungen zwischen diesen beiden Ebenen. Legen wir den Schwerpunkt unseres Erkenntnisinteresses auf die weichen, d. h. nicht messbaren, nicht quantifizierbaren, qualitativen Faktoren, nehmen wir Menschen in den Blick: implizite und explizite Vorannahmen und Haltungen, Anforderungen und Erwartungen, Gefühle und Meinungen, Verhaltens- und Interaktionsmuster und dergleichen. Fokussieren wir die harten, messbaren, quantifizierbaren Faktoren, kümmern wir uns um Strategie, Organisation, Strukturen, Systeme, Prozeduren. Zuerst also schauen wir uns die Bewegungen und Auswirkungen im ersten Teilsystem, sodann im zweiten Teilsystem an, um schließlich Korrelationen zwischen ihnen zu entdecken. Nebenbei bemerkt sind die „weichen" Faktoren viel schwieriger zu verändern als die „harten": Ein neues Organigramm lässt sich mit wenigen Strichen aufmalen, während das neue Verhalten, das die veränderte Struktur erfordert, viel mehr Engagement und vor allem mehr Zeit benötigt, um verwirklicht zu werden.

Da der praktische Wert solcher Darstellungen immer wieder erwiesen werden muss, seien nun jene Konsequenzen der Praxis des Systemdenkens und eines ihm entsprechenden Handelns genannt, die wir für zentral halten:

- Die Einsicht, dass jeder Einfluss Wirkungen zeitigt, befähigt und sensibilisiert dazu, grundsätzlich möglichst zahlreiche und vielfältige Wirkfaktoren in Augenschein zu nehmen. Eine solche Weise der Betrachtung erhöht die Wahrscheinlichkeit, Muster im Gemenge von Einflüssen/Wirkungen, Rückkopplungen zu identifizieren, die maßgeblich oder im wörtlichen Sinn entscheidend zu einem Geschehen beitragen.

- Die Einsicht, dass Wirkungen zeitlich und örtlich verzögert auftreten, reduziert Ungeduld und regt an, auch an Orten nach Veränderungen an Orten für möglich zu halten und zu suchen, die zunächst außerhalb des Blickfelds liegen. Das ist ein Plädoyer dafür, den Betrachtungshorizont zu erweitern. In Bezug auf die Dimensionen Zeit und Geschwindigkeit ermutigt die Einsicht dazu, zwischen schnellen und langsamen, starken und schwachen sowie zwischen Einflüssen, Störungen, Interventionen auf der Grundebene und der Phänomenebene zu unterscheiden, d. h. solchen, die in operativen Kontexten unmittelbar oder/und punktuell wirken und jenen, die investiven Charakters sind. Mit anderen Worten: Die Einsicht in die diversen Wirkungsarten soll die Bereitschaft erzeugen, auch auf Wirkungen zu achten, die nicht sofort nach einer Intervention eintreten, sondern zeitlich in der Zukunft und örtlich andernorts als anvisiert liegen. Dies ist etwa bei Investitionen in die informationstechnologische Basis (IT) eines Unternehmens der Fall oder bei einer Umstellung der Preis-Qualitätsstrategie oder auch bei Maßnahmen persönlichen Coachings in der Personalförderung. Symptome und Wirkungen treten nicht immer dort auf, wo sie entstehen. Die Konsequenz eines Eingriffs kann an Orten auftreten, wo wir die Wirkung zum Teil erwarten, zum Teil aber auch nicht erwarten. Als empirisches Beispiel sei ein Unternehmen genannt, das ein Service-Center aufbaute und dazu einen Interims-Manager engagierte. Dieser war bereits nach kurzer Zeit erfolgreich und wurde dennoch vom Management abgelehnt – weil er so erfolgreich war. Dadurch fühlten sich nämlich einige Kollegen aus dem Management bedroht, so dass sie dafür plädierten, sich von dem Interims-Manager früher als beabsichtigt zu trennen. Damit hatte der Vorstand nicht gerechnet, der den Interims-Manager sogar als seinen Nachfolger etablieren wollte ...

- Die Einsicht, dass es neben intendierten Wirkungen auch jene gibt, die nicht beabsichtigt, unvorhergesehen bis hin zu unerwünscht sind – zumal in Verbindung mit dem Fakt, dass eine Veränderung an einer Stelle Veränderungen an anderer Stelle nach sich zieht-, führt zu einem neuen Verständnis für Interventionen und Planung. Wenn Sie davon ausgehen, dass das Hakeln an einem Knötchen im Netzwerk des Unternehmens (z. B. neues EDV-Programm) alle anderen Knötchen und Fäden in Bewegung setzt, werden Sie sich hüten, die Routine eines Detailinterventionismus zu pflegen. Vielmehr ist selektive Vorsicht gefragt, ein ganzheitlicher Blick sowie die Identifizierung jenes Teilnetzwerks mit der größten gewünschten Wirkung, ähnlich der berühmten „Hebelwirkung". Das gewandelte Planungsverständnis zeigt sich deutlich in der Abkehr von der Abfolge linear angelegter, sequentieller, schrittweise abgearbeiteter und strikt verfolgter Etappen. Stattdessen wird Planung iterativ verstanden, im Unternehmensalltag häufig als „rollierende Planung" bezeichnet. Wenn die Begriffe auch nicht dieselbe Bedeutung haben – der Kerngedanke ist verwandt: Das Ergebnis jeder Etappe wird in die nächste Feedbackschlaufe eingeführt, dort mit Bezug auf Ziel, Ressourcen etc. überprüft und aufgrund des Ergebnisses dieser Überprüfung weiter geschleust. Das Kommunikationsspiel „Stille Post" funktioniert nach eben dieser Logik: Jeder gibt das weiter, was er vom Vorgänger verstanden hat (und bewusst oder unbewusst hinzufügt). Dieser Prozess gebiert regelmäßig erstaunliche Resultate – im Spiel lustige. Auch im Unternehmen kann das Resultat anders ausfallen, als zu Beginn des Weges gedacht – bedeutsam ist, dass es sich als nützlich im Sinne der Absicht erweist!
- Schließlich sei die Folge der Einsicht hervorgehoben, dass das Denken und Handeln in vernetzten, komplexen Welten von Wechselwirkungen erzählt. Daraus folgt, dass „die eine Ursache", die „alles verschuldet", wenn sie denn überhaupt existiert, schlicht nicht lokalisierbar ist und die Suche nach Fehlern, Störfaktoren und anderen unerfreulichen Quellen der Behinderung als ein Nachverfolgen von Prozessen, als Rekonstruktion, speziell: von Regelkreisen und Mustern („Regelmäßigkeiten") inszeniert werden sollte. (Dieses Vorgehen führt auch die Abkehr vom Suchen nach Schuldigen im Gepäck!)

Nach dieser gedanklichen Vorbereitung möchten wir Ihnen drei grundlegende Bausteine von Regelkreisen vorstellen, in deren Zentrum das Feedback steht. Feedback wirkt (1) positiv, (2) negativ und (3) mit Verzögerung.

1. *Positive Rückkopplung* kennzeichnet sich dadurch, dass sie gleichgerichtet, spiralförmig, eskalierend wirkt. Sie folgt der Logik: Was bestätigt wird, verstärkt sich. Der Volksmund nennt diesen Mechanismus Schneeballeffekt oder auch – im Negativfall – Teufelskreis. Beispiel für dieses Feedbackmuster ist die Self-fulfilling-prophecy, eine Vorhersage, die sich realisiert, weil(!) sie vorhergesagt wurde und dadurch entsprechendes Verhalten evoziert. Einer der berühmtesten Fälle für Self-fulfilling-prophecy handelt davon, dass in einem Bundesstaat der USA vorhergesagt wurde, das Toilettenpapier werde demnächst knapp – obwohl es das nicht war. Prompt kauften die Leute vermehrt WC-Papier, woraufhin es knapp wurde!

Die Logik der positiven Rückkopplung können Sie in der Theorie X und Theorie Y von Douglas McGregor zur Mitarbeiterführung erkennen. Zunächst der „Teufelskreis" der Theorie X: Misstrauen Sie der Kompetenz eines Mitarbeiters, führen Sie ihn eng. Das heißt, Sie kontrollieren ihn stark, etwa, indem Sie jeden Bericht, den er schreibt, lesen und korrigieren. Gewöhnt sich der Mitarbeiter daran, wird er mittelfristig immer weniger engagiert Berichte schreiben und Verantwortung für die Korrektheit seiner Berichte übernehmen: Er wird immer weniger gründlich und akkurat arbeiten, weil Sie ja ohnehin alles durchsehen und korrigieren. Langfristig wird seine Kompetenz ernsthaft leiden, schon mangels Übung. In der Folge erhöht sich quasi automatisch Ihre Anstrengung, sorgfältig und kritisch zu lesen, so dass sich die Menge Ihrer Korrekturen erhöhen wird – und genau dies gilt Ihnen dann als „Beweis" dafür, dass Ihr Misstrauen berechtigt und es „richtig" ist, ihn streng zu kontrollieren. Insofern wird Ihr Misstrauen durch Ihr eigenes Verhalten bestätigt und Ihr Handeln legitimiert. Theory Y funktioniert nach derselben Logik, nur mit einem anderen Vorzeichen: Da den Mitarbeitern grundsätzlich Vertrauen entgegengebracht wird, erhalten sie bestätigendes Feedback und Förderung, so dass sie motiviert und ambitioniert sind, mit der Folge, dass Sie das Vertrauen, das Sie in sie legen, bestätigt sehen.

Dieser Glaube an Leistungsbereitschaft und Leistungsvermögen kann allerdings zu unerwünschten Ergebnissen führen. Diesem Bedingungsgefüge liegt ein sehr verbreiteter Habitus zu Grunde, der unter dem positiven Vorzeichen von Ver- und Zutrauen beginnt, jedoch in ein unbeabsichtigtes Finale mündet: Es gibt Unternehmen, die Chan-

ge agents einsetzen. Das sind Personen, die ausgewählt werden, einen
Wandel im Unternehmen aktiv voranzubringen. Sie gelten sowohl als
„Leader"-Persönlichkeiten (häufig informelle Leader, die Meinungen
und Handlungsweisen prägen) als auch – zumindest insofern – als
außerordentliche Leistungsträger. Sie erhalten viel Ver- und Zutrau-
en, mit der Konsequenz, dass ihnen immer mehr Verantwortung gegeben wird. Sie werden für ihre enorme Leistung und Effektivität damit „belohnt", dass ihnen immer mehr Verantwortung aufgebürdet
wird (Job Enrichment, Job Enlargement). Das geht eine Weile gut, da
sich die so Belohnten geschmeichelt und aufgewertet fühlen und deshalb alles daran setzen, die in sie gelegten Erwartungen zu erfüllen.
Es gibt jedoch eine natürliche Grenze, die selten beachtet wird. Die
Logik des Immer-mehr führt zu einer Eskalation, und diese mündet
schließlich darin, dass die Lastenträger an Leistung und Motivation
nachlassen, zusammenbrechen, krank werden oder das Unternehmen
verlassen. An dieser Stelle kippt das System.

Der Regelkreis oder die Abwärtsspirale „Abnahme des Wachstums"
demonstriert als letztes Beispiel die Logik des Bausteins „positive
Rückkopplung". Der Einfachheit halber konzentrieren wir uns auf
wenige Faktoren: Vermindertes Wachstum beantworten Manager
mit Maßnahmen zur Kostenreduktion, die ihrerseits den Puffer für Investitionen reduzieren, die ihrerseits das Innovations- und Experi-
mentalpotenzial verringern, was wiederum eine Abnahme von Handlungsoptionen zur Folge hat, woraufhin Erfolg und Gewinn schrump-
fen.

2. Beim *negativen Feedback* wirkt die Dynamik gegengerichtet, regulie-
   rend, korrigierend, stabilisierend. Immanentes Ziel ist es, eine Refe-
   renzgröße, zum Beispiel einen Zustand, ein Ergebnis, zu erhalten
   oder zu korrigieren. Dabei ist das Vertrackte, dass diese Sollgrößen
   häufig implizit, verborgen und den Akteuren, die eine Änderung her-
   bei führen möchten, nicht bewusst sind. Zu solchen Sollgrößen
   gehören Normen, Annahmen, Absichten, Ziele.

Ein Beispiel dafür bietet die Anstrengung eines Abteilungsleiters, die
Anzahl der Überstunden in seinem Verantwortungsbereich zu verringern. Damit antwortete er auf häufige Klagen in seinem Team. Er
verkündete also seinen Mitarbeitern sein Ziel, veranlasste dafür nöti-

ge Vorarbeiten und Abklärungen, definierte eine Höchstzahl an Arbeits- und Anwesenheitspflichten etc. und meinte, alles dafür getan zu haben, dass die Beschwerden gegenstandslos würden. Nun, in der Tat ließen die Klagen nach, nicht aber die Anzahl der Überstunden und auch nicht damit verbundene Anzeichen von Überlastung und Erschöpfung. Was war passiert? Er hatte übersehen, dass die Mitarbeiter eine unausgesprochene Norm, die Teil der Unternehmenskultur war, verinnerlicht und zu ihrer Richtschnur auserkoren hatten. Faktisch wurde sie insbesondere vom obersten Chef gelebt und gefordert. Diese latente Norm oder Maxime teilte sich in Aussagen und Appellen wie diesen mit: „Die echten Helden arbeiten Tag und Nacht!"; „Die wirklich Motivierten gehen erst dann, wenn sie ihre Arbeit erledigt haben – und kommen auch am Wochenende ins Unternehmen, wenn es sein muss!" Diese implizite Regel identifizierte Präsenzzeiten mit innerem Engagement (Involvement). Da die Mitarbeiter in der Abteilung diese Identifikation übernahmen, wollten sie nicht riskieren, als faul oder wenig motiviert zu gelten und unangenehm aufzufallen – weshalb sie der Aufforderung und den Vorgaben ihres Abteilungsleiters nicht folgten.

Da wir es bei diesem Regelkreis oft mit Wirkungen zu tun haben, die wir nicht anstreben, empfiehlt es sich, zumindest folgende Schritte zu tun, um das Muster zu erkennen und mit ihm umzugehen. Vorausgesetzt wird, dass die Analyse die dem Geschehen innewohnende Dynamik im Blick hat.

- Bei der Diskrepanz zwischen Ist und Soll starten.
- Die Maßnahmen und deren Wirkungen betrachten, die zur Korrektur getroffen werden.
- Beobachten, welche Maßnahmen das Ausmaß der Diskrepanz in welcher Weise ändern.
- Bei Abweichung vom Ziel, gilt es, nach impliziten Sollgrößen zu suchen.
- Implizite Sollgrößen sind zu thematisieren und in den weiteren Interventionen zu berücksichtigen.
- Mit neuen Maßnahmen reagieren (Anpassung an Veränderung als iterative Schleife) und auch deren Auswirkungen beobachten, auf das Ziel hin bewerten und gegebenenfalls eine weitere Schleife einziehen.

3. *Das Grundmuster des Regelkreises Feedback mit Verzögerung* un-
terstreicht die Unterbrechung zwischen Handlung/Intervention und
ihren Auswirkungen in zeitlicher und örtlicher Hinsicht in Bezug auf
ein Ziel; die Referenz wird Zielgröße genannt. Typische Risiken bei
der Intervention – wir können auch von Fallgruben sprechen, in die
Manager hineintapsen – sind Übersteuerung, eine zu drastische Einflussnahme, und ihr Gegenteil, die Untersteuerung, eine Intervention
also, die zu wenig Hebelwirkung entfaltet.

Zur Illustration dieser Logik bedienen wir uns des Alltagsbeispiels
Duschen. Nehmen wir an, Sie übernachten in einem Ihnen bisher
fremden Hotel und möchten am Morgen duschen. Ihre Zielgröße lautet „lauwarm". Sie drehen den Hahn auf – und ihm entströmt eis-
kaltes Wasser. Mit angehaltenem Atem drehen Sie den Hahn mit
schwungvoller Bewegung auf „heiß" – um gleich darauf in der Du-
sche vor Schmerz zu hüpfen; denn Sie haben übersteuert. Da Sie die
Temperaturregelung nicht kennen, haben Sie die Verzögerung nicht
einkalkuliert, die Zeit also, die das Warmwassersystem intern
benötigt, um lauwarmes Wasser zu erzeugen.

Ein anderes Beispiel zum Feedback mit Verzögerung ist eine Umstellung auf ein neues IT-System. Zielgröße: Ab Datum XY wird ausschließlich mit dem neuen System gearbeitet. Beim Start des Projek-
tes wurde der Endtermin definiert und von der Geschäftsleitung, die
die Ablösung des alten durch das neue Tool als dringlich betrachte-
te, abgesegnet. Das neue System stieß allerdings nur bei einem kleinen Teil der betroffenen Mitarbeiter auf Sympathie; die meisten lehn-
ten es ab. In der Folge rang das Projektteam sowohl mit latenter
Opposition als auch mit offener Ablehnung bis hin zu Obstruktions-
politiken. Selbstverständlich resultierten daraus zeitliche Verzögerungen; Termine, die als Meilensteine definiert waren, konnten nicht
eingehalten werden; Zulieferungen aus den Abteilungen kamen, wenn
überhaupt, viel später als vereinbart; der Flurfunk machte alles an
dem Projekt schlecht (die Kompetenz der Experten war als lausig ver-
schrien; jeder Fehler war willkommen, um deren Inkompetenz nach-
zuweisen). Auf die so motivierten Verzögerungen reagierte das IT-
Team mit verstärktem Elan, die Bedeutung und Funktion des neuen
Systems zu erklären und davon zu überzeugen, dass das neue Tool
dem alten überlegen sei. Das half aber wenig, denn mikropolitische

Aktionen wurden beibehalten; die Verärgerung über zeitliche Verzögerungen verstärkte sich, was wiederum zu Eskalationen in dieselbe Richtung führte und so weiter. Dieses Beispiel vereinigt positive und negative, also gleich- und gegengerichtete Feedbackprozesse als auch den Faktor der zeitlichen sowie örtlichen Verzögerung, der sich folgerichtig auf die Zielgröße auswirkt.

Weitere Beispiele:

- Mitarbeiterförderung mit der Zielgröße „eigenverantwortliches Arbeiten": Es versteht sich bedauerlicherweise nicht immer von selbst, dass es Zeit braucht, um die Früchte des Lernens ernten zu können. Die Kluft zwischen Intervention, beispielsweise einem Einzel-Coaching, und der dauerhaften Veränderung von Verhaltensweisen obliegt dabei unter anderem dem betroffenen Klienten als auch der Offenheit und Flexibilität des Zielsystems. Der Klient steht vor der Schwierigkeit, Verhaltensroutinen und damit tief eingravierte Muster zu verändern; das Klienten-Umfeld (Kollegen etc.) widersetzt sich solchen grundlegenden Veränderungen meistens, weil Veränderungen im Verhalten des Klienten früher oder später das Umfeld nötigt, ebenfalls Verhaltensweisen zu verändern. Es erscheint so klug wie geboten, im Rahmen von Weiterbildungsaktionen stets eine zeitliche Verzögerung von „Input und Output" einzukalkulieren.
- In der heutigen Welt der Medien wandeln sich Bild, Rolle und Funktion von Journalisten und Redakteuren sowie die Anforderungen an deren Tätigkeit. Insbesondere müssen sie unter anderem die Fertigkeit ausbilden, für ein gedrucktes Medium sowie für flüchtige Medien wie das Internet zu schreiben. Auch hier spielt Lernen im Sinne von zusätzlicher Aneignung und auch Umlernen eine zentrale Rolle – und damit Zeit. Es ist also nicht damit getan, Journalisten in eine Fachschulung zu schicken und auf Knopfdruck ein verändertes Selbstbild sowie neue bzw. veränderte Arbeits- und Schreibfertigkeiten zu realisieren. Auch in diesem Fall der Veränderungsanforderung scheint es adäquat, zum einen sensible Antennen auszubilden, die eigene Wahrnehmung zu justieren, so dass auch feinste Veränderungen bemerkt werden. Wird dies – zum anderen – mit der Bereitschaft verknüpft, über einen längeren Zeitraum geduldig zu beobachten und gegebenenfalls korrigierend einzugreifen, haben Veränderungen in Fertigkeiten und Verhaltensweisen eine Chance, realisiert zu werden.

Insbesondere bei Projekten, deren Erfolg maßgeblich von der Beteiligung der Mitarbeitenden abhängt, sollten Verzögerungen als hochwahrscheinliche Möglichkeit eingerechnet werden. Das betrifft selbstverständlich auch so umgreifende Maßnahmen wie die Umstrukturierung des Unternehmens, Fusionen, Outsourcing und damit Maßnahmen rund ums Change Management.

Die drei skizzierten Bausteine tauchen in drei Mustern, Grundtypen oder – wie Peter Senge sie auch benennt – Archetypen wirtschaftlichen Geschehens wieder auf. Sie sind Teil des Managementalltags, werden indes selten erkannt. Drei dieser Typen seien Ihnen stichwortartig vorgestellt, einschließlich ihnen zugeordnete Handlungsprinzipien in der Führung und Steuerung, die es erleichtern, der Erkenntnis konkretes Handeln folgen zu lassen. Wir folgen bei allen dreien der Struktur: Situation, Symptom, Führungs- und Steuerungsprinzip. Es handelt sich um generative Strukturen, die folgende Namen tragen:

- Gleichgewichtsprozess mit Verzögerung
- Grenzen des Wachstums
- Problemverschiebung

Gleichgewichtsprozess mit Verzögerung

Die Situation: Eine Person, Gruppe oder eine Organisation agiert, um ein Ziel zu erreichen und passt sich verzögertem Feedback an (kann zu Zielkorrekturen führen!).

Das Symptom, das auf diesen Archetypus verweist, erkennen Sie an Aussprüchen wie: „Wir haben doch beschlossen, dass ..., aber es passiert einfach nichts!"

Als Führungs- oder Steuerungsprinzip empfiehlt es sich, die Verzögerung zu identifizieren, sodann abzuwarten und gewissermaßen auf die Selbstheilungsprozesse zu vertrauen oder mit flankierenden Maßnahmen eine Beschleunigung in Gang zu setzen. Eine solche Intervention kann sein, alle Beteiligten und unmittelbar Betroffenen an einen Tisch zu holen, also einzubeziehen, und unter partizipatorischem und integrativem Vorzeichen weiter zu arbeiten. Warnung: Die Praxis zeigt, dass insbesondere das Risiko der Übersteuerung besteht und bevorzugt im Gewand von

Alleingängen, „direktem Durchgriff", Ungeduld und aggressiven Intervention daher kommt. Äußerungen wie: „Schluss mit lustig – da müssen
die durch!" signalisieren dies unmissverständlich. Weitere Beispiele zu
diesem Archetypus haben Sie bereits bei dem dritten Baustein „Feedback
mit Verzögerung" lesen können.

Grenzen des Wachstums

Das Grundmuster von „Grenzen des Wachstums" ist rasch skizziert:
Wachstum findet beschleunigt statt, bis es an begrenzende Bedingungen
stößt (etwa Nachfrage am Markt); diese begünstigen eine Verlangsamung des Wachstums bis hin zum Stillstand. Als Ausweg werden häufig
Verbesserungen (Optimierungen) oder neue Aktivitäten und/oder Produkte im selben Marktsegment gewählt – was die Verlangsamung des
Wachstums selten umkehrt.

Die Situation ist so beschreibbar: Der Prozess verstärkt sich (gleichge-
richtetes Feedback) – noch läuft das Wachstum, es wird beschleunigt. Ir-
gendwann (je nach Lebenszyklus des Produkts oder der Dienstleistung)
bemerken Manager eine Verlangsamung des Wachstums durch gegen-
gerichtetes Feedback (begrenzende Einflüsse); dies geschieht, wenn die
„Grenze" des Wachstums nahe oder gar erreicht ist. Wir haben es dann
mit Stillstand oder einer Umkehr zu tun (Beschleunigung der Schrump-
fung).

Symptomatisch für diesen Archetypus ist ein Muster, das in Zitaten ge-
schildert sei, weil wir die Äußerungen in unserer Beratungspraxis oft
gehört haben: „Warum sich jetzt Sorgen machen? Läuft doch alles prima!" (Wachstum läuft noch.) – „Okay, wir haben kleine Probleme, aber
das kommt ja vor." (Erste begrenzende Faktoren werden registriert.) –
„Wir produzieren wie die Verrückten, aber es ist nicht mehr rauszuho-
len." (Grenze des Wachstums wird zugestanden, nachdem versucht worden war, durch das Mehr-desselben, also gleichgerichtete, bewährte Aktionen, gegenzusteuern.)

Führungs- und Steuerungsprinzipien: Zur „Lösung", zur Vermeidung
oder Entschärfung dieses Kreislaufs können Führungskräfte dadurch
beitragen, dass sie (spätestens) auf dem Höhepunkt des Erfolgs, hier: des
Wachstums, aktiv Ausschau halten nach begrenzenden Faktoren. Damit

gewinnen sie die Option, frühzeitig zu intervenieren. In der Praxis verfügen Manager durchaus über diese Frühwarnantennen, scheuen jedoch
häufig davor zurück, die Ergebnisse ihrer Sensibilität und ihres Wissens
ausdrücklich zu platzieren. Hier spielt die Unternehmenskultur eine zentrale Rolle. Verkürzt formuliert: In Kulturen, in denen realistisches und
weitsichtiges Agieren gewollt sind, werden Frühwarner angehört und re-
spektvoll anerkannt. In Kulturen, die zwar erfolgsorientiert sind, die hingegen „Optimismus" als Devise ausgegeben haben, sind Frühwarner als
Nörgler, Querulanten, Schwarzseher und notorische Pessimisten ver-
schrien. Sie stehen zudem in dem Ruf, die eigentlichen Beweger zu brem-
sen und durch Unkenrufe massiv zu behindern. Diese Kulturen erliegen
dem Spät- oder Zu-spät-Reagieren zwangsläufig eher und häufiger als die
erst genannten. Ein Unternehmen, in dessen Kultur der Wert „Realismus
vs. Euphemismus" hoch gehalten wird, hütete sich davor, Umsatzziele
des einen Jahres für das darauf folgende zu extrapolieren, weil sich die
Marktbedingungen drastisch gewandelt hatten. Ein anderes Unternehmen, dessen Kultur Helden und Optimisten exponierte, tat genau dies:
ignorierte die veränderten Basis- und Rahmenbedingungen und schrieb
die alten Ziele einfach fort. Während das erst genannte Unternehmen
dank seiner realistischen Einschätzung marktgerechte Anpassungen zei-
tig genug vornehmen konnte, versagte sich das zweite Unternehmen diese Chance, weil die „defätistische" Sicht verschlechterter Marktbedingungen kein Gehör fand und daher nicht adaptiert werden konnte. Als
Führungsprinzip ergibt sich daraus zusammengefasst, die Grenze durch
Analyse und Weitblick auf nahe liegende zukünftige Entwicklungen hin
frühzeitig einzukalkulieren; die Wachstumsphase gegebenenfalls zu verstärken; Einflüssen für Begrenzung entgegenzuwirken bzw. die Strategie
zu verändern, Neues zu probieren.

Dem Archetypus „Grenzen des Wachstums" begegnen wir auch in der
menschlichen Dimension. Zwei Beispiele mögen dies veranschaulichen.
Im Zuge des Stellenabbaus kommt es zwangsläufig dazu, dass Einzelnen
bzw. den Übriggebliebenen immer mehr Aufgaben, Verantwortung,
höhere Zielvorgaben zugemutet werden. Das Muster „Zuweisung von
zunehmender Arbeit und Verantwortung bei gleich bleibender oder re-
duzierter Personaldecke" kollabiert, sobald die Leistungsgrenzen defini-
tiv erreicht sind. Dies kündigt sich in der Regel durch Leistungsvermin-
derung, Fehlererhöhung, Zunahme von psychosomatisch begründbaren

Krankmeldungen etc. an. Das zweite Beispiel rekurriert auf Unternehmen, deren Mitglieder wachsende Turbulenzen mit verminderter Kritikkompetenz und wachsender Furcht vor Fehlern quittieren. Kritikkompetenz meint sowohl die Bereitschaft, konstruktiv auf kritische Töne zu reagieren, als auch die Fertigkeit, offen und aufbauend zugleich zu kritisieren. Die Weigerung, (konstruktiv) zu kritisieren, geht nicht selten auf die Erfahrung zurück, dass dem Überbringer schlechter Nachrichten „der Kopf gekürzt", er also in irgendeiner Form bestraft wird. Das kann bereits ein ärgerlicher Blick in Kombination mit einem barschen Ton sein. Diese Reaktion des Empfängers der schlechten Nachricht zeigt, dass Nachricht und Überbringer identifiziert werden. Diese Identifikation oder Personalisierung der Nachricht wiederum geht auf einen Kurzschluss im Denken, Fühlen, Handeln zurück: Sie ist eine Komplexität reduzierende Maßnahme des Individuums, beispielsweise eines völlig überforderten Projektleiters oder Vorstandsmitglieds. Statt sich mit der Nachricht und deren vielfältigen Beziehungen zu anderen Nachrichten, Problemkreisen etc. zu beschäftigen und mithin Denken in den Vordergrund zu stellen, schaltet der Empfänger in den Fühlmodus, der ihm mitteilt: „Das Subjekt, das die Botschaft bringt, ist Schuld daran." Wir wollen diesen Kreislauf an dieser Stelle nicht in extenso diskutieren. Die Andeutung dient dem Hinweis, dass es Grenzen des Wachstums (persönlicher Offenheit, individueller Fertigkeit, Distress konstruktiv zu handhaben) auch in psychischer und intersubjektiver oder sozialer Hinsicht gibt – und jeder die Möglichkeit hat, der Erreichung dieser Grenze vorzubeugen oder ihr Erreichen zu nutzen, um anders als bisher zu verfahren.

Problemverschiebung

Die allgemeine Struktur dieses Archetypus zeigt zwei ausgleichende Prozesse, die beide versuchen, das identifizierte Problem zu lösen. Die symptomatische Lösung, also diejenige, die an den sichtbaren Symptomen ansetzt, lautet: schnell, aber nur (oder: und) temporär. Das viel zitierte „Aufpoppen" des Problems ist damit programmiert. Dem gegenüber steht die Grundsatzlösung: langsam, aber (oder: und) effektiv, nachhaltig. Die gewünschten Effekte treten also erst mit Verzögerung auf, weil sie strukturell behandelt, gleichsam an der Wurzel gepackt werden. Als häufige Begleiterscheinung wird ein verstärkendes Feedback durch Ne-

benwirkungen registriert, die die rein symptomatische Lösung hervor-
ruft, nämlich: ein Quasi- oder reales Ignorieren des Grundproblems und
in der Folge ein Vernachlässigen, Vergessen, Verlernen der Grundsatzlösung. Beispielsweise wird ein Konflikt zwischen zwei Teams dadurch
„gelöst", dass man Personen austauscht. Das tut man immer wieder –
entweder, weil man das dahinter liegende strukturelle Problem nicht erkennt, oder meint, nicht genügend Zeit zu haben, es zu lösen. In der Folge wird nicht nur das falsche Problem gelöst, sondern laufen die Beteiligten Gefahr, strukturelle und soziale Konfliktkompetenz zu verlieren.

Die basale Situation ist so beschreibbar: Die kurzfristige Lösung des Problems scheint effektiv – wird daher verstärkt angewandt, geht allerdings
zu Lasten einer grundsätzlichen Lösung. Die Nebenwirkung dieser
Scheinlösung verführt dazu, die grundsätzliche, an den Wurzeln greifen-
de Lösungsvariante zunehmend zu verzögern, zu vernachlässigen und
schließlich zu vergessen.

Als Symptom dieses Archetypus fungiert die Botschaft der Frage: „Unsere bisherige Lösung" oder „Unsere pragmatische Lösung hat doch immer prima funktioniert. Warum jetzt viel Wirbel machen?" Die unausgesprochene Einstellung lautet: „Warum sollten wir das ganze Getriebe
auseinander nehmen, wenn doch nur eine Dichtung das Problem macht
und es bisher gereicht hat, wenn wir die Dichtung ersetzt haben?" In dieser Attitüde kommt unter anderem nicht zum Tragen, was es an Energi-
en und Zeit kostet, wiederholt ein- und dasselbe Problem zu bearbeiten,
anstatt es „ein für allemal" aus der Welt zu schaffen und mit diesem Verfahren sogar noch neue Potenziale zu erschließen.

Als Führungsprinzip ist zu empfehlen, den Fokus auf die prinzipielle Lösung zu legen und dort zu halten. Muss eine pragmatische „Lösung" als
erste beste realisiert werden, um Routinen und das Funktionieren am
Laufen zu halten, wird die symptomatische Lösungsvariante angestrebt,
allerdings ganz bewusst als kurzfristige deklariert und praktiziert, um
Zeit und Ressourcen für die Vorbereitung der Grundsatzlösung zu gewinnen. Außerordentlich relevant ist es, die nachhaltige Lösung immer
im Blick zu behalten und fortwährend zu verfolgen sowie auf die Variablen (Menschen, Ereignisse, persönliche Ängste, Widerstände und dergleichen) zu achten, die diese Parallelität und damit das Verfolgen der
Grundsatzlösung behindern.

Spielen wir diesen Archetypus anhand einiger Beispiele durch. In einem mittelständischen Unternehmen entschied das Führungsgremium, die gesamte EDV auf ein für alle geltendes System umzustellen. Dieses Ziel und die damit verbundenen Maßnahmen entsprangen dem Umstand, dass immer wieder Kompatibilitäts-, Übersetzungs-, Überführungsschwierigkeiten in der Bearbeitung wichtiger Vorgänge aus unterschiedlichen Abteilungen auftauchten, die bisher händisch gelöst wurden. Das Problem bestand darin, dass nicht alle Beteiligten mitzogen. Als Symptomlösung wählte die Führungscrew die Mittel: Predigten, organisatorische Umstellungen, Veränderungen von Tätigkeitsschwerpunkten und Arbeitsabläufen, Versetzen von „Nörglern". Diese Verfahren funktionierten mehr oder weniger, so dass der Betrieb „lief" und vorgaukelte, dass man das Problem auch ohne aufwändige Aktionen „im Griff" hatte. Der Erfolg des Am-Laufen-Haltens erklärt, warum die Mittel verstärkt angewandt wurden. Die Nebenwirkung, die das Beibehalten der provisorischen „Lösungs"-Varianten über einen längeren Zeitraum nach sich zog, bestand folglich darin, dass alle Beteiligten die Grundsatzlösung aus dem Blickwinkel verloren; denn „man konnte ja damit leben". Die Kosten dieses „Durchwurstelns" waren enorm, so dass sich das Führungsteam schließlich zu einer Grundsatzlösung der Substitution des alten durch ein neues System durchrang. Diese erforderte ein anderes Vorgehen, nämlich offensives Er- und Aufklären, warum Gewohntes aufgegeben werden sollte, wie die neue Perspektive ausschaute, welche von ihr abgeleitete Erwartungen, Anforderungen, Kompetenzen sowie Strukturen, Abläufe etc. zu bedenken sind. Zudem wurden wahrscheinliche und gewünschte Konsequenzen diskutiert und formuliert, sowohl in der Vorbereitung und Durchführung der prinzipiellen Lösung als auch in der Einleitung flankierender Maßnahmen und deren Kontrolle.

Ein weiteres Beispiel: Eine Unternehmensbefragung einer Firma mit rund 480 Mitarbeitenden deckte eine enorme Unzufriedenheit mit dem Kommunikationsverhalten der Unternehmensspitze auf, und zwar insbesondere in der Art und Weise, wie Personalentscheidungen bekannt gegeben wurden. Die Beschwerde der Belegschaft kulminierte in dem Vorwurf, das Top-Management kommuniziere Personalentscheidungen nicht wahrheitsgemäß, verhalte sich konspirativ, verdunkle Begründungen, soweit sie überhaupt formuliert würden, bis zu völliger Intransparenz und Nichtnachvollziehbarkeit und verhalte sich so, dass viele dieser Entscheidungen die Mitarbeiter erst über Publikationen in anderen Medien

erreichten. Das Management wählte als Antwort auf diese Kritik eine
symptomatische Lösung: Das Gremium entschied, einige – vermeintlich
heikle – Personalien konspirativ wie bisher zu behandeln, während es andere – vermeintlich weniger heikle – offen und transparent kommunizieren wollte und tatsächlich so verfuhr. Die Wahl fiel also auf eine punk-
tuelle Strategie, die das Grundproblem nicht aus der Welt schaffte. Nachdem Kritik und Unruhe anfänglich abebbten, was beim Management
zunächst sogar verwundertes Erstaunen hervorrief, entschloss man sich,
an einer Grundsatzlösung zu arbeiten. Diese sah vor, generelle und explizite Normen, Regeln und Prozedere festzulegen, die bei Personalentscheidungen eingehalten und im Unternehmen allen bekannt gemacht
werden. (Wer jetzt murrt: „Na ja, das ist ja wohl nicht gerade schwierig!" – dessen Aufmerksamkeit sei ins eigene oder auf benachbarte Unternehmen gelenkt. Personalien werden häufig behandelt, als gelte es, einen exorbitanten Kriminalplot zu schmieden. Dabei gilt: Je höher in der
Hierarchie verankert, desto dunkler der Aktionsraum.)

Eine andere Beschwerde, die in zahlreichen Unternehmen kursiert und
die Ihnen vielleicht vertraut erscheint, ist: „Anforderungen werden formuliert – aber die Mittel, diese zu erfüllen, fallen unzureichend aus oder
werden nicht zur Verfügung gestellt!" (Dazu zählen Infrastruktur, Budget, Zeit, Kompetenz, Weiter-, Fortbildung.). Als Scheinlösung wird gern
zum Mittel der Personalisierung gegriffen: Das Problem der Diskrepanz
wird personalisiert, das heißt, zum Problem einer Person deklariert, indem vor allem an deren Arbeitsmethodik und -organisation herum-
gemäkelt wird; oder die Diskrepanz wird in die Abteilung, an den Leiter
der Gruppe zurückgespielt und damit an die dort Arbeitenden rückdele-
giert. Der Tenor: „Wenn Sie das nicht können, sind Sie halt nicht am richtigen Platz!" und: „Die Abteilung hat die Funktion XY, und daher müssen Sie das halt mit Ihren Leuten auch garantieren." Eine Grundsatzlösung dagegen setzt mit einer breiter angelegten Analyse von Systemum-
feld, Vernetzung, wechselseitige Abhängigkeiten und Beeinflussungen
sowie deren Wirkungen an. Neben den systemimmanenten Prozessen betrachtet sie bestimmte Beziehungen zwischen Zielen und Anforderungen,
Wegen, Mitteln und Möglichkeiten und stellt sie – um sie realisieren zu
können – systematisch zueinander in Relation. Auf dieser Analyse setzen
weitere Maßnahmen auf. Dabei kann etwa eine sozusagen iterativ geführte Matrix helfen, die von den benötigten Anforderungen ausgeht.
Diese benötigten Kompetenzen werden in Beziehung gebracht zu vor-

handenen; das Ergebnis wird wiederum mit den definierten zukünftig relevanten Kompetenzen abgestimmt. Das Resultat wird seinerseits zur
Grundlage für die Frage, welche der geforderten Kompetenzen bereits
verfügbar sind, welche teilweise, welche potenziell vorhanden, das heißt,
ansatzweise verfügbar, durch vertretbaren Weiterbildungsaufwand auszubauen und zu entwickeln sind und welche eingekauft werden müssen.

Schlusspunkt dieses Abschnitts soll ein Fazit mit pragmatischem Vorzeichen sein. Im Kontext von Netzwerkökonomie werden Führungs- oder
Leadinganforderungen neu bestimmt; denn Vernetzung treibt Dynamik
und Komplexität voran. Daraus resultiert notwendig die Abkehr von pla-
nerischen Sicherheiten und Prognostizierbarkeit. Manager sind aufgerufen, sich mental und im Verhalten umzuorientieren. Dabei rücken das
„Managen" von Kontingenz, Wahrscheinlichkeiten und Optionalität
ebenso in den Vordergrund wie das Inszenieren von Planung als iterati-
ven Prozess. Anders formuliert: Ein erhöhtes Maß an Unkalkulierbar-
keiten, Variabilität und Varietät verlangt das Denken und Handeln unter dem Vorzeichen, Möglichkeiten in Wahrscheinlichkeiten zu verwandeln, gewünschte Wahrscheinlichkeiten zu erhöhen, Wahrscheinlichkeit
in Optionen und diese in Planung zu transferieren. Das geht mit gewan-
delten Leadinganforderungen einher. Praktisch gesehen, schieben sich
Fragen wie die folgenden ins Zentrum von Überlegungen und Taten:

- Worin liegt unsere Mission, unsere Hauptaufgabe?
- Mittels welcher Strategie wollen wir sie verfolgen?
- Wollen wir Trends folgen oder setzen?
- Streben wir Funktionsoptimierung (= mehr desselben) an oder Opti-
  onserweiterung (= anders als bisher) an?
- Wollen wir auch anhand von Misserfolgen lernen und eine entsprechende fehlerfreundliche Kultur etablieren oder Fehler ignorieren, leugnen und damit dem Risiko Nahrung geben, die gleichen Fehler zu wie-
  derholen?
- Was erfordert was von wem, und wie synchronisieren wir Prozesse
  (strategisch, infrastrukturell, personell, kooperativ; intern und extern,
  etwa mit anderen Unternehmen, Kunden, Lieferanten)?
- Wer übernimmt es bei uns, alle relevanten Umwelt-Systeme zu beobachten und auf strategische und operative Bedeutsamkeit zu überprüfen? Wie wollen wir diese Prozedur institutionalisieren?

- Wie definieren wir die Schlüsselvariablen für unser Überleben, unsere Zukunftsfähigkeit?
- Welche Geschäftsmodelle eignen sich in Bezug auf welche Zielgruppen?
- Wie realisieren wir eine Kultur der Vernetzung und damit das Motto: „Handeln von Einzelnen und Gruppen sowie der interne Wettbewerb richten sich primär am Gesamtoptimum aus"? Dazu gehören:
  - Systemdenken internalisieren und praktizieren
  - Aktionen, Regularien, Prozedere, Rituale, Symbole, die Vernetzung normativ etablieren
  - Allgemeine Regeln als Lenkgrößen
  - Synchronisation von Abläufen
  - Übersetzen auf eigenen Wirkungs-, Führungsbereich
  - „Personal Mastery" (Peter Senge) oder persönliche Exzellenz
  - Workshops etc. mit leitenden Fragen wie: Was bedeutet ... für unseren Bereich? Welche Folgerungen für welche Aktivitäten?
  - Kooperation der Netzwerke: interne und externe Schnittstellen „gestalten", z. B. mittels fachübergreifender und überlappender Zusammensetzung

5.3 Führung und Veränderung

> „Ich brauche einen neuen Brauch, den wir sofort einführen müssen;
> nämlich den Brauch, in jeder neuen Lage neu nachzudenken."
>
> (Bertolt Brecht)

Die Erörterungen in diesem Abschnitt konzentrieren sich darauf, Veränderung in psychologischer Hinsicht besser zu verstehen, um in der Vorbereitung und Durchführung von Veränderungen präventiv und auch „kurativ" mit Schwierigkeiten umgehen und sie auffangen zu können. Auch hier wählen wir einzelne Schlüsselaspekte aus.

Nach wenigen einordnenden Bemerkungen lenken wir Ihre Aufmerksamkeit auf jene Vorgänge, die Ihnen ermöglichen, „Fallgruben" im Führungsalltag zu erkennen, und bieten Ihnen einige Anregungen und Optionen, diese Fallen zu vermeiden. Sie werden finden, dass wir bemüht sind, Sie vor allem für die psycho- und soziodynamischen Prozesse zu interessieren. Unser Blick richtet sich folglich auf jene Gefühle, Gedanken und Taten, die das Individuum, Führungskräfte wie Mitarbeitende, betreffen sowie darauf, was diese psychischen Regungen in der alltäglichen Interaktion auslösen. Schließlich weisen wir auf Gesichtspunkte hin, die den Versuch, „Veränderung zu managen", wirksam umsetzen helfen.

5.3.1 Die allgemeine Situation – Verortung

Inzwischen gehört das Reden von einer Netzwerkökonomie zum geläufigen Vokabular. Doch es ist nicht einfach chic oder modisch (und insofern nur saisonal), von ihr zu sprechen. In der Tat erleben wirtschaftlich Agierende und besonders Top-Führungskräfte, dass Wirtschaften in einem globalen Netzwerk stattfindet. Wie bereits gezeigt, werden vernetzte Prozesse unmittelbar erlebbar an insbesondere folgenden Indikatoren:

- Verdrängung und Wachstum im Wettbewerb wechseln in unkalkulierbaren Entwicklungsschüben oder -sprüngen;
- Unberechenbarkeiten von Agenten und Entwicklungen, Chancen und Risiken nehmen zu;
- Komplexität erhöht sich, so dass Manager lernen müssen, Unsicherheiten und Wahrscheinlichkeiten zielorientiert und wirksam in ihr Wirken einzuspeisen.

Nahezu alle Mitglieder in Unternehmen spüren, dass es um grundlegende Veränderungen geht:

- Im Umfeld des Wirtschaftens: Das Unternehmen muss sich neu orientieren, sowohl im Wettbewerb als auch im Einflussbereich anderer Systeme wie Technologie, Recht, Gesellschaften/Nationen, Umweltressourcen etc..
- Im Umfeld des Arbeitens: Die Mitglieder in Unternehmen sind konfrontiert mit neuartigen organisatorischen, prozeduralen, infrastrukturellen Rahmenbedingungen sowie mit neuartigen Anforderungen an den Einzelnen und an die Gruppe: im Denken, in der fachlichen Kompetenz und im sozialen Verhalten, also in Form von kognitiven, mentalen Modellen; der Qualifikation als Experte/Führungskraft; der interkulturellen Kompetenz und der Integration in virtuelle Teams.

Allen Beteiligten drängt sich – wenn auch mit unterschiedlicher Intensität und Notwendigkeit – auf, dass Traditionen nicht einfach bzw. in jeder Situation fortgeführt werden können. Diese Traditionen erfassen in besonderem Ausmaß das Denken und seinem Gefolge Verhalten. Wie in den vorhergehenden Abschnitten dargestellt, geht es um einen paradigmatischen Wechsel im Denken. Dieser Wechsel wird beschrieben als Wechsel von der linearen, monokausalen hin zur zirkulären, systemischen, ganzheitlichen Betrachtung, dem Denken in Regelkreisen oder Feedback-Schlaufen. Entsprechend wandeln sich Ansprüche an das Verhalten. Der Fragegestus nimmt die folgende Gestalt an: Genügt das Optimieren von Bestehendem, oder müssen wir Bekanntes, Vertrautes hinter uns lassen und etwas ganz Neues wagen? Welche Muster, Regeln und Routinen können wir beibehalten, welche müssen wir ersetzen?

5.3.2 Veränderung verstehen

Wir nähern uns dem Begriff Veränderung zunächst von seiner Bedeutungsseite her, um im Anschluss zu erhellen, was dies psychologisch meint, sowohl für den Einzelnen als auch für die Gruppe.

Veränderung ist ein relationaler Begriff und meint: „anders als", „unterschieden von/verschieden von dem, was wir kennen". Damit ist klar, dass Veränderung Gewohnheiten unterbricht, zu Neuartigem auffordert, zu Flexibilität als Anpassung an das, was anders ist, nötigt.

Menschen assoziieren Veränderung häufig mit nur einem Bedeutungsaspekt, dem von „Krise", und entsprechend verbinden sie Veränderung mit Gefahr, Ausweglosigkeit, Lähmung und ähnlichem. Die zweite Bedeutungsfacette meint „Chance", die erfahrungsgemäß sprachlich inflationär beschworen, indes im Verhalten häufig noch immer vernachlässigt wird. Die Frage ist, warum wir gemeinhin den eher entmutigenden Anteil von Veränderung bewusst oder unbewusst betonen. Die Antwort in Kurzform lautet: Wir tendieren dazu, weil Veränderung uns zwingt,

- unbekanntes Terrain zu betreten,
- Sicherheiten, Vertrautheiten aufzugeben,
- Zukünftiges und damit Ungewisses anzuvisieren.

Als Leitspruch kann die Formulierung vom Wechsel von der Logik des „Mehr-desselben" zur Logik des „Anders-als-bisher" dienen. Die Konfrontation mit Veränderungsanforderungen provoziert aufgrund der Notwendigkeit, sich umstellen zu müssen, häufig Unsicherheiten und Ängste, die sich im Verhalten auf der Linie von passivem bis aktivem Boykott bzw. Aggression, Abwehr bis hin zu Resignation niederschlagen.

Da Managern die Aufgabe obliegt, Veränderung zu gestalten, empfiehlt es sich, einen weiteren Aspekt zu berücksichtigen: Bestehendes zu optimieren, war lange Zeit ein bewährtes Mittel, unternehmerisch erfolgreich zu sein. Peter Kruse diskutiert ausführlich, dass diese Optimierungsstrategie (Benchmarking, Best Practice) auf Stabilität konzentriert bleibt, indem wir das, was wir tun, besser als bisher tun. Dem gegenüber zielt die Logik der Veränderung darauf, das Grund- oder Prozessmuster, das Paradigma zu wechseln; die Logik der Veränderung fokussiert Instabilität. Paradigmenwechsel sind revolutionär, weil sie unsere Art, die Welt zu erkennen, grundlegend verändern.

Ein Paradigma „Farbe" lässt uns die Welt in Farben sehen, und alles, was wir tun, ist in Farbtöne getaucht. Ein Paradigma „Ton" offenbart uns eine andere, eben in akustische Töne getauchte Welt. Werden die Farbe bzw. Ton ersetzt durch Lebensgefühle wie „pessimistisch" und „optimistisch", werden paradigmatische Unterschiede in der Welteinstellung und damit verflochtener Bereitschaften (zum Beispiel ein Risiko einzugehen) und Handlungen evident. Der Pessimist beurteilt beispielsweise die Wahrscheinlichkeit, eine Aufgabe erfolgreich abzuschließen, eher zurückhaltend und vorsichtig, indem er auf die Gefahren und Unwägbarkeiten hinweist, während der Optimist grundsätzlich davon ausgeht, dass er erfolgreich ist. Andere Beispiele sind etwa die kopernikanische Wende oder der Wechsel von der Annahme, die Erde sei eine Scheibe zu jener, sie sei eine Kugel.

Ein Paradigma ist das Vorzeichen, das bestimmt, vor welchem Hintergrund wir wahrnehmen, denken, fühlen und handeln. Sie ähnelt einer Erkenntnismatrix, die die Bedingung der Möglichkeit für Erkennen und Handeln ist. Verändert sie sich, initiieren wir einen Übergang von alten Sicherheiten zu neuen Sicherheiten. Dazwischen liegt Instabilität, die als Irritation und Verunsicherung gefühlt und bewusst wird. Es ist genau diese Übergangsphase vom alten zum neuen Zustand bzw. Prozess, der vom

Management anvisiert und mit besonderer Sorgfalt gestaltet werden muss. Denn in der Phase der Instabilität sind die Beteiligten und Betroffenen besonders aufmerksam und sensibel für Geschehnisse. Systemdenker unterstreichen, vorderste Managementaufgabe sei es daher, den Übergang von Stabilität zur Phase der Instabilität via kreative und konstruktive Zerstörung zu einer neuen Gestalt (Ordnung und damit neuer Stabilität) zu transformieren. Genau daran aber scheitern zahlreiche Führungskräfte und Unternehmen, wie wir gleich nachvollziehen werden. (Auf Seite 131 f. wird der Begriff des Paradigmas noch einmal aufgenommen.)

5.3.3 Fallgruben im Führungsalltag

Im Folgenden schildern wir die einschlägigsten Fallen, in die Führungskräfte nach unserer Erfahrung unfreiwillig hineinfallen, -schlittern oder -stürzen. Diese Fallen sind zugleich jene Wirkungen, die gerade nicht beabsichtigt sind. Sie sind so unerwünscht wie wirkmächtig.

Fallgrube „Sicherheits- und Erfolgsstreben"

Auch Manager sind „nur Menschen": fürchten sich etwa davor, zu versagen und neigen folglich dazu, Überforderung vorzubeugen, sich Unangenehmes, das sie im Würgegriff hält, „vom Hals" zu schaffen und/oder zu versuchen, eigene Defizite oder Ängste zu verbergen bzw. zu kaschieren. In diesem Zusammenhang erinnern sie sich gern an eine Management-Tugend, nämlich an das Delegieren. Um die Wahrscheinlichkeit zu erhöhen, dass delegierte Aufgaben erfolgreich bewältigt werden, halten sie Ausschau nach besonders talentierten, motivierten, engagierten, fähigen, zuverlässigen, kurz: nach Mitarbeitern, von denen sie wissen, dass diese alles ihnen Mögliche tun, um die übertragenen Aufgaben zu erledigen.

Nebenbei bemerkt: Die Suche nach diesen exzellenten Exemplaren ist unter anderem eine Funktion der persönlichen Sicherheitssuche. Das Vertrauen in die Zuverlässigkeit und Leistungsfähigkeit der erwählten Leistungsträger fließt als Gefühl der Sicherheit in den Delegierenden zurück; er hat also das Gefühl, „auf der sicheren Seite" zu sein. Damit tragen die auserkorenen Akteure dazu bei, die Komplexität, die der Delegierende (die Führungskraft) zu managen hat, zu reduzieren. Grundschema und Risiko seien skizziert:

Die Auserkorenen werden zunächst durch Lob und Anerkennung geködert: „Ich weiß ja, dass ich mich auf Sie verlassen kann. Deshalb kann ich nur Ihnen das für uns alle so wichtige Projekt X anvertrauen." Oder, sehr beliebt: „Ich brauche Sie jetzt! Ohne Sie kriegen wir das alles nicht hin!" Bewähren sich die Exzellenten tatsächlich, werden sie damit „belohnt", dass ihnen noch mehr Aufgaben und Verantwortung übertragen werden. Vielleicht diesmal verstärkt durch Boni, zuweilen auch durch einen formellen Titel, der ihnen einen Imagegewinn verspricht. Hier erinnern sich die Delegierenden an eine weitere Tugend in der Führung, nämlich Förderung, Entwicklung, Empowerment, Karriereförderung. Hält dieses Draufpack-Muster an, kommen sich die ausgesuchten Leistungsträger bald entweder als „Depp vom Dienst" vor, oder sie fühlen sich als Packesel, die früher oder später zusammen brechen oder ein anderes Gebiet zum Grasen suchen.

Knapp gesagt: Manager stolpern in die Falle ihres eigenen Bedürfnisses nach Sicherheit und ihrer Furcht, zu versagen. Zu einer Falle werden Sicherheits- und Erfolgsstreben dadurch, dass sie denjenigen, die als Schlüsselpersonen und exquisite Leistungsträger gelten, zutrauen, den Erfolg zu garantieren, den sie, die Manager benötigen, um ihrer Furcht Herr zu werden. Kontraproduktiv und riskant wird dieses Verhalten dadurch, dass sie den Schlüsselpersonen immer mehr Arbeit und Verantwortung aufbürden, bis diese sich überlastet oder überfordert fühlen, folglich aufbegehren, resignieren und allmählich beginnen, die Stellenanzeigen nach Alternativen zu durchforsten.

Fallgruben „Irrtümer, Verwechslungen und Substitutionen"

Improvisation wird irrtümlicherweise mit strategischem Handeln identifiziert, zumindest verwechselt. Beschworen werden „notwendige Flexibilität" und die „rasante Dynamik" in der globalen Wirtschaft, die improvisiertes Handeln auf Dauer, als „Strategie" erfordern. In der Soziologie wird das auch „muddling through", also als Sich-Durchwursteln bezeichnet. Hier liegt ein weiterer Irrtum nahe:

- Improvisation wird gleich gesetzt mit iterativer Planung und/oder dem Denken in Optionen und Regelkreisen (die zwar in eine strategische Ausrichtung eingebettet sein sollten, aber oft nicht sind).

- Kosten- und andere Einsparungen ersetzen investives Handeln. Es werden nicht nur wenige bis keine Puffer für Investitionen angelegt, sondern nicht-investive Einsparungen als Gewinnbringer maskiert (zum Beispiel Personaleinsparungen, Immobilienverkäufe).
- Adhocratie oder „operative Hektik" substituieren Reflexivität und Nachhaltigkeit. Da alle „flexibel" sein und „sich bewegen" müssen, bleibt angeblich keine Zeit zum Nach- und Vordenken. Wer dies dennoch tut, indem er beispielsweise nicht sofort, sondern erst nach reiflicher Überlegung und Diskussion Entscheidungen trifft, muss damit leben, sein Denken und Abwägen als „Rumeiern" gedeutet und denunziert zu finden.
- Bewegung mutiert zum Wert an sich, und unter dem Diktat der Beschleunigung leiden Qualität und Seriosität von Entscheidungen: Lieber „quick and dirty" als nichts und lieber nach dem Motto „schnell ist besser" als etwas später zu tun. Die stillschweigende Annahme oder das Diktum lautet hier: Wer sich bewegt und das auch schnell, gehört automatisch auf die Gewinnerseite.
- In der Turbulenz des Veränderungsalltags werden Meinungsäußerungen, zudem oft beiläufig zwischen Tür und Angel ausgesprochen, für Entscheidungen gehalten. Diese Fehlinterpretation vermehrt zwangsläufig Reibungsverluste, Fehlleistungen, unnötige Arbeit und Belastung – und selbstverständlich Diskussions- und Meetingaufwand.
- Dass das Abwerfen von Belastungen als Delegation und gar als Qualifizierungsmaßnahme verkleidet wird, ist oben bereits erwähnt.

Der Umstand, dass Veränderung und Bewegung inzwischen wie ein Selbstzweck be- und gehandelt werden, ja sogar als nicht mehr begründungspflichtig gelten, exponieren Redewendungen wie: „Wer sich nicht verändert, bleibt stehen. Und wer stehen bleibt, verliert." Diese Wendung impliziert sowohl den Appell: „Verändere dich!", als auch die Drohung: „Tust du es nicht, handelst du kontraproduktiv und musst damit rechnen, zu den Verlierern zu gehören!" Wird Menschen zugemutet, diesem Veränderungsdruck als tägliche und damit andauernde Forderung nachzugeben, können wir außer den genannten diese Konsequenzen beobachten:

Fallgrube „Eskalation"

Die Erwartung und Forderung, täglich Veränderungsbereitschaft zu demonstrieren, grundsätzlich alles in Frage zu stellen und dergleichen, schafft eine Spirale von Hektik und Improvisation, von Misstrauen und Furcht oder Angst, von Dramatik und Theatralik. Diese Eskalation manifestiert sich sowohl bei den Einzelnen als auch im Kollektiv als Emotionalisierung. Menschen werden ungeduldiger, gereizter, empfindlicher („Mimose"); Belastungsfähigkeit als Fertigkeit, auch in Turbulenzen souverän agieren zu können, nimmt ebenso ab wie die Frustrationstoleranz – mit der selbst verstärkenden Wirkung, dass Emotionalisierung weiter zunimmt. Je stärker Gefühle im Vordergrund stehen, je intensiver Menschen von Gefühlen motiviert, gar getrieben werden, desto weniger sind sie in der Lage, vernünftig, sachlich, kühl oder nüchtern zu handeln, kurz: das Potenzial der verstandesgemäßen Distanz zu nutzen, um die Lage (in ihren Mustern) zu überblicken, zu analysieren und Maßnahmen abzustimmen. Fehlt dies auf Dauer oder zumindest in – im wörtlichen Sinn – entscheidenden Augenblicken, multiplizieren sich Fehlentscheidungen, Fehlleistungen, Misserfolge und Reibungsverlust, was wiederum die Emotionalisierung forciert, die Frustrationstoleranz noch weiter sinken lässt ... – ein positiver Regelkreis mit desaströsem Ausgang. Das Klima wird aufgeheizt, Spannungen und Konflikte nehmen zu, die Arbeitswelt wird mehr und mehr als belastend erlebt.

Fallgrube „Durchgreifen"

Führungskräfte äußern sich oft unzufrieden über Mitarbeitende. Häufig klagen sie darüber, dass Mitarbeitende „sich zu langsam bewegen" und die gewünschte Richtung zu wenig oder gar nicht einhalten. Daher wächst (neben Verunsicherung) Ungeduld. Diese verführt Manager dazu, offizielle, durch die Linie strukturierte Kommunikations- und Anweisungskanäle zu verlassen und „durchzugreifen". Eskalierend kommt hinzu, dass dieses „Reinregieren" in nicht direkt unterstellte Teams meistens praktiziert wird, ohne das operative Geschäft der jeweiligen Abteilung oder des Teams en detail zu kennen. Das regelwidrige Verhalten wird von den Betroffenen normalerweise als Ausdruck eines willkürlichen und selbstherrlichen Habitus, als Aktivität nach Gutsherrenart empfunden. Wird dieses arbiträre Hineinregieren zu einer Gewohnheit und damit zum Normalfall, erzeugt es in der Folge nicht nur Unruhe und Irritationen, sondern nährt innerhalb eines Klimas von Verunsicherung unter anderem Doppelspurigkeit von Tätigkeiten, Zunahme von Frustrationen und eine spezifische Unsicherheit auf Mitarbeiterseite. Diese fragen sich nämlich, wessen Anweisungen denn nun zu befolgen sind, die

vom direkten Vorgesetzten oder die von „weiter oben". Diese Ungewissheit, verbunden mit der Furcht davor, Fehler zu machen, unangenehm
aufzufallen, den Arbeitsplatz zu verlieren, befördert unmittelbar zwei fol-
genreiche Risiken, die einander verstärken. Das eine Risiko besteht darin, den direkten Vorgesetzten zu entmachten, seine Autorität zu unter-
graben; das zweite besteht in einem vorauseilenden Gehorsam. Damit
meinen wir eine Haltung, die entweder dazu führt, sich zuerst zu fragen,
ob die Anweisung vom direkten Chef „von oben gedeckt" ist - und erst
dann mit der Arbeit zu beginnen, wenn diese Absicherung als gesichert
gilt. Oder Mitarbeitende versuchen, die Absichten „von oben" selbstständig (unabhängig vom direkten Chef) zu erschließen und zu antizi-
pieren, dies als Maßstab ihres Handelns zu nehmen und zum Referenz-
punkt ihres Handelns zu machen. Das Muster dieses Komplexes wird
sichtbar an Aussagen wie dieser: „Was der (der direkte Vorgesetzte) sagt,
nehmen wir erst einmal nicht ernst, sondern warten, bis seine Entscheidung von oben abgesegnet ist." Und: „Eigentlich würde ich mit meinen
Leuten in die und die Richtung weiter arbeiten, aber da ich vermute, dass
das von oben nicht gern gesehen, geschweige denn unterstützt wird, tue
ich lieber das, was die von mir vermutlich erwarten." In unserer Praxis
haben wir erlebt, dass Ungeduld und Sichtweisen von Topmanagern zum
allein gültigen Maßstab von Entscheidungen gekürt wurden – mit ver-
heerenden Folgen.

Fallgrube „Zweifeln"

In diesem Kontext schwillt Unsicherheit an und überschreitet die Frage
danach, ob die persönlichen fachlichen Fähigkeiten genügen, um die Veränderung zu überstehen. Ungewissheit und mangelhafte Orientierung
überwuchern die Frage nach fachlicher Kompetenz und wachsen in das
Selbstbild und Selbstwertgefühl sowie in die eigene Rolle hinein und expandieren in das Feld der Interaktion. Fragen wie: „Was und wer bin ich
hier noch? Kann ich das noch? Bewähre ich mich? Habe ich eine Chance?", richten sich eher auf sich selbst, die eigene Funktion und Position.
Fragen wie: „Wem kann ich (noch) trauen? Wovor und vor wem muss
ich auf der Hut sein?" schlagen eine soziale Richtung ein und zentrieren
die eigene Person im Umfeld von Kollegen, Mitarbeitern, Vorgesetzten.
Beide Fragekreise demonstrieren eindrücklich, welche Desorientierung,

innere Destabilisierung und welchen Vertrauensverlust Veränderungsprozesse auslösen können. Sie stellen die Betroffenen unter Dauerstress – und wie sich anhaltender Distress auswirkt, ist sattsam beschrieben.

Fallgrube „Vagheit"

Je ausgeprägter die persönliche Verunsicherung, je lodernder die Furcht oder Angst, unangenehm aufzufallen – sei es durch Fehler, sei es durch Fehlentscheidungen, sei es durch Leistungs- oder Kompetenzdefizite – desto größer ist das Risiko, Entscheidungen auszusitzen, andere Personen fallen zu lassen, klaren Aussagen auszuweichen. Die Tendenz, Entscheidungen zu verzögern oder anderen zu überlassen, und auch die Neigung, Aussagen zu verwässern, steigen gleichsam proportional zur eigenen Verunsicherung. Vagheit in Formulierungen und Hinaus- sowie Abschieben entspringen dem Wunsch (eigentlich: der Angst), im Misserfolgsfall nicht zur Verantwortung gezogen werden zu können. Denn klare Aussagen und Entscheidungen legen fest und ermöglichen, sie eindeutig zuzuschreiben. Grassiert dieses Verhaltensmuster, mündet das früher oder später in den Kollaps der Abteilung oder gar des Unternehmens.

Fallgrube „Nivellierung"

Außerdem provozieren Verunsicherung und Ängste den Kniefall vor eigenen Ansprüchen. Wir treffen dies in fachlich-sachlicher Hinsicht an: „Wenn die mit so wenig Qualität zufrieden sind, werde ich doch nicht mehr bieten! Dabei habe ich zwar ein sehr schlechtes Gefühl, aber wenn ich meinen Ansprüchen gerecht werden will, brauche ich mehr Zeit – und die kriege ich nicht. Also füge ich mich." Und wir erleben diesen Kniefall in moralischer Beziehung: „Ach, wissen Sie, in diesem Laden zählt seit einiger Zeit nur noch, wer die größte Klappe, die lauteste Stimme, das breiteste Grinsen, die flüssigsten Formulierungen und flottesten Sprüche bringt. Leistung?! Pah! Hauptsache, der Schein stimmt, und das, was man sagt, klingt irgendwie positiv und optimistisch! Wer Karriere machen will, muss außerdem eifrig in der Gerüchteküche mitkochen. Tja, und da ich auch nach oben kommen will ..." Auch diese Haltung programmiert nicht eben darauf, als Unternehmen erfolgreich zu sein.

Fallgrube „Verschwörungstheorien"

Aus unserer Sicht praktizieren Mitglieder des obersten Managements bedauerlicherweise gerade in turbulenten Zeiten noch allzu häufig eine –
vor allem aus Mitarbeitersicht – höchst mangelhafte Kommunikation. Es
bleibt mehr im Dunkeln, als dass erhellt wird; Mitarbeiter stellen Fragen,
die nicht, ungenügend, unverständlich oder zu wenig nachvollziehbar beantwortet werden. Fast zwangsläufig werden Verschwörungstheorien
provoziert, deren Effekt vorzugsweise darin besteht, den laufenden Betrieb aufzuhalten oder gar empfindlich zu stören. Denn verständlicherweise sind die Betroffenen viel mehr damit beschäftigt, zu erraten, zu diskutieren, zu urteilen, was der Fall ist und sein könnte, um darüber zu spekulieren, was mit den Einzelnen geschieht oder geschehen könnte, als das
sie effektiv arbeiten. Gerüchte und Verschwörungstheorien gedeihen
dort, wo Fakten fehlen. Sie sind ein Mittel, sich selbst Mut zuzusprechen
und Sicherheiten zu suchen; ein Mittel, sich selbst auf mögliche Auswirkungen einzustellen, um Berechenbarkeit herzustellen; ein Mittel, die
Komplexität des Geschehens für sich selbst handhabbar zu machen und
zu reduzieren. Genau deshalb können Manager sie nicht gänzlich vermeiden (zumal sie selbst nicht immer wissen, wo entlang es gehen wird).
Aber sie können das Ausmaß durch bewusste Unternehmenskommuni-
kation einschränken und im selben Zuge dafür sorgen, dass das Pro-
duktivitätsniveau nicht einbricht, sondern nur geringfügig gesenkt wird.

Fallgrube „Vertuschen"

Verständlicherweise schrumpft in einem so perforierten Umfeld der Mut
rapide, Fehler zuzugeben und bereit zu sein, für sie einzustehen. Neben
anderen Faktoren sorgt dafür bereits ein hoher Grad emotionaler Auf-
geladenheit im Unternehmen oder in dem Bereich, in dem man arbeitet.
Wo Fühlen, Launen, Stimmungen dominieren, kann der Geständige selten einschätzen, wie die Reaktionen auf sein Geständnis ausfallen werden. Also lieber schweigen, vertuschen, verbergen oder abschieben.
Außerdem ist die Neigung verbreitet, Fehler zu personalisieren und in der
moralischen Kategorie der „Schuld" zu deuten. Von dort sind es nur Mil-
limeter, um die Suche nach Fehlern nicht als sachliche Rekonstruktion
von Abläufen und ähnlichem durchzuführen, sondern als Suche nach
Sündenböcken zu inszenieren. Für manche Beteiligten kommt dieses Suchen einer inneren Reinigung und Befreiung gleich, natürlich nur, inso-

weit sie zu den Suchenden und nicht zu den Gesuchten gehören. Es scheint, weil evident, unnötig auszuführen, warum in einem solchen Umfeld auch Bereitschaft und Kompetenz abnehmen, sich auf Auseinandersetzungen einzulassen oder gar Neues zu wagen. Zutrauen und Vertrauen fehlen, um zu glauben, dass Dissonanz und Fehler konstruktiv, also aufbauend und weiter führend, behandelt werden.

Fallgrube „Verwässern"

Interessanter- und für manchen Beobachter wie Betroffenen erstaunlicherweise, wenngleich psychologisch nachvollziehbar, nehmen Euphemismen und Trivialisierungen zu, bevorzugt übrigens in Führungsetagen. Beschönigt und verharmlost werden sehr gern Fehler, die von (Top-) Führungskräften begangen werden. Beschönigung und Verharmlosung kommen in den Gewändern von Humor und Galanterie daher. Sie verkleiden die Fehler in „Schnitzer", die „eben passieren" können; in „kleine Fauxpas" (manchmal von „großen Jungs"), die man doch bitte schmunzelnd übersehen sollte. Sie äußern Verwunderung über unangenehme „Zufälle", die man sich trotz breiten Wissens und enormen Erfahrungsschatzes nicht erklären kann und an denen man „logischerweise" nicht beteiligt ist. Dies ist im Übrigen ein Fehlschluss; denn wenn ich nicht schlussfolgern kann, wie etwas entstanden ist, kann ich nicht ausschließen, dass ich beteiligt bin. Dass hier mit mindestens zweierlei Maß gemessen wird (Manager machen verzeihbare „Schnitzer", Mitarbeiter begehen nicht verzeihliche Fehler), ist ebenso evident wie die Auswirkungen, die diese Exkulpationslogik sowohl im Kreis der „verwöhnten" Führungskräfte als auch in dem der Mitarbeitenden erzeugt.

Fallgrube „Vereinseitigen"

Die bezeichneten Facetten und Begleiterscheinungen, die ein als permanent empfundener Veränderungsdruck erzeugt, verstärken eine menschlich-allzumenschliche Tendenz, nämlich die Neigung zu polarisieren, in Schwarz-Weiß-Kategorien wahrzunehmen und zu urteilen, im Entweder-oder statt im Sowohl-als-auch zu denken und zu (inter-)agieren. Das Denken, Fühlen, Interagieren wird zunehmend einem binären Code, einer Welt des Dualismus und Antagonismus, unterworfen, in der es nur zwei konträre Möglichkeiten gibt. Psychologisch ist diese Vereinseitigung als Entlastung beschreibbar: Komplexität wird reduziert durch Vereinfachung der Kategorien, die man in Akten der Wahrnehmung, des Denkens, Fühlens und Urteilens sowie des (Inter-)Agierens zulässt und nutzt. Man entledigt sich Zeit raubender und anstrengender Differenzierungen, kann Themen rasch „abhaken" und erfolgreich, weil entschieden zur Seite legen. Der Fokus liegt auf „einfach" und auf „Abhaken-Können", das heißt auf der Vermeidung komplizierter, gar komplexer Prozeduren und darauf, etwas zu „er-ledigen" dadurch, dass ich mich dessen „ent-ledige", es „weg-lege". Diese Mechanismen gehen selbstverständlich zu Lasten all dessen, was eine komplexe Realität verlangt, um mental durchdrungen und durch angemessenes Verhalten gemanagt werden zu können.

Fallgrube „Vereinfachen"

Neben Vorurteilen, Schwarz-Weißmalerei und anderen binär codierten Schemata wie oben/unten, machtvoll/machtlos, fleißig/faul, Freund/ Feind, Herr/Knecht möchten wir einige weitere psychologische Prozessmuster andeuten, die dem Bemühen gezollt sind, Komplexität zu reduzieren. Zu nennen sind:

Erstens: Gefühle sind „Kurzschlüsse", die unter anderem dadurch entlasten, dass das Gefühlte die anstrengenden Umwege rationaler und reflexiver Differenzierung und Prüfung, einschließlich des Realitätschecks, meidet. (Man kann dies auch neuropsychologisch herleiten.) Zudem genießen Gefühle in unserer Kultur den Nimbus der Authentizität, die wiederum als Wert an sich und damit erstrebenswert rangiert – dies zumal, da Gefühlen unterstellt wird, ihnen hafte immer schon Wahrheit und Wahrhaftigkeit an. Da Echtheit und Wahrheit im Grundtenor als etwas Gutes, Bewunderungswürdiges oder zumindest als etwas gelten, das als Wert über allem Streben stehen sollte, verdanken auch hochrangige Führungskräfte Psychologen die Erlaubnis, ja die Aufforderung, Gefühle zu zeigen. Dazu gesellt sich der Diskurs um „intuitives" und „emotionales" Management, der die Gefühlsdimension als ausschlaggebendes Moment in der Führung hervorhebt und dafür plädiert, Intuitionen bewusst einen größeren Einflussraum zu gewähren. An dieser Stelle unterlassen wir eine kritische Diskussion und begnügen uns mit Hinweis, dass Intuition nur insofern eine Komplexität reduzierende Wirkung zukommen kann, als sie nicht mit Emotion gleichgesetzt wird. Problematisch wird das Dafürhalten von „Management durch Gefühl" vor allem dadurch, dass so motiviertes Verhalten zum einen unkalkulierbar ist und zum anderen Auswirkungen hervorbringt, die zu einem großen Teil nicht gewollt sind. Das bedeutet: Die Komplexität wird erhöht, zumindest für jene, die versuchen, solchen emotionalen Eruptionen und Gefühlsentscheidungen zu entgehen oder sich damit zu arrangieren. Wird Denken durch Fühlen ersetzt, sind Entscheidungen und Handlungen Launen, Stimmungen und damit, von außen betrachtet, willkürlichen Schwankungen unterworfen, die den Faktor Unberechenbarkeit verstärken und Unkontrollierbarkeit zum Programm machen. Fühl-Entscheidungen sind undurchschaubar (jedenfalls für Nicht-Psychologen) und haben in einer komplexen Welt ein höheres Risiko, im Wirtschaftsumfeld zu scheitern oder Misserfolge hervorzurufen als Vernunft-Entscheidungen, weil sie faktisch und (oft auch empirisch) unterbestimmt sind: Sie werden argumentativ kaum fundiert, leben häufig davon, dass gemachte Erfahrungen extrapoliert werden, berufen sich auf „the heat of the moment". Fühl-Entscheidungen werden folglich (unter anderem) aus diesen Gründen weniger ernst genommen als rationale; sie werden skeptischer beäugt und empfehlen sich nicht als Grundlage für Anschlussverhalten. Mit Gefühlsäußerungen kokettierende Manager sind sich der Problematik dieses Verhaltens nicht oder zu wenig bewusst und ändern folglich nichts grundlegend (!) an ihrem Aktionsmodus, so dass unerwünschte Wirkungen prinzipiell (strukturell) eingebaut und auf Dauer gestellt sind.

Zweitens: Äußerungen von Selbstverliebtheit als Komplexität reduzierende Variable. Narzissmus engt die Welt ein, macht sie übersichtlich, indem er ein Zentrum, um das sich alles dreht, definiert: das Ich. Das Ich und seine Annahmen, Entscheidungen etc. sind der Bezugsrahmen für Aktionen und Akteure, ganz analog Louis XIV: „L'état, c'est moi!". Idealerweise sollten, so die Implikation, alle so sein, denken, agieren wie das Ich, dann wird alles gut.

Drittens: Rasch oder spontan getroffene Entscheidungen, andere „Schnellschüsse" und Adhocratie entlasten dadurch, dass sie innerhalb von kurzer Zeit Themen „vom Tisch" und aus dem Sinn schaffen. Was erledigt ist, braucht nicht mehr zu kümmern. Das verringert Aufgaben, schafft Ordnung und erhöht Überblickbarkeit.

Viertens: Einzelne ergeben sich der Kollektividentität und schließen sich der Gruppenmeinung an, aber nicht, weil sie sachlich überzeugt sind, sondern als Folge des empfundenen Gruppendrucks. Anpassung schützt

vor sozialen Sanktionen, von Bestrafung bis Ausstoßung, und verteilt
Verantwortlichkeit bis zur Unkenntlichkeit bzw. bis zu einem Maß, an
dem nicht mehr einzelnen Personen Verantwortung zugeschrieben werden kann. In diesem Sinn „ent-schuldigt" Unterwerfung, Einordnung
oder Opportunismus und stellt dem Einzelnen in Aussicht, als Individuum nicht zur Rechenschaft gezogen werden zu können und sich der Komplexität nicht stellen zu müssen.

Kurzresümee: Veränderung als alltägliche Forderung wird subjektiv als
Zumutung erlebt, weil Unberechenbarkeit, Instabilität, Überforderung
drohen. Dies mündet in Verunsicherung. Menschen sind bestrebt, Insta-
bilitäten in Stabilitäten, Komplexes und Kompliziertes in Einfaches und
Überschaubares, Fremdes in Vertrautes zu verwandeln. Sie suchen daher
nach Sicherheiten, geistig-seelisch und im Verhalten. Diese finden sie in
Gewissheit vorgaukelnden Strategien im Denken und Fühlen (zum Beispiel in Pauschalierungen, Vorverurteilungen, Freund-Feind-Schematis-
men) und auch im Verhalten und Handeln (zum Beispiel in Routinen,
Traditionen, Konventionen, Standardisierungen, alten Seilschaften). Das
ist zwar psychologisch erklärbar, ändert indes nichts an dem Umstand,
dass Auswirkungen provoziert und Regelkreise in Gang gesetzt werden,
die mehr unerwünschte als erwünschte Konsequenzen haben. Manager
sind dem nicht ausgeliefert, sondern können, wenn sie für den Paradigmenwechsel bereit sind, lernen, Ungewolltes unwahrscheinlicher und
Gewolltes wahrscheinlicher zu machen.

5.3.4 Veränderung „managen"

In diesem Abschnitt benennen und konkretisieren wir zwei wirkungs-
mächtige und erfolgsrelevante Komponenten von Veränderungsprozessen, denen Handlungsprogramme und Aufforderungen zur Tat inne-
wohnen. Die Ausführungen konzentrieren sich auf zwei Aspekte: auf
Modellüberlegungen, die Anregungen geben, um Veränderungen effektiv mitzugestalten, und auf Vertrauen und eine Kultur des Vertrauens innerhalb des Unternehmens.

Um Ihnen eine Idee von den Kernaspekten zu geben, die bei Veränderungsvorhaben mindestens berücksichtigt werden sollten, skizzieren wir
ein Modell, das den Status eines Basismodells gewonnen hat. Als Vater

gilt der Organisations- oder Arbeitspsychologe Kurt Lewin. Den Grundgedanken möchten wir Ihnen als Ausgangspunkt weiteren Nachdenkens und aktiven Tuns kurz vorstellen, weil es in seiner Übersichtlichkeit zwar simpel erscheint, gleichwohl sich eignet, auch in Zeiten komplexer, sprich: unüberschaubarer, unvorhersehbarer Veränderungen angewandt zu werden. Es sind die Schlüsselkategorien und -fragen, die das Modell universal einsetzbar machen.

Lewin geht von zwei Grundgedanken aus. Der eine: Je mehr Menschen des Unternehmens an Prozessen von Veränderung beteiligt sind, desto eher gelingt Veränderung. Der zweite: Menschen tun sich schwer, sich auf gänzlich Neues einzustellen. Daher regt er an, möglichst viele Mitglieder des Unternehmens bereits in der Vorbereitung einzubeziehen und Veränderungsabsichten so zu realisieren, dass nicht alles mit einem Mal geändert wird, sondern Altes mit Neuem in Verbindung bleibt, Neues an Altes anschließt. Dabei rücken folgende Komponenten ins Zentrum: Problem bzw. Ziel als Quelle von Veränderungsabsichten; Lösungsideen und -optionen; Realisierung der präferierten Lösung; deren Implementierung sowie Evaluierung.

In die Kategorie von Problem und Ziel gehören Fragen wie: Wohin wollen wir? Aus welchen Gründen wollen wir dorthin? Sodann: Was funktioniert auch weiterhin gut, passt in unsere Zukunftsvorstellungen? Was kann bleiben? Was müssen wir verändern – immer im Hinblick auf den Zielhorizont. Hier kommt alles in den Blick, was das Unternehmen ausmacht: Prozesse, Workflows, Strukturen, Kompetenzen, Funktionen etc., all diejenigen Variablen, die zur Kultur des Unternehmens gehören. Wenn diagnostiziert ist, was verändert werden soll, lautet die Fragerichtung: An was können wir anknüpfen oder anschließen, um Veränderungen einzuleiten? Was von dem, was wir haben, kann vorläufig bleiben bzw. eignet sich dazu, als Sprungbrett oder Ausgangsbasis zu dienen? Was muss radikal, also grundlegend verändert werden – und warum? Lewin empfiehlt im Einklang mit psychologischen Theorien des Lernens und Veränderns, an möglichst viel Bekanntes und Vertrautes anzuschließen, weil dann die Bereitschaft wächst, Veränderungen zu realisieren. Ob man hier mit der dem Systemdenken entspringenden Szenariotechnik, dem Modell des Appreciative Inquiry oder anderen Konzepten arbeitet – es kommt darauf an, das zu lösende Problem, die gewünschten Veränderungen, die zu findende Strategie einzukreisen, indem man

unterschiedliche Perspektiven einnimmt und die Bestandsaufnahme mit
dem Augenmerk auf das Erstrebte aus zahlreichen Blickwinkeln beleuchtet.

Von dort aus geht es in die Kategorie der Lösungsfindung und, eng damit verbunden, in die der Implementierung sowie der Evaluierung. Auch
hier gilt es, Perspektivenvielfalt walten zu lassen, etwa mit unterschiedlichen Kreativitätstechniken zu arbeiten, und permanent (selbst)kritisch
zu reflektieren. Dadurch wird die Varietät (und damit die Komplexität)
zunächst erhöht, um sie dann – nach sorgfältiger Bewertung in der Form
stetiger Rückkopplung – zu reduzieren und jene Pläne und Maßnahmen
auszusuchen, die am ehesten geeignet erscheinen. Zu beachten ist, dass
Lösungsidee/Ziel, Realisierung von Maßnahmen und Evaluierung miteinander verflochten sind. Es geht um eine eher iterativ oder rollierend
zu verstehende Planung und Umsetzung. Vereinfacht formuliert: Lö-
sung/Ziel, Plan und Maßnahmen sind so eng aufeinander bezogen, dass
sie sich wechselseitig korrigieren können. Die (evaluierenden) Feed-
backschleifen sorgen dafür, dass das jeweils erreichte Ergebnis eines
Schrittes, einer Etappe, eines Meilensteins immer wieder rück- und vor-
gebunden wird an und eingebunden bleibt in den Zirkel von Ziel, Lösung, Planung, Aktionen. Diese Art des Arbeitens ermöglicht, die Wahrscheinlichkeit zu vermindern, dass Fehler mitgeschleppt werden, und befähigt dazu, frühzeitig Korrekturen auch an der Richtung vorzunehmen.

Neben diesen sachlichen Kategorien sehen Sie in der Abbildung 14 mehrere Prozessbegriffe: unfreezing, changing, refreezing. Unfreezing steht
für Veränderung: Was bisher galt, was beständig und vertraut war, wird
– selektiv im obigen Sinne – (teilweise) aufgelöst. Die Eisschicht wird an
manchen Stellen aufgetaut, um Veränderung zu ermöglichen. Gemäß der
oben erwähnten Logik des Anschließens werden Teilveränderungen, Veränderungen an ausgewählten Stellen, eingeleitet (changing). Sobald dies
im Sinne der Zielsetzung gelungen ist, wird wieder Sicherheit hergestellt:
refreezing. Die aufgetauten Stellen werden wieder begehbar, so dass der
Prozess weiterlaufen kann. Jetzt werden die nächsten Änderungen vorbereitet. Die Devise lautet: Verändern – ja! Gleichzeitig: Nicht alles mit
einem Mal, sondern verdaulich insofern, als Veränderungen an Bekanntes, Sicheres anknüpfen und so garantiert ist, dass Betroffene immer noch

genügend festen Boden unter den Füßen haben. Das mag zwar länger dauern, dafür aber erhöht diese Herangehensweise die Wahrscheinlichkeit, dass alle Mitglieder aktiv dabei sind. Nebenbei bemerkt können Veränderungsmanager, die sich an diesem Modell orientieren, auch moderne Ideen einflechten, etwa, indem sie Change agents einsetzen, also einflussreiche und weitgehend anerkannte Personen, die für ihre Veränderungsbegeisterung bekannt sind, den Prozess begrüßen und ihn beschleunigen helfen. Empfehlenswert ist zudem, für den Zeitraum von Hauptveränderungen Kulturmanagement zu ermöglichen. In diesem Fall haben die Personen, die als Kulturmanager fungieren, die Aufgabe, auf kultureller Ebene dafür zu sorgen, dass der Veränderungsprozess symbolisch begleitet wird.

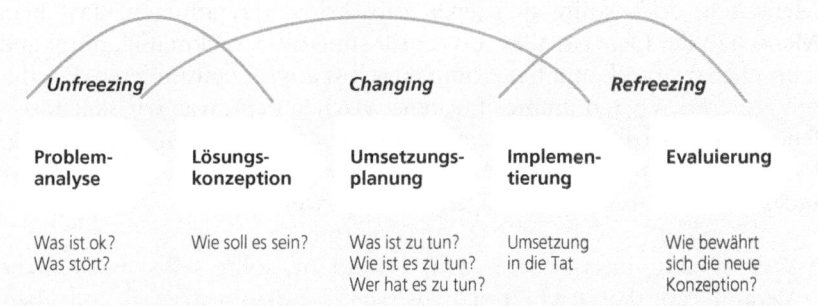

Abb. 14 Erfolgreiches Veränderungsmanagement nach Lewin

5.3.5 *Vertrauen und Glaubwürdigkeit*

Ob als Unternehmer, Berater, Trainer und Coach, bei Veränderungsvorhaben begegnet einem ein Muster, das – in ein Credo gegossen – lautet: „Wir, die Führungskräfte, müssen unsere Mitarbeiter dazu bewegen, sich selber, ihr Verhalten anderen und der Arbeit gegenüber zu verändern!" So sprechende und sich verhaltende Führungskräfte tun eines ganz sicher nicht, nämlich systemisch denken und handeln. Im Gegenteil: Sie schließen sich selbst mit diesen Worten aus dem Veränderungsbedarf und dem Systemkontext aus. Und genau so kommt es bei den Adressaten an:

„Wir sollen uns verändern – die aber nicht!" Scheinbar erliegen diese
Führungskräfte der Illusion und vertreten die Auffassung, sie hätten das,
was gefordert ist, bereits realisiert und seien nicht mehr der Anforderung
ausgesetzt, ihr eigenes Denken, Fühlen, Handeln permanent auf den
Prüfstand zu stellen und sich veränderungsbereit zu halten. Es geht nicht
darum, moralisch zu verurteilen, sondern zu unterstreichen, dass das Gelingen von Veränderungsprozessen mit der Glaubwürdigkeit insbesondere des Managements steigt und fällt, zumindest das Gelingen wahrscheinlicher oder unwahrscheinlicher macht.

In eine These gekleidet: Initiieren von und Führen in Veränderungsprozessen verlangt Glaubwürdigkeit in dem Sinn, dass Fordern und Handeln
sich zumindest teilweise überschneiden. Kongruenz ist das Ideal vieler
Menschen; doch sollte sich jeder selbstkritisch zugestehen, dass kein
Mensch in der Lage ist, alles, was er für sinnvoll, zweckmäßig, nötig und
wünschenswert erkannt hat, komplett selbst auszubuchstabieren. Es gibt,
mit anderen Worten, immer Lücken zwischen dem, was wir sagen, sollen, meinen, fordern und dem, was wir – bei aller Anstrengung – zu realisieren fähig sind. Diese Toleranz sollten wir einander zugestehen. Was
indes ausnahmslos zu beherzigen ist, sind zwei Appelle:

- Wer möchte, dass andere (sich) verändern, sollte selbst persönliche
  Veränderungsbereitschaft signalisieren, sie demonstrieren und über-
  zeugend (vor)leben.
- Veränderungsabsichten, samt ihrer Gründe und Ziele, sollten allen Betroffenen verständlich, also nachvollziehbar, kommuniziert werden. In
  diesen Kreis der „Betroffenen" gehören in jedem Fall alle Mitglieder
  des Unternehmens; je nach Unternehmen auch Aktionäre, Kunden, Zu-
  lieferer.

Auf diese Weise hergestellte Glaubwürdigkeit trägt maßgeblich dazu bei,
Vertrauen ineinander und Zutrauen zueinander sowie Vertrauen in den
gesamten Prozess und in das Unternehmen zu fördern. Vertrauen wird
in Veränderungsprozessen zu einer Schlüsselkategorie. Denn – mit Niklas
Luhmann gesprochen – Vertrauen wird gerade dort gebraucht, wo sich
Zukunft nicht vorher wissen lässt, weil sie prinzipiell ergebnisoffen ist.

Die Unverzichtbarkeit einer Kultur des Vertrauens schält die Funktionen von Vertrauen heraus:

- Vertrauen legt das Fundament für Engagement bei der Zielsetzung und der Zusammenarbeit.
- Vertrauen ermöglicht Handlungen, die ohne Vertrauen unwahrscheinlich sind. Auch dadurch reduziert Vertrauen Komplexität.
- Vertrauen übt soziale Kontrolle aus. Denn wer enttäuscht gern in ihn gesetztes Vertrauen?
- Vertrauen ist selbstreferenziell: Vertrauen sichert eine vertrauensvolle Grundlage. Vertrauen motiviert Vertrauen in dreifacher Hinsicht: Ich vertraue meinem Vertrauen zu dem anderen, etwa dem Kollegen, dem Vorgesetzten. Ich vertraue in das Vertrauen, das der andere (mein Kollege, meine Vorgesetzte) in mich setzt. Und ich vertraue darauf, dass ich und der andere Dritten vertrauen: Ich vertraue dem System.

Vertrauensvolle Führungskräfte verfahren nach der Devise: „Ich vertraue dir vorläufig, dass du unübersichtliche Lagen erfolgreich meisterst." Mit dieser Haltung des Zutrauens induzieren sie einen positiven Kreislauf (self-fulfilling-prophecy) und verringern die Wahrscheinlichkeit, den Vertrauensvorschuss zurück nehmen zu müssen.

Führungskräfte säen eine Vertrauenskultur, indem sie

- vertrauenswürdig agieren: Warum sollten mir Mitarbeiter, Vorgesetzte, Kollegen, Kunden etc. vertrauen?
- Bedingungen und Zeichen von Vertrauen definieren: Wie muss sich wer und wie muss ich mich selbst, wie müssen sich andere im Unternehmen darstellen und verhalten, um sich des Vertrauens würdig zu erweisen?
- Vertrauenswürdigkeit erschließen: Wem sollte ich aus welchen Gründen vertrauen (personale Motivstruktur)? Konkretisiert beispielsweise: Was spricht dafür, der Kollegin zu vertrauen? Wie sieht die innere Motivstruktur meiner Vorgesetzten aus, so dass ich daraus schließen kann, ihnen vertrauen zu können? Ist es ihnen beispielsweise wichtig, Vertrauen zu belohnen (und nicht zu enttäuschen)? Welche Strukturen, welches Prozedere etc. legitimieren Vertrauen in das System (Systemvertrauen)? Welche Komponenten der Organisation, Abläufe, Regularien sowie auch der ethischen Richtung des Unternehmens flößen Ver-

trauen ein? Kann ich etwa darauf vertrauen, mein Gehalt regelmäßig zu erhalten? Kann ich darauf vertrauen, dass sich das Unternehmen für mich einsetzt, wenn sich erweisen sollte, dass ich in meiner bisherigen Funktion überflüssig geworden sein werde?

• Vertrauensbildende Maßnahmen initiieren: Was kann wer tun, um das persönliche bzw. das Systemvertrauen zu stärken? Mittels welcher Strategien und Operationen, mittels welcher Werte und Normen, mittels welcher Art des Kommunizierens und Kooperierens, mittels welcher Maßnahmen der Personalpolitik und -entwicklung können Zeichen gesetzt werden, die Vertrauen stärken?

Es sei betont: Vertrauen ist mehr als eine psychologische Variable. Gerade in Situationen, in denen es an vollständigen Informationen und Sicherheit, an Berechenbarkeit, Gewissheit und Selbstverständlichkeit in einem Grad mangelt, so dass Handeln „nur" erfolgswahrscheinlich, aber nicht erfolgssicher sein kann, in einer solchen Lage ist Vertrauen eine Schlüsselkategorie. Vertrauen fungiert als Fundament für Kooperation und Erfolgsaussicht und reduziert Komplexität. Vertrauen ist die Bedingung der Möglichkeit für abgestimmtes und zielorientiertes Agieren in komplexen Verhältnissen – und auch für den Abbau von Angst.

5.4   Angst in Unternehmen

„Die Hölle, das sind die anderen."
(Jean Paul Sartre)

„Angst essen Seele auf" – so der berühmte Titel eines Films von Rainer Werner Fassbinder aus den siebziger Jahren. Und seit 2005 ist das Buch „Winning" von Jack Welch im Handel, das den Markt als einen Dschungel beschreibt, in dem es darwinistisch zugeht: Es geht um Kämpfen und Verdrängen, Verlieren und Siegen, um direktes oder ungeschminktes Kommunizieren und Motivieren. Angst wird durchaus eingesetzt als Motivator, verkleidet in politisch korrekte und unternehmerisch scheinbar gewollte „rückhaltlose Offenheit". Die führt ihrerseits durchaus zu Aussagen wie: „Also, wenn du deinen Job behalten willst, dann wäre es sinnvoll, dass du ..."

Wir haben uns entschieden, über Angst zu schreiben, weil Angst in Unternehmen inzwischen sehr verbreitet ist, sich fortpflanzt und weil die Eskalationsdynamik der Angst ein Tempo und eine Qualität erreicht hat, dass außer den Menschen auch die Unternehmen Schaden nehmen können und es in einigen Fällen, die wir als Berater betreuen, faktisch tun.

„Überleben nur die Paranoiden?" – diese dem Intel-Gründer Andrew Grove zugeschriebene Frage ist auf Unternehmen bezogen und wird mit einem Ja beantwortet. Inzwischen kann man in einschlägigen Zeitschriften gar Artikel lesen, die Angsterzeugung – durchaus als Verfolgungsangst, Paranoia – für ein geeignetes Mittel halten, um Menschen zu höheren Leistungen zu motivieren. Angst, ein alarmierendes Gefühl, das in diesem Sinn auch Schutz- und Überlebensfunktion hat, bewegt sicherlich. Sie kann sogar zu Höchstleistungen anspornen, allerdings nicht auf Dauer. Und: Angst engt Kreativität und Denkleistungen ein – Leistungen, die Unternehmen heute zuvörderst benötigen, um überleben zu können. Und dazu bedarf es nicht einmal neurowissenschaftlicher Erkenntnisse, die diesen psychologischen Sachverhalt auch neurobiologisch und neurophysiologisch nachweisen können. Angst als Motivator oder Demotivator? Unsicherheiten, Befürchtungen und Ängste in Unternehmen hängen mit dem zusammen, was gemeinhin als Paradigmenwechsel bezeichnet wird, gefolgt von der markigen Schlussfolgerung: „Also müssen wir uns und alles grundlegend ändern – und das permanent! Wer steht, stirbt!" oder „Unternehmen sind kein Streichelzoo!"

Da Paradigmen sowohl persönliche Wahrnehmungen und Interpretationen, als auch Fühlen und Denken, Handeln und Verhalten betreffen, ist es mühsam, einmal erlernte Grundmuster zu ändern. Diese Art der Veränderung ist ein (Um-)Lernprozess, der Wiederholungen, Nachhaltigkeit und Zeit benötigt. Wie tief Paradigmen in uns verankert sind und wie aufwändig es ist, paradigmatische Vorzeichen zu ändern, belegt etwa der Wechsel von der klassischen Physik zur Quantenphysik.

In der Welt der Unternehmen beschäftigt uns der Wechsel vom Paradigma der traditionellen Führung mit entsprechenden Hierarchien, Strukturen sowie Kommunikationsverläufen zum systemischen Verständnis der Führung mit dem Denken in Regelkreisen, Feedbackschlaufen, Netzwerken, Wechselwirkungen. Im Unternehmen finden parallel zum „Um-

denken" weitere prinzipielle Veränderungen statt, die Auswirkungen auf
die Involvierten haben: Struktur, Organisation, Abläufe sind betroffen
sowie die „soft facts" der gelebten Führungs- und Kommunikationskultur. Ein Bereichsleiter klagte uns beispielsweise sein Leid über den Paradigmenwechsel in der schriftlichen Kommunikation: von der Nutzung
von PC bzw. Notebook zum Black Berry. Er sei aufgefordert worden,
sich in E-Mails unabhängig von der Komplexität des Themas so kurz zu
fassen, dass seine Nachricht problemlos (nach Möglichkeit, ohne scrollen zu müssen) auf dem Black Berry lesbar sei!

Als Nebenbemerkung: Dies verdeutlicht drastisch den berühmten Satz
von Marshall McLuhan: „Das Medium ist die Botschaft". Die verwendete Technik bestimmt den Text und damit die Organisation von Gedanken, die den Text schreiben. Aus der Sicht von Komplexitätsreduktion auf Seiten des Empfängers sei hinzugefügt: Die Aufforderung ist eine Konzession nicht nur an die Technik (deren Möglichkeiten und Einschränkungen bei der Lesbarkeit von Texten auf dem sehr kleinen
Display), sondern auch an wachsende Ungeduld, Überforderung und
Grenzen der Belastbarkeit, gepaart mit Zeitdruck, sowie dem abnehmenden Bemühen oder Vermögen, Denkleistungen zu vollbringen (denn
die benötigen Zeit und Sorgfalt). Und dieses Konglomerat wiederum ist
wachsender Furcht vor Fehlern geschuldet, sowie einem zunehmenden
Sicherheitsbedürfnis. Kurze Texte, so die Illusion, seien schnell(!)
überblickbar, erfassbar, gewährleisteten das Verarbeiten von Informationen und damit „richtiges" Anschlussverhalten.

Veränderungen in der praktizierten Kultur des Unternehmens und in der
operativen Tätigkeit beunruhigen sicher die Mehrheit der Betroffenen, allerdings in unterschiedlichem Ausmaß. Die Reaktionen reichen von begeisterter Anpassung über resignative und „rebellische" Anpassung bis
hin zu innerer bzw. faktischer Kündigung. Insbesondere in Unternehmen,
in denen Veränderung das Hauptcharakteristikum geworden ist und die
nicht selten mit dem Bonmot kokettieren: „Nichts ist so beständig wie
die Veränderung", mehren sich alarmierende Indizien. Indizien dafür,
dass ein großer Teil der Führungskräfte und Mitarbeiter nicht nur verunsichert ist, sondern Furcht oder Angst empfindet. Einige signifikante
Anzeichen seien konkretisiert, weil ihr Erkennen hilft, das Grassieren von
Angst und ihrer kontraproduktiven Auswirkungen zumindest ein wenig
zu mildern.

Veränderungen beunruhigen oder verängstigen generell, weil vertrautes und daher berechenbares Terrain verlassen wird; weil Zukünftiges vage ist, eben nicht voraussehbar und deshalb ungewiss; weil Zweifel bis hin zu Versagungsängsten aktiviert werden und weil Gewohntes und Tradiertes gestört, zuweilen zerstört werden – ohne dass sofort Neues zur Verfügung stünde.

Die eskalierende Psychodynamik oder Dramaturgie als Reaktion auf diese Verunsicherung durchläuft häufig folgende Stadien:

- *Irritation* – „Was ist denn jetzt los?" Bei den einen provoziert diese erste Stufe der Verunsicherung Verwirrung und als Folge eine Suche nach Orientierung, ein Bemühen um Verstehen und ein Ausschauhalten nach Informationen, die klären helfen und Sicherheit verleihen können; andere Personen verharren zunächst in Ignoranz und leugnen, solange es ihnen möglich ist, dass sich etwas verändert.
- *Beunruhigung* – „Irgendwas ist los. Betrifft das mich?" – Polar gefasst auch hier: Die einen konfrontieren sich in dieser zweiten Stufe von Verunsicherung mit eben dieser und suchen nach Anhaltspunkten, inwiefern sie selbst sich mit den Veränderungen näher beschäftigen müssen; die anderen schieben die Beunruhigung fort, überspielen die Beunruhigung, beispielsweise durch Trivialisierung oder Euphemisierung oder indem sie weitermachen, wie bisher.
- *Furcht* – „Womit muss ich rechnen?" – Im Furchtstadium weiß der Betroffene, wovor er sich fürchtet, etwa davor, mit neuen Anforderungen konfrontiert zu werden, denen er möglicherweise nicht gewachsen ist, oder davor, dass sein Arbeitsplatz zur Disposition steht. Versagensängste können entweder in Anstrengungen münden, den Anlass der Furcht beiseite zu räumen oder dazu, zu kapitulieren.
- *Angst* – „Ich fühle mich ständig bedroht!" Im gesteigerten, weil andauernden Angststadium verliert der Betroffene die Selbstkontrolle. Die Angst hat ihn – nicht er sie. Sie ist ein permanentes Hintergrundrauschen, dominiert das Grundlebensgefühl. Sie beherrscht ihn, ohne dass er genau, geschweige denn erschöpfend benennen könnte, was ihn ängstigt. Angst filtert die gesamte Erlebniswelt grau, ohne dass der Betroffene einen Ausweg sieht.

Im Unternehmensumfeld werden die Phänomene Verunsicherung, Angst und Furcht thematisch, vor allem wenn

- es um Veränderungen geht, die grundsätzlich alle Mitglieder des Unternehmens betreffen,
- Veränderungen als bedrohlich erlebt werden,
- die Betroffenen das Ende dieser Bedrohung nicht absehen können,
- die Notwendigkeit nicht nachvollziehen und
- folglich ihr „Schicksal" nicht kalkulieren können.

Zu den oben erwähnten Indizien für die durchaus dramatische Lage gesellen sich Faktoren hinzu, die Beunruhigung verstärken. Das passiert vor allem dann, wenn Veränderung und Beunruhigung zur Normalverfassung werden, insofern sie unternehmenskulturelle Traditionen, die Sicherheit geben, in Frage stellen oder abschaffen. Sie hinterlassen entweder ein beängstigendes Vakuum oder werden durch neuartige, fremde Werte und Normen, Rituale und Handlungsanforderungen ersetzt, mit denen umzugehen erst noch zu lernen ist. Sie rufen Angst hervor, weil der erfolgreiche Umgang mit dem Neuartigen völlig ungesichert ist und der Einzelne nicht voraussieht, wie er sich in diesem fremden Umfeld bewähren kann.

Welche unternehmenskulturellen Einflüsse begünstigen Ängstlichkeit und Beunruhigung?

- Veränderungen in Unternehmen währen „lange", werden als „permanent" begriffen und propagiert, frei nach dem Motto: „Veränderung ist die einzige Konstante".
- Veränderung an sich erhält eine positive Konnotation, wandelt sich zum erstrebenswerten Wert an sich.
- Veränderung wird junktimartig verwoben mit ebenfalls vorbehaltlos positiv verstandenen Begriffen wie Kreativität und Innovation, Bewegen, Beschleunigen und Vorankommen, die sich als Werte verselbstständigen.
- Nur jene Mitarbeiter scheinen noch von Bedeutung zu sein, die Freude an Veränderung haben, „offen für Neues" sind und mit Tempo und Ungewissheiten mithalten können, also funktionstüchtig, leistungsstark, anpassungsfähig bleiben.
- Es wird zunehmend eine militante Sprache genutzt, die sich vor allem in geänderten Metaphern und Analogien zeigt. Der ehemals deskriptive Begriff des „Verdrängungswettbewerbs" macht dem „Dschungel", dem „Kampf" oder dem „Krieg" Platz. Ging es in der Mitarbeiter-

führung um „faires und professionelles, mitarbeiterorientiertes Führen", so kommt es jetzt darauf an, „aus den Leuten herauszuholen, was geht". Der Wechsel soll motivieren: zu kämpferischem Verhalten, das mit den gerade genannten „Tugenden" rund um Flexibilität und Offensivität, Leistungsstärke und Durchsetzungswillen identifiziert wird.

- In wachsendem Maß sind Mitglieder des Unternehmens mit paradoxen Anforderungen konfrontiert; etwa: gründlich und schnell zu arbeiten, wohl überlegte Entscheidungen zu treffen und ad hoc zu entscheiden; Fehler zu vermeiden und Neues zu probieren. Oder: mit Betroffenen sprechen und keinen mit langen Diskussionen „belästigen".
- Die Bedrohlichkeit nimmt subjektiv außerdem dadurch zu, dass „vorher Undenkbares" jetzt nicht nur denkbar, sondern in Handlungen umgesetzt wird. „Wenn selbst langjährige Mitarbeiter gehen (müssen), die sich in dieser Firma wirklich verdient gemacht haben, dann ist alles möglich! Also: Auch ich kann getroffen werden!"
- Ferner gilt: Je länger Veränderungen und durch sie hervorgerufene Unsicherheit andauern, desto mehr kommen kontraproduktive Effekte von Furcht und Angst zum Tragen. Genannt seien insbesondere diese Reaktionen: Misstrauenskultur, Illoyalität, Resignation und Wechselbereitschaft. Die Unternehmenskultur kippt nach subjektiver Wahrnehmung von einer Vertrauens- in eine Misstrauenskultur. Typische Äußerungen: „Ich weiß ja nicht, was die da oben noch alles planen. Es wird zwar viel geredet – aber ich glaube denen nicht mehr." Oder: „Keine Ahnung, wem ich hier noch trauen kann. Hier denkt jeder zunehmend nur noch an seine eigene Haut. Ich halte mich lieber zurück, sonst steht man dann ganz schnell auf der Abschussliste!" Zudem können wir beobachten, dass Kommunikation kalkulierter wird: „Ich überlege mir inzwischen schon genau, wem ich was sage..." Die Kommunikation wird gereizter: „Hör mal, wenn du das immer noch nicht begreifst, weiß ich nicht, ob du hier richtig bist!" Und: „Nun sei mal keine Mimose! Ich werde ja noch offen sagen dürfen, dass ..." Die Loyalität zum Unternehmen leidet: „So mies und willkürlich, wie die da oben mit Mitarbeitern umgehen – da fühle ich mich doch nicht mehr verpflichtet, loyal zu sein! Ich werde mich lieber mal auf dem Markt umsehen." Die persönliche Wechselbereitschaft wächst, und dies zunehmend selbst dann, wenn der Status Quo nicht verbessert wird oder das Einkommen geringer ausfällt. Resignation nimmt zu: „Ich habe keine Alternative, also passe ich mich an." In all diesen Fällen moti-

viert Unsicherheit, Furcht oder Angst ein Verhalten, das den ehrgeizigen Zielen des Unternehmens wenig dienlich ist.

• Ähnliche Prozesse laufen ab, wenn das (vorläufige) Ende gravierender Veränderungen (z. B. Personalabbau) suggeriert oder gar verkündet und dann nicht eingehalten wird.

Was können Manager in einer solchen Situation tun, um einen Beitrag zur Deeskalation zu leisten? Wie können sie dafür sorgen, dass sie selbst und ihre Mitarbeiter sich in einem veränderungsturbulenten Umfeld im Sinne des Unternehmens engagieren?

Erste Maßnahmen gegen Angst

1. Gewöhnen Sie sich an, mit dem einen Ohr auf den Flurfunk zu hören, und mit dem anderen auf den informellen Meinungs- und Befindlichkeitsaustausch. Auf diese Weise eröffnen Sie sich die Möglichkeit, zu fühlen und zu erkennen, wie hoch der Level an Verunsicherung, Furcht, Misstrauen und Angst in Ihrem Unternehmen ist; ob und inwieweit jedes neue beunruhigende Detail die Angstentwicklung dramatisiert und damit exponentiell wirkt; wie niedrig Frustrationstoleranz und Optimismus, Engagement und Begeisterung ausfallen und wie ausgeprägt Wechselbereitschaft ist.

2. Richten Sie sich darauf ein, dass der Führungsaufwand wächst und Sie in Ihrer Funktion als Führungskraft besonders gefordert sind. Stellen Sie sich zudem darauf ein, dass Sie unter verschärfter Beobachtung stehen: dass Äußerungen und Verhaltensweisen von Ihnen auf Mitarbeiterseite aufmerksam beobachtet und kritisch bewertet werden.

3. Entwickeln Sie ein Frühwarnsystem und sensibilisieren Sie sich (a) für Ihre eigenen typischen Reaktionen, (b) für die typischen Reaktionen von Mitarbeitenden. Überlegen Sie, welche Möglichkeiten Sie haben, um kontraproduktive Auswirkungen aufzufangen. Wenn auch mühsam und Verdruss bereitend: Der erste Schritt liegt in einer kritischen Selbstsicht, in einer erhöhten Selbstwahrnehmung und Selbstkontrolle, um diese dann interaktiv zu nutzen.

Psychologie, Sozialwissenschaften und neuerdings auch Neurowissenschaften halten Modelle bereit, die es erleichtern, Selbstschau, Selbststeuerung und Erhöhung der persönlichen und interaktiven Kompetenz systematisch zu betreiben. Wir möchten Ihnen ein für die Praxis recht gut geeignetes Modell vorstellen, das menschliche Grundmotivationen oder Grundausrichtungen destilliert: Fritz Riemanns „Grundformen der Angst"[5]. Riemann identifiziert vier Dimensionen menschlichen Verhaltens: Distanz und Nähe/Beziehung sowie Dauer und Wechsel. Diese Grundmotivationen werden in „Typen" übersetzt, so dass die wesentlichen Charakteristika sichtbar werden. Im konkreten Leben vereinigen Menschen Aspekte aller vier Motivationen, allerdings in unterschiedlicher Ausprägung. Eine Beispielsituation soll Ihnen einen Eindruck davon vermitteln, wie die Grundmotivationen wirken und welche Reaktionsweisen auf Veränderungen und Verunsicherungen den vier Typen jeweils nahe liegen.

> Folgende Situation: Es ist 10.30 Uhr, und Sie bemerken auf dem Weg zu Ihrem Büro, dass hinter einer Tür, die bis auf einen schmalen Spalt geschlossen ist, erregt mehrere Stimmen durcheinander sprechen. Zu welcher Reaktion neigen Sie spontan?

Distanztyp

Sie schütteln den Kopf, denken: „Mal wieder Seelenmassage, weil gestern bekannt gegeben wurde, dass in Abteilung x zwei Leute gehen. – Na ja, bin gespannt, wann die sich wieder beruhigen und gearbeitet wird."

- Typus: Fokus auf Nüchternheit, Sachlichkeit, auch in der Mitarbeiter-Kommunikation, sowie auf Leistung; mehr der analytische Eigenbrötler (Ideal: Autarkie) mit einem in der Regel hohen Selbstwertgefühl/Selbstbewusstsein, das auf Wissen, Kompetenz, Leistung beruht. Er involviert sich nicht bis kaum in soziale Gemeinschaft und Small Talk. Sein Privatleben ist weitestgehend tabu.
- Strategie: Der Distanztypus macht auch Problematisches primär mit sich selbst aus. Er verlangt von anderen, wie von sich selbst, den Fokus auf Leistung und Selbstkontrolle zu legen, nach dem Motto: „Sind erwachsene Menschen, die in der Lage sein müssen, auch schwierige Situationen souverän zu meistern". Er interessiert sich nicht für Befindlichkeiten und nimmt darauf auch kaum Rücksicht.
- Reaktion auf Veränderungen: Seine Reaktion auf Unsicherheiten, Furcht, Ängste folgt daher dem Tenor: Muss jeder mit sich selbst ausmachen. Der Distanztypus praktiziert dies in Bezug auf sich selbst und erwartet das von anderen („Jeder ist seines Glückes Schmied"). „Ausspracherunden" versteht er als Informationsrunden, klar sachlich akzentuiert: informiert wird über das, was er weiß und andere wissen – es geht um Fakten, nicht um Vermutungen. Er beteiligt sich folglich nicht an Spekulationen. Mit sachlicher Information und Behandlung ist das Thema erst einmal erledigt; erst wenn es neue Fakten gibt, lohnt das Gespräch wieder. Beurteilt er seine Situation als ausweglos oder

wenig attraktiv, ist er geneigt, sich auf Alternativensuche zu begeben
und rät anderen durchaus ebenfalls dazu. Veränderungen analysiert er
und richtet sich kognitiv auf sie ein: heißt er sie gut, folgt er ihnen; argumentiert dort kritisch, wo er Gründe und Taten nicht gutheißt, oder
verlässt das Feld.

Beziehungstyp

Sie stutzen, bleiben stehen, erinnern sich an die gestrige Information über
den Abbau zweier Leute in Abt. X, klopfen an die Tür und fragen mit
besorgter, fürsorglicher Miene: „Hallo, redet ihr gerade über die Leute,
die gehen müssen?" Sie bieten an, sich dazu zu gesellen, um dafür zu sorgen, dass die Mitarbeiter ihr Herz ausschütten können und sich die At-
mosphäre wieder entspannt. Außerdem bieten Sie an, für Einzelgespräche
zur Verfügung zu stehen.

- Typus: Sein Fokus liegt auf einem guten Klima und Wohlbefinden in
  der Abteilung. Er ist sehr einfühlsam/empathisch, involviert sich in soziales Geschehen und ist offen für Befindlichkeiten der Mitarbeiter. Er
  ist überzeugt, dass nur dann gute Leistung zu bringen ist, wenn sich die
  Mitarbeiter wohl fühlen. Er ist eher ein Gruppenmensch, hält soziale
  Beziehungen für relevant und begreift sich in seiner Rolle als Führungskraft eher als „Vater" oder „Mutter" der Abteilung, samt der Verantwortung für Stimmung und Wohlbefinden.
- Strategie: Macht Dinge, die ihn bekümmern, primär mit sich selbst aus
  – um andere nicht zu belasten! Nimmt sich der Probleme, Sorgen von
  Mitarbeitern an; zum Teil macht er deren Probleme zu den eigenen
  (mangelnde Distanz), fungiert als Kummerkasten und versucht, Lösungen für andere zu finden. Er bemüht sich stets, zu helfen, und
  nimmt viel Rücksicht auf emotionale Verfasstheiten.
- Reaktion auf Veränderungen: Er bietet – je nach Bedürfnis der Mitarbeiter – Ausspracherunden an für Einzelne, Subgruppen, die gesamte
  Abteilung. Er ist bemüht, die Stimmung in der Abteilung zu heben, zu
  beruhigen, sowohl durch Kommunikation dessen, was er weiß, als
  auch durch Empathie. Der Kommunikation auf emotionaler Ebene lässt
  dieser Typus so viel Raum, wie die Mitarbeiter benötigen, beispielsweise dem Aussprechen von Sorgen, einschließlich Spekulationen. Er
  hört aktiv zu, versucht zu trösten und Mut zu machen. Versucht alles,
  um in den gegebenen Rahmenbedingungen für Wohlergehen und Ver-

bleib zu sorgen (vs. Suche nach Alternativen). Veränderungen beunruhigen den Beziehungstypus insofern, als sie drohen, das soziale Klima zu vergiften. Daher richten sich die Bemühungen darauf, sich selbst und andere zu beruhigen, Ängste zu nehmen und Sicherheit zu geben.

Dauertyp

Sie schauen auf die Uhr, stutzen kurz, erinnern sich an die gestrige Information über den Personalabbau, betreten nach kurzem Anklopfen den Raum und fragen, ob es um „gestern" geht. Die Antwort lautet: ja. Da Sie die Besorgnis durchaus verstehen, schlagen Sie vor: „Was meint ihr: Wollen wir nicht gerade alle zusammen rufen, klären, was es zu klären gibt, und dann wieder mit Elan an die Arbeit gehen?"

- Typus: Sein Fokus liegt auf Pragmatismus und Ergebnissen, auf dem Hier und Jetzt, auf Leistung unter Einhaltung bewährter Regeln und sozialem Frieden. Zudem legt er Wert auf Ordnung in Form von Berechenbarkeit, Zuverlässigkeit, Befolgen von Regeln, Vorschriften, Vereinbarungen, Pünktlichkeit und andere „alte" Tugenden. Sie zählen für ihn selbst, und er erwartet diese Selbstverpflichtung auch von anderen.
- Strategie: Da dieser Typus Zuverlässigkeit und Sicherheit (Voraussehbarkeit) benötigt, ist ihm Kontinuität sehr wichtig. Er ist bestrebt, an dem festzuhalten, was sich bewährt hat (traditionale Orientierung); daraus bezieht er Leistung(sbereitschaft) und Gewissheit. Im Grunde ist er eher sachlich orientiert, lässt sich aber auf soziale und emotionale Belange soweit ein, wie es ihm erforderlich scheint, um zu gewährleisten, dass alle motiviert genug sind, effizient zu arbeiten, ihre Aufgaben zu erledigen etc. und sich einigermaßen wohl fühlen.
- Reaktion auf Veränderungen: Veränderungen bereiten ihm eher Unbehagen; daher reizt er Beharren aus, bis es nicht mehr möglich ist. Er ist bestrebt, viel dafür zu tun, damit sich für die Abteilung nach Möglichkeit nichts ändert. Da er sowohl fürsorglich als auch sachlich orientiert ist und die Sorgen anderer ernst nimmt, informiert er bereitwillig über das, was er weiß, beteiligt sich an Spekulationen aber nur, wenn es handfeste Indizien gibt. Durch Indizien genährte Eventualitäten greift er auf und diskutiert sie so, dass sich alle auf das mental vorbereiten können, was sie auf der Basis des Diskutierten für wahrscheinliche Ereignisse und Entwicklungen halten. Soweit für ihn die Si-

tuation bewältigbar erscheint, ist es unwahrscheinlich, dass er sich nach Alternativen außerhalb des Unternehmens umsieht – das ist seiner Loyalität ebenso zu verdanken wie seiner Abscheu vor Neuem.

Wechseltyp

Sie stutzen kurz, fragen sich: „Huch, ist was los?" Erinnern sich: „Ach ja, gestern die Info!", überlegen kurz, ob Sie reinmarschieren sollen, um mit den Mitarbeitern zu reden, lassen es aber: „Meine Güte, ich habe so viel so tun! Unsere Abteilung ist ja nicht betroffen. Also lass ich die mal jammern, das gibt sich schon wieder! Vielleicht später."

- Typus: Sein Fokus liegt auf Neuem, Aufregendem, auf Bewegung, Tempo, Abwechslung, Aktion. Er ist neugierig, experimentierfreudig, aber auch ungeduldig und flüchtig, wenn Nachhaltigkeit und Routinen gefragt sind. Er lebt eher egozentriert als auf andere ausgerichtet und verhält sich empathisch nur nach eigener Stimmungslage („Lust haben") und Interessenlage („Will ich gerade …?"). Er übt sich in Unbekümmertheit („Das wird schon wieder!") und fällt durch seine – wiederum egozentriert motivierte – Geselligkeit auf: hat immer dann Zeit für einen Small Talk, wenn er gerade Lust dazu hat und in Stimmung dazu ist.
- Strategie: Betont Wichtigkeit von Flexibilität, tendiert besonders dazu, Veränderungen zu fordern und selbst zu initiieren, nimmt Veränderungen leicht – und verlangt auch von Mitarbeitern, sich schnell auf neue Gegebenheiten einzustellen und sich freudig mit ihnen zu arrangieren.
- Reaktion auf Veränderungen: Da er selbst Freude an Veränderungen und Bewegung hat (Motto: Wechsel und Veränderung ist immer eine Chance!), pflegt er eine Attitüde, die Sorgen, Ängste und dergleichen Gefühle grundsätzlich wenig ernst nimmt; statt dessen verweist er auf neue und aufregende Möglichkeiten. Geht daher nach Stimmungslage verbal und nach außen hin auf Besorgnis ein (momentane, flüchtige Empathie) und beteiligt sich mehr aus Spaß an Theatralik an Spekulationen und Dramatisierungen, um sie schließlich jedoch zu verharmlosen: „Ach, das wird schon nicht so schlimm!" oder zu beschönigen: „Na, da haben wir dann wieder eine Möglichkeit, etwas Neues zu machen!". Bei nicht-empathischer Stimmungslage neigt er dazu, Sorgen

zu ignorieren oder abzuschieben: „Meine Güte, sind das Mimosen! Die sollten lieber gucken, was wir noch machen können, um ..." Auf Veränderungen reagiert er nach Gefälligkeit: Findet er sie interessant, spannend, bleibt er dabei; wenn nicht, kokettiert er durchaus mit Alternativen und empfiehlt das auch anderen.

Wie kann diese Typologie Ihnen helfen? Sie zeigt in pointierter Form, dass die Art, wie Menschen Veränderungen wahrnehmen, erleben und auf sie reagieren, je nach persönlicher Disposition unterschiedlich ausfällt. Selbstverständlich fließen noch zahlreiche andere, soziologisch und sozialpsychologisch zu fassende Faktoren ein; dem praktischen Primat zuliebe konzentrieren wir uns hier auf die persönliche Grundmotivation. Zwar hat jeder Mensch von jeder Grundmotivation etwas, aber die meisten leben einen Zug oder zwei Züge besonders ausgeprägt. Die Riemannsche Typologie hat ihre Brauchbarkeit seit Jahren immer wieder bewiesen. Sie kann auch Sie praktisch in der Selbst- und der Mitarbeiterführung unterstützen, sei es dadurch, dass vorhandenes Wissen bewusst gemacht wird, oder dadurch, dass Sie sich erstmalig systematisch mit der Frage: „Wie umgehen mit Verunsicherung?" befassen. Außerdem eröffnet sie die Chance, die Falle zu umgehen, Ihre persönlichen Strategien (unreflektiert) auf andere zu übertragen: „Wenn ich das kann, müssen andere das auch können!" Haben Sie sich in dem einen oder anderen Typus wiedergefunden? Prüfen Sie sich selbst:

* Formulieren Sie Ihre motivationale Präferenz. Befragen Sie sich und/oder eine Ihnen vertraute und gleichzeitig kritische Person, wie Sie insbesondere auf Veränderungen reagieren und wie Sie mit Unsicherheitsgefühlen bis hin zu Furcht oder Angst umgehen. Welche Strategie(n) wenden Sie in Bezug auf sich selbst an? Neigen Sie dazu, sich mit „mulmigen Gefühlen" oder konkreter Furcht zu konfrontieren? Sind Sie mutig genug, sie sich einzugestehen, geschweige denn, darüber zu sprechen? Neigen Sie eher dazu, sie solange zu ignorieren, bis sie nicht mehr zu leugnen sind? Welche Impulse, Gedanken, Gefühle leiten Ihr Reden und Handeln? Werden Sie konkret: Was, wenn ich das Unternehmen verlassen müsste? Was könnte ich tun, um mir Sicherheit zu geben und mich leistungsfähig und motiviert zu halten? Oder: Was tue ich, wenn ich Personen kündigen muss? Wie bereite ich mich darauf und auf ein Gespräch vor? Wen nehme ich dazu? Informiere ich die Abteilung vorher?

• Nehmen Sie die Ihnen direkt zugeordneten Mitarbeiter, und formulieren Sie deren motivationale Präferenzen (selbstverständlich aus Ihrer
Sicht). Machen Sie sich aufgrund Ihrer Einschätzung, die Sie mit Ihrem
Stellvertreter oder einer anderen Person überprüfen können, bewusst,
mit welcher Strategie Sie auf jeden einzelnen Mitarbeiter am ehesten
zugehen sollten, um mit ihm über etwaig vorhandene Unsicherheiten,
Ängste oder Furcht zu sprechen.

• Rufen Sie sich öfter ins Bewusstsein, dass es eine Verlockung ist, eigene Muster, Präferenzen, Meinungen etc. (adäquat zur Grundmotivation) auf andere zu projizieren, insbesondere, wenn Sie selbst „unter
Druck" stehen. Das ist nicht nur verhaltenspsychologisch belegt, sondern inzwischen auch neurologisch: Unser Gehirn ist ein hochgradig
ökonomisch arbeitendes System, das mit möglichst wenig Aufwand
möglichst viel und schnell erreichen will; deshalb nimmt es gern Ab-
kürzungen: Wege, die es „im Schlaf" kennt und „automatisch" ein-
schlägt. Auf der Verhaltensebene zeigt sich das in persönlichen Reak-
tionsmustern. Beispielsweise reagiert ein Wechseltyp auf die Nachricht,
dass er sich in der eigenen Abteilung von Personen trennen muss, eher
mit Trivialisierung plus Optimismus für die Zukunft: „Hm, heikel!
Aber andererseits: Wird schon nicht so wild werden, und das frei gewordene Budget können wir dann für Zukunftsträchtiges verwenden."
– Wenn er das einem Beziehungstyp in dieser Form mitteilt, wird der-
jenige ihn für kaltherzig, leichtfüßig, verantwortungslos halten und urteilen: „Der begreift von den Ängsten der Leute so viel wie ein Kroko-
dil vom Kochen!", „Der nimmt mich nicht ernst!"

Soweit zu einem ersten Schritt. Der zweite Schritt lenkt Ihre Aufmerksamkeit auf die „Stimmung" innerhalb Ihres Führungsumfelds. Es geht
darum, dass Sie vielleicht erstmals oder besser wahrnehmen, welcher
Grad an Verunsicherung, Furcht und Angst in Ihrem Wirkungsumfeld
dominiert und wodurch er fundiert ist. In der Praxis bewährt haben sich
folgende Maßnahmen:

Weitere Maßnahmen gegen Angst

- Generell: Gehen Sie mit offenen Sinnen durch Ihre Abteilung!

- Führen Sie Gruppengespräche mit den Ihnen direkt zugeordneten Mitarbeitern, um deren Befindlichkeit, Sichtweisen, Gefühlslagen kennen zu lernen. Klären Sie dabei auch, auf welche Erlebnisse, Ereignisse, Gespräche etc., kurz: auf welche Fakten und Indizien Sie selbst und Ihre Mitarbeiter zurückgreifen, die in den jeweiligen Grad an Verunsicherung und auch in Spekulationen münden.

- Ermutigen Sie Ihre Leitenden, das Gleiche mit ihren Mitarbeitern zu tun.

- Überlegen Sie, welche Foren der Aussprache Sie nutzen können, um durch Diskussion zu erfassen, welche Verunsicherung in Ihrem Führungsbereich vorherrscht.

- Führen Sie Einzelgespräche selektiv, wohl überlegt, auf speziellen Bedarf bezogen.

- Überlegen Sie, inwiefern eine Art „Briefkasten" sinnvoll ist, in den Mitarbeiter anonym Fragen, Kommentare, Botschaften etc. hineinwerfen können. Erfahrene Unternehmen empfehlen dabei diese Praxis: Aufstellung des Kastens an einem gut erreichbaren und zentralen Ort, an dem Absender nicht leicht beobachtet werden können; alle drei bis vier Wochen sollte der Kasten geleert werden. Da Misstrauen verbreitet ist, sollte die Besprechung der Botschaften in der großen Runde die ersten zwei, drei Male mit externer Moderation stattfinden; danach besteht in der Regel genügend Vertrauen und Vertrautheit mit dem Prozedere, so dass intern moderiert werden kann.

- Eine Pinnwand mit einem „Stimmungsbarometer" in der Abteilung installieren (mit einer Skala von Bildsymbolen oder Aussagen: „fühle mich ausgezeichnet/sicher/wohl" bis „fühle mich völlig frustriert/unsicher/unwohl"). Bitte an die Mitarbeiter: Jeden Abend einen Klebepunkt an die Stelle kleben, welche die persönliche Befindlichkeit am ehesten ausdrückt. Jede Woche wird das Gesamtbild erfasst und einmal im Monat ausgewertet – um daraufhin zu entscheiden, ob und mit welcher Absicht eine Austauschrunde angeboten werden soll.

- Bedarfsbezogene Austauschrunden anbieten: Jeder, der Bedarf hat, kann sich anonym oder offen in eine jedem zugängliche Liste eintragen. Kündigen Sie vorher an, ab welcher Zahl der Einträge Sie eine Austauschrunde durchführen werden.

Die Funktion dieser Praktiken liegt vorzugsweise darin, dass sie Ihnen dabei helfen, systematisch Beunruhigungen zu erfassen, diffuse Ängste in konkrete Befürchtungen zu übersetzen, ihre Grundlage kritisch zu prüfen und das Ergebnis jeweils als „Gradmesser" für Beunruhigungen und Anhaltspunkt oder Sprungbrett für Anschlusshandlungen, Maßnahmen zu nehmen.

Dass es mit einem einmaligen Durchlauf keinesfalls getan ist, sondern diese und andere Maßnahmen wiederholt ergriffen oder als Routine bzw. Ritual (vorübergehend, sozusagen als Krücke) institutionalisiert werden sollten, wird auch vor dem Hintergrund folgender Erkenntnisse plausibel:

- Furcht und Angst spornen solange an und „motivieren", wie der Betroffene an seinen Erfolg glaubt. Im positiven Fall strengt sich der Betroffene an, den Anforderungen zu genügen und seinen Arbeitsplatz zu sichern. Im negativen Fall liegen Demotivation („Hat ja alles keinen Sinn") bis hin zu Resignation, innerer Kündigung nahe.
- Gefühle wie Furcht oder Angst aktivieren mehr neuronale Netze und psychische Energie; sie setzen sich rascher und stärker in Psyche, Gehirn und Körper fest (Dauerbeschuss von Stresshormonen wie Adrenalin) als erfreuliche Anlässe und Erlebnisse. Hält also Verängstigung an, schlägt sich das auf Engagement, Effektivität und Qualität der Arbeit nieder.
- Das Gleiche gilt für den Raum und die Energie, die Unruhe, Furcht und Angst beanspruchen: Sie expandieren und okkupieren mehr als Positives. Besonders prekär wird es, wenn der besagte Distress über Monate oder gar Jahre währt, sozusagen chronisch wird. Das Furcht oder Angst Machende kreist in uns, absorbiert, okkupiert das System, wird allmählich immer weniger steuerbar. Sie werden zu „Selbstläufern", etablieren ein permanentes Hintergrundrauschen mit entsprechenden kontraproduktiven Auswirkungen. Das Lernen von Neuem, die Offenheit für Fremdes, das Einnehmen neuer Perspektiven und Setzen neuer Vorzeichen nehmen ab. Es gibt eine Grenze des Erträglichen. Sobald der Glaube erlischt, der Furcht oder Angst jemals Herr zu werden, verändert sich das Fühlen, Denken und Handeln in qualitativ neuer Weise: Die individuell erlebte Hilflosigkeit wird besiegelt, entweder in Richtung Aggression und oder in Richtung Flucht.

Im dritten Schritt weitet sich noch einmal das Feld Ihrer Handlungsoptionen. Der Schwerpunkt der Zielrichtung liegt auf dem „Managen" Ihres Verantwortungsbereichs. Neben bereits formulierten in praxi bewährten Maßnahmen (die stichwortartig wiederholt werden) können Sie mit folgenden erprobten Handlungsweisen die Gesamtsituation verbessern:

Handlungsoptionen gegen Angst

- Selbsterkenntnis und Selbststeuerung: Kenntnis eigener Werte, Überzeugungen, Ambitionen, Reizschwellen, Frustrationstoleranz u. ä. sowie Muster in Denken, Fühlen, Verhalten und Handeln bewusst machen, einschließlich der Erwartungen, die an Mitarbeiter im- und explizit gestellt werden.

- Selbststeuerung dort erhöhen, wo insbesondere Manager unter besonderer Beobachtung stehen.

- In der Mitarbeiterführung besonders darauf achten, durch welche Art der Kommunikation und des Verhaltens der Zugang zur Mitarbeiter-Persönlichkeit möglich ist.

- Stets für „Stimmen und Stimmungen" in der Abteilung empfänglich sein und – selektiv – darauf reagieren.

- Verbindlichkeit und Zuverlässigkeit, Transparenz und Nachvollziehbarkeit, Verstehenkönnen bei Prozessen, Entscheidungen, Aktionen und Handlungen herstellen – sich Glaubwürdigkeit, Vertrauen und Zutrauen verdienen.

- Botschaften aus Unternehmensführung/Geschäftsleitung verständlich machen: (a) verstehen (gegebenenfalls nachfragen, auch kritische Rückmeldungen geben und einholen), (b) in den Gesamtzusammenhang des Marktgeschehens einordnen, (c) auf den eigenen Führungsbereich übersetzen, (d) in die Abteilung vermitteln.

- Foren/Möglichkeiten bereitstellen, in denen Marschrichtung, Schwerpunkte etc. bis hin zu prospektiven Entwicklungen erläutert und bei Bedarf diskutiert werden (Nichtwissen eingestehen, nicht drum herum reden!).

- Foren/Möglichkeiten bereitstellen, in denen frei über Verunsicherung etc. gesprochen werden kann. Hier geht es nicht nur darum, frei zu äußern, sondern auch kritisch zu fragen, auf welche Indizien sich welches Gefühl, welcher Gedanke, welche Wertung etc. stützt. Ein solches Forum kann ein interner Workshop sein, der den zusätzlichen Vorteil hat, neben einem Austausch auch weiter zu verfolgende Ergebnisse zu produzieren (in praxi häufig mit externer Moderation).

- Personalentwicklung und -qualifizierung systematisch und mit dem Blick sowohl auf im Unternehmen benötigte Kompetenzen als auch daraufhin betreiben, den Marktwert des Mitarbeiters generell zu erhöhen (schafft Vertrauen). Dabei beide Dimensionen der Weiterbildung verfolgen: fachlich, methodisch und persönlich.

- In der direkten Führung: Erwartungen, Anforderungen etc. klar formulieren, abstimmen und Ziele als überprüfbare Ergebnisse vereinbaren (schafft Sicherheit und erhöht Vertrauen).

- Die Frage: „Haben wir die richtigen Leute?" als Frage nach Kompetenzen im Netzwerk unternehmerischer Ziele übersetzen: Welche Kompetenzen haben wir zurzeit? Welche Kompetenzen brauchen wir innerhalb welchen Zeitraums aufgrund welcher Annahmen über die Markt- und Unternehmensentwicklung? Welche dieser Kompetenzen haben wir im Haus verfügbar? Welche können wir verfügbar machen (Potenzial entwickeln)? Welche Kompetenzen benötigen wir etwa wann weniger/nicht mehr? Welche Kompetenzen müssen wir einkaufen? Sodann klären, welche Spielräume Sie haben, um die Kompetenzen zu entfalten oder/und einzukaufen, die Sie benötigen, um den propektiven Entwicklungen erfolgreich begegnen zu können.

Topmanager sollten zusätzlich noch auf folgende Aspekte achten:

- Skizzieren, welche Unternehmenskultur, einschließlich der Führungs-philosophie, aus welchen Gründen und mit welchen Zielen gewollt ist und wie sie gelebt werden soll.
- Kultur, „Vision", Strategie und (operative) Taktik, Organisation, Ab-läufe aufeinander abstimmen (Synchronisierung).
- Haupttätigkeitsfelder, Kernkompetenzen nach Unternehmensberei-chen, Objekten/Produkten u. ä. und deren Funktion differenzieren.
- Freiräume und Rahmenbedingungen der Unternehmenseinheiten defi-nieren.
- Im Management-Führungskreis für Konsens nach außen sorgen: innen kontrovers diskutieren mit dem Primat des besten Arguments; nach außen mit einer Stimme sprechen und in einer Richtung handeln.
- Den „Change-Prozess" nicht nur strategisch, organisational und struk-turell, sondern auch menschlich in Bezug auf den heterogenen Kreis der Betroffenen ernst nehmen. Dort, wo möglich, aktiv nachfragen, wo Un-terstützung und Hilfen in welcher Weise nützlich sind und sie anbieten.
- Systematische, perspektivisch und breit angelegte Personalentwicklung und -qualifizierung. Sie hält das Unternehmen wettbewerbsfähig und ist ein deutliches Zeichen, dass Mitarbeitende als Kern- oder Schlüs-selkompetenz im Unternehmen wertgeschätzt werden.
- Auf „wording" achten: Metaphern und Wortwahl bei insbesondere of-fiziellen Anlässen bewusst wählen. Es wirkt beispielsweise unglaub-würdig und macht misstrauisch, wenn offiziell von „gesundem Wett-bewerb" gesprochen wird, inoffiziell indes häufig von „Krieg" oder „Schlacht" oder „Feindflug" die Rede ist.
- Bei Kommunikationsinhalten glaubwürdig sein. Das fordern, was praktikabel ist und unternehmensweit durchgesetzt wird bzw. realisti-scherweise werden kann.
- Nachfragen aufnehmen, etwa bei Verständnisdefiziten in dem, was die strategische Ausrichtung des Unternehmens genau ist und was dies für die Abteilungen, Teams konkret bedeutet.
- Bereitschaft erhöhen, kritisches Feedback zu unternehmerischen Ent-scheidungen von Mitarbeiterseite anzuhören. Dabei ist es hilfreich, sich bewusst zu machen: Der Mitarbeiter ist näher am operativen Gesche-hen und am Kunden als ein Topmanager!

• Prüfen, ob es Personen im Unternehmen gibt, die sich als Change agents eignen. Häufig sind das informelle Leader, die Sie – bitte programmatisch! nicht ad hoc – als Promotoren einsetzen können, um sowohl das Neue an der Marschrichtung als auch in der Unternehmenskultur zu verbreiten, zu vermitteln und dafür „zu begeistern". Achtung: Change agents zu „installieren", ist ein eigenes Projekt, zu dem Personen freigestellt werden müssen und das sorgfältig vorbereitet werden muss.

Überleben nur die Paranoiden?, lautete die Eingangsfrage. Nun, Paranoia bedeutet „in einem Wahn gefangen sein" und wird heute in der Bedeutung von Verfolgungswahn gebraucht, psychologisch aber auch: Größenwahn, Beziehungswahn und religiöser Wahn. Wahn wiederum gilt als Krankheitszustand, als Syndrom pathologisch verfälschter Bewusstseinszustände (Kognitionen), die keiner Korrektur durch Beweisgründe oder einer Realitätsüberprüfung zugänglich sind. Diese definitorischen Komponenten zeigen Paranoia als reaktives und selbstbezügliches, sich selbst verstärkendes Geschehen. Paranoid handeln im Arbeitsalltag heißt, ständig auf der Hut sein. Dafür gibt es Anzeichen. Wenn die Antwort „Ja, es überleben nur die Paranoiden" lautet, dann gilt dies nur für einen absehbaren Zeitraum. Denn Paranoiker überleben zu einem persönlich hohen Preis, vor allem dem des psychosomatischen Erkrankens und Scheiterns an der Realität. Auf Unternehmensebene heißt das: Misstrauens- und Angstkultur, hoher Krankenstand, hohe Kosten, hohe Fluktuation, Ressourcenvernichtung und schlussendlich: Kollaps. „In the long run" lautet die Antwort daher: Nein, die Paranoiden überleben nicht! Denn: „Angst essen Seele auf."

5.5   Führungskraft als Vorbild?

> Niemand kann andere Menschen gut führen, wenn er sich nicht ehrlich an deren Erfolg zu freuen vermag.
>
> (Thomas Mann)

Die Frage nach der Vorbildfunktion und den ihr innewohnenden Bedeutungen und Konsequenzen ist durchaus wert, reflektiert zu werden, und zwar aus vornehmlich zwei Gründen. Grund eins: In den letzten Jahren geraten insbesondere Handlungsweisen von Topmanagern in eine kritische, moralisch geführte Diskussion im Umfeld der Begriffe Korruption, Unterschlagung, Bereicherung, Managementgehälter vs. Mitarbeiterlöhne. Grund zwei, mit dem ersten verwoben: Führungskräfte werden sowohl in der Literatur als auch in der Praxis dazu angehalten, sich vorbildlich zu verhalten. Die Vorbildfunktion rangiert als eine der Schlüsselanforderungen. Das Postulat wird sehr ernst genommen. Im Einzel-Coaching, um ein Beispiel zu nennen, hadern Führungskräfte mit dem Anspruch, als Vorbild zu dienen, zweifeln an sich selbst und leiden, weil sie ihren eigenen(!) Ansprüchen nicht gerecht werden können.

Die folgenden Überlegungen engen den Fokus insofern ein, als nicht unternehmerische Ethik diskutiert wird, sondern die Frage, ob und inwiefern Führungskräfte qua Funktion verpflichtet und in der Lage sind, der Aufforderung, Vorbild zu sein, nachzukommen.

Zwei simple Alltagsszenen als Entrée, um eine Facette der realen Bedeutung der Frage bewusst zu machen:

Szene eins:
Ist es Führungskräften erlaubt, „menschlich, allzu menschlich" zu sein?

Zwei Mitarbeitende unterhalten sich über den Auftritt ihres Chefs während eines Meetings. „Meine Güte, war der heute wieder mieser Laune! Hat den Druck von oben eins zu eins durchgegeben!" „Und die Wortwahl erst!, ‚Knechten' müsse man die Dienstleister, ‚das Letzte rausholen' aus den Leuten!" „Und das Benehmen! Man kann sich doch in der Position nicht ernsthaft dazu hinreißen lassen, wie ein wild gewordener Tiger im Raum rumzurennen! – Und so was will Vorbild sein!"

Szene zwei:
Ist es Führungskräften erlaubt, in alte Muster zurück zu fallen?

Die Abteilung hat am Vortag einen Workshop zum Thema „Persönlichkeit und Führungskultur" durchgeführt. Einige Kollegen und Kolleginnen unterhalten sich. „Nun haben wir doch gerade gestern darüber gesprochen, dass man andere Leute ausreden lassen soll, oder?! – Und was tut unsere verehrte Chefin während unseres Meetings heute?! – Ganz genau das Gegenteil! Völlig egal, ob Zeitdruck war oder nicht. Schließlich soll sie unser Vorbild sein! Soll die mir noch einmal sagen, was ich tun soll! Erst mal soll sie selbst ihr Verhalten ändern – dann mach ich's auch."

Beide Fragen werden publikumswirksam mit „nein" beantwortet. Dabei wird das Praktische und Einfache in den Vordergrund gestellt, sozusagen psychologische und verhaltensrelevante Komplexität reduziert in einer Weise, die die Last einseitig verteilt: Führungskräfte sollen sich in vorbildlicher Weise verhalten, das ausnahmslos und damit basta! Das Problematische gerät dabei in den Hintergrund. In Stichworten notiert, stellt es sich so dar: Im Vorbilddiskurs wandelt sich Führen zu einer Beziehung zwischen Modellen (Manager) und Kopien (Mitarbeiter), zwischen Prägenden und Geprägten, Stempelnden und Gestempelten, Lehrern und Schülern. Pointiert gesagt: Reife Menschen hier, infantilisierte Erwachsene dort. Führungskräfte sollen vor-leben, vor-machen. Damit tragen sie, das gerät aus dem Blick, die Bürde programmierten Versagens. Mitarbeitende sollen nach-leben, nach-machen und tragen das leichte Gepäck des Freifahrtscheins der Exkulpation (oder Mimikry). (Von der Vernachlässigung systemischer Betrachtung zu schweigen.)

Die Erfahrung lehrt, dass die Antwort „Vorbild, nein danke!" in praktischer (!) Hinsicht weder eine hilfreiche noch eine leistbare ist. Die neueren Anforderungen an Mitarbeiter und Führungskräfte lehren, dass ein „Vorbild, ja bitte!" am erforderlichen Bedarf vorbei geht. These und Antithese können allerdings, um das pädagogisch-praktische Interesse und seine Früchte im Bereich von fassbaren Auswirkungen zu retten, in einer Synthese aufgehen, so dass die Antwort lautet: „Vorbildfunktion: ja, bitte, jedoch mit verändertem Verständnis."

Und dieses vorweggenommene Fazit möchten wir Ihnen im Folgenden in knappen Ausführungen herleiten. Lassen Sie sich zunächst auf einige analytische Überlegungen ein; denn sie sind verhaltenswirksam. Am Schluss steht ein Vorschlag für eine Synthese, die die in praxi existierenden Am-

bitionen von Führungskräften sowie die praktischen Anforderungen der
Führungsverantwortung zufrieden stellen kann – ohne Gefahr zu laufen,
realitätsfremd und von vornherein nicht leistbar zu sein.

Zunächst also: „Vorbild, nein, danke!"

Wogegen richtet sich das Votum: „Vorbild, nein danke"? Es richtet sich
gegen die Implikationen des Vorbildgedankens, gegen den Anspruch, unter allen Umständen Vorbild sein zu müssen; denn, so die These, diese
Implikationen sind in ihrer Wirkung risikovoll bis kontraproduktiv. Dies
gilt insbesondere im empirischen Raum. Führungskräfte verinnerlichen
den Anspruch und streben, zumindest eine Weile, an, ihm im realen
Führungsgeschehen Ausdruck zu verleihen. Dabei wird das Postulat in
einem absoluten, umfassenden Sinn verstanden und beansprucht in dieser Breite Geltung und Bedeutung. In diesem Sinn verweist es auf Vor-
Leben und Vor-Machen. Im Rahmen pädagogischer, das heißt erziehe-
risch wirkender Semantik dient ein Vorbild als Modell, das nachah-
menswertes Verhalten zeigt. Mit anderen Worten: Ein Vorbild soll ein
Verhalten zeigen, das von Mitarbeitenden „nach-gelebt", mithin kopiert
werden kann, um „richtig" oder angemessen zu sein. Und genau mit diesem Pathos ist das Gebot als Verhaltensaufforderung eine praktische Unmöglichkeit, ein Anachronismus und ein kontraproduktives Obligo.
Denn einerseits stilisiert es Führungskräfte zu Modellen und überfordert
diese damit sowohl psychologisch als auch führungspraktisch. Andererseits infantilisiert es Mitarbeitende, zementiert Herrschafts-, Lehr- und
Lernverhältnisse im Gewand eines pädagogisierten Führungsverständ-
nisses. Prominente Analogien sind Gärtner und Pflanze sowie Kapitän
und Mannschaft. Die so beschriebene Beziehungskonfiguration wider-
spricht praktischen Anforderungen an Führungskräfte und an Mitarbeitende, nämlich „mündig", sprich: eigenverantwortlich, selbstständig und
unternehmerisch zu denken und zu handeln.

Die Forderung, als Vorbild zu fungieren, unterstellt Führungskräften im
Vergleich zu Mitarbeitenden, die „reiferen", mithin diejenigen Menschen zu sein, die sozial kompetenter sind. Das Postulat gibt Führungskräften auf, vorbildwerte Verhaltensweisen ausnahmslos zu praktizieren,
sobald sie in ihrer Führungsfunktion wahrgenommen werden (können).
Es auferlegt ihnen, stets (!) imitationswertes Verhalten zu zeigen. Das im-

pliziert unter anderem ein Wissen darum, welche verhaltenswirksamen Normen dem Vorbild-Charakter Genüge leisten. Damit verbunden ist die Notwendigkeit, das eigene Verhalten permanent zu überprüfen, also Selbstbeobachtung kontinuierlich mitlaufen zu lassen, und folglich Beobachter und Akteur zugleich zu sein. Das dürfte Führungskräften schwer fallen. Genannt seien nur diese Gründe: Neben prinzipiellen Schwierigkeiten (siehe auch unten) werden sie durch ihre operative Tätigkeiten in Atem gehalten. Sie haben schlicht zu viel und zu Unterschiedliches zu tun und zu lernen, als dass sie sich selbst permanent zum Gegenstand der Betrachtung machen könnten. Zudem lehren uns psychologische Erkenntnisse, dass und warum es Menschen schwer fällt, sich selbst kritisch zu betrachten und sich Fremdkritik zu öffnen: Jede fundierte Kritik kann verletzen und als Angriff auf das Selbstbild wahrgenommen werden. Um sowohl die Selbstbeobachtung als auch die Selbstüberwindung zu kritischer Selbstschau leisten zu können, benötigen Führungskräfte außer einer entsprechenden bejahenden Einstellung, diese Anstrengungen unternehmen zu wollen, ein Grundlagenwissen über psychologische Zusammenhänge, Prozesse und ihre Auswirkungen auf ihre eigene wie die fremde Persönlichkeit. Da sie in der Verantwortung stehen, Mitarbeitende zu führen, müssen sie im Rahmen des Vorbildpostulats ferner auf Kenntnisse sozialpsychologischer Mechanismen zurückgreifen können, um zielgerichtet intervenieren zu können.

Diese Zumutungen oder Anforderungen werden in einem praktischen Umfeld erhoben, in dem von Führungskräften fachliche und/oder unternehmerische Höchstleistungen erwartet werden; in einem Umfeld, in dem sie, gerade im mittleren Management, aufgrund struktureller Verschlankungsmaßnahmen zudem operativ tätig sind, sich also nicht nur auf Führung von Mitarbeitenden konzentrieren können. Zudem müssen Führungskräfte in zunehmend komplexen Zusammenhängen agieren, die ihrerseits äußerst implikationsreich sind. Ferner sind sie konfrontiert mit dem Dekret, Mitarbeitende zu „unternehmerisch denkenden und handelnden", also selbstverantwortlichen und ergebnisfokussierten Intrapreneuren zu entwickeln, und schließlich sollen sie in der Mitarbeiterführung der Individualisierung von Motivstrukturen, Persönlichkeitsdispositionen, Sinnpräferenzen und ähnlichem Rechnung tragen. Bereits hier wird deutlich, dass das Gebot nicht leistbar ist und sich bestenfalls als regulative Idee eignet.

Der asymmetrischen Beziehungskonstellation von Führen und Geführt-
werden, wie sie in obigen Abschnitten beschrieben ist, verdanken sich unerwünschte Wirkungen. Die hierarchisch und pädagogisch codierte Beziehung von Oben und Unten, Vorgesetzt- und Nachgesetzt-Sein behindert, erschwert oder verhindert wechselseitige Lehr- und Lernbereitschaft und -praxis, insbesondere das Lernen der Führungskräfte von
Mitarbeitenden. Der Verinnerlichung des Dogmas korrespondiert im
drastischen Fall, nämlich dann, wenn Mitarbeitende auf das verlocken-
de Angebot der Infantilisierung eingehen, das oben erwähnte Warten auf
Entwickelt-Werden, das Nach-oben-Schauen und – oft als Trotz zu beobachten – das nachäffende Imitieren von nicht wünschenswertem Verhalten seitens Vorgesetzter.

Eine andere weit verbreitete Auswirkung liegt darin, rückzudelegieren
und sich jedweder Verantwortungsübernahme zu entziehen. Wo „vor-ge-
lebt" wird, soll „nach-gelebt", nachgemacht, imitiert, abgeguckt, kopiert
werden. Mitarbeitende gelten in diesem Sinn a priori als die zu erzie-
henden, lernbedürftigen und noch unreifen bzw. unreiferen Menschen.
Strikt gewendet, enthebt sie dies der Verantwortung, selbst(ständig) zu
denken und zu handeln. Das exemplifizieren die eingangs geschilderten
realen Szenen. Unfreiwillig betont wird das „Nach-oben-Schauen", und
dies wiederum ermöglicht, ja legitimiert ein Warten auf Gezeigt-Bekom-
men, Entwickelt-Werden, provoziert Drückebergertum und Rückdele-
gation.

Das Vorbilddekret konterkariert auch neuere Anforderungen an Mitarbeitende, wie zum Beispiel die Forderung, sich als Unternehmer im Unternehmen zu fühlen, unternehmerisch zu agieren, einschließlich der
Kompetenz, sich selbst zu organisieren, in sich selbst organisierenden
Netzwerken oder Projekten zu wirken und nicht nur intern aufmerksam
und effektiv zu sein, sondern auch über den Tellerrand der eigenen Abteilung, des eigenen Unternehmens hinaus zu denken und initiativ zu sein.
Peter Drucker und andere legen dar und plädieren dafür, dass Führung
heute bereits prinzipiell sowohl auf alle Mitglieder eines Unternehmens
verteilt als auch zeitlich an Projektleitungsaufgaben gebunden sein sollte.[6] In der Folge, so der Tenor, wandeln sich Verständnis und Praxis des
Führens. Aus der Tradition überlebt nur noch der Gedanke hervorgeho-
bener Verantwortung. Diese allerdings ist prinzipiell auf alle Schultern
aller Mitglieder des Unternehmens verteilt: Sie führen das Unternehmen

qua Mitgliedschaft und Funktion aus der Perspektive einer unternehmerischen Einstellung mit. Und: Führung im Rahmen von Personalverant-
wortung flexibilisiert sich. Sie ist gebunden an wechselnde (Projekt-) Lei-
tungsaufgaben. Eine konkrete Führungsfunktion bekleidet niemand
mehr kontinuierlich; eine Führungsposition existiert als Gewand, das von
verschiedenen Menschen getragen wird. Man kann auch, etwas akade-
misch, von einer Deinstitutionalisierung auf der praktischen Ebene von
Führung sprechen.

„Vorbild, ja, bitte!"

Wenn das Vorbilddogma derartige Konsequenzen in sich birgt, warum
wird an ihm festgehalten? Welche Funktionen erfüllt es? Warum wird seine Geltung für erforderlich gehalten? In kritischer Absicht möchten wir
aus der Vielfalt der Funktionen nur zwei hervorheben. Ausführlich und
differenziert diskutiert finden Sie dies bei Oswald Neuberger[7]. Die eine
Funktion besteht darin, eine tief verwurzelte Überzeugung zu bestätigen,
nämlich den tradierten Glauben, dass menschliche Gemeinschaften Hierarchie benötigen, um überlebensfähig zu sein. Rangordnung erhält hierbei die Qualität einer anthropologischen Konstante und Notwendigkeit.
Und selbstverständlich reduziert Hierarchie Komplexität. Daraus wird
abgeleitet, dass ohne Über- und Ordnung kein Unternehmen bestehen
kann. Nur angemerkt sei, dass der systemische Ansatz diesen Glauben
wenn nicht aushöhlt, so doch in Frage stellt.

Die andere Funktion des Vorbilddogmas liegt darin, dass es das tradi-
tionell verfasste System „Unternehmen" vermittelt durch Hierarchie sta-
bilisiert. Es festigt Macht- und Ordnungsverhältnisse, denen ein Verwei-
sungscharakter inne wohnt und die Verhalten disponieren. Macht- und
Ordnungsstrukturen legen die Schneisen, markieren die Leitplanken und
nennen die Richtlinien für Verhalten. Die Vorbildforderung installiert eine soziale und handlungspraktische Asymmetrie, in der Mitarbeiterführung den Impetus erzieherischen Wirkens erhält (deutlich etwa in der
Analogie des Vorgesetzten als Gärtner) und die Führungsbeziehungen
strukturell in die Form hierarchischer Gliederung gießt. Das Vorbildpostulat verschlüsselt die asymmetrische Beziehung zwischen Führendem
und Geführtem und implementiert eine grundsätzlich einseitige Lehr-
und Lernbeziehung. Die Denkfigur lautet: Die Führungskraft weiß, was
für den oder die Mitarbeitende gut ist, deshalb ...

Diese Konfiguration behindert, dass sich eine Einstellung und Kultur aus-
prägt und gelebt wird, deren Grundlogik die der Emanzipation als Interaktion unter prinzipiell Gleichen oder Gleichwertigen ist, die wechselseitig voneinander lernen und unter denen das beste Argument und
nicht der Status den Ausschlag gibt. Das Subordinationsverhältnis ist
festgeschrieben, genauso wie ihm inhärente Werte und Normen, Denk-
und Verhaltensweisen. Diese Folgerichtigkeit wird alltäglich in Unternehmen erfahren, wenn etwa, um ein Beispiel zu nennen, eine Abteilung
aus unselbstständigen Mitarbeitern besteht, die „ihren" Chef brauchen,
um Entscheidungen zu treffen und Ergebnisse zu erzielen, und die auf-
geschmissen sind, wenn der Chef in Urlaub ist (weshalb der Patriarch
auch im Urlaub erreichbar ist ...).

Der Logik von Oben und Unten gehorcht auch das gegenteilige, empiri-
sche Beispiel: Selbstbewusste und souveräne Mitarbeitende genießen solange Wohlwollen, wie sie im Konsens mit dem Chef leben. Kommt es
zu einem massiven Dissens, werden gravierende Entscheidungen des Vorgesetzten in Frage stellt, mutieren die Etiketten „selbstbewusst" und
„souverän" in solche ganz anderer Art, nämlich: „unverschämt", „takt-
los" bis hin zu „aggressiv". In beiden Fällen ist eine Eskalationsspirale
eingebaut, die dazu führt (positiver Regelkreis), dass anknüpfende Reaktionen und Sanktionen genau jene Oben-Unten-Struktur mit ihren
programmatischen Einseitigkeiten oder Schlagseiten zementiert und verstärkt werden.

Man kann es auch weniger kritisch und eher im Jargon der Befürworter
des Postulats formulieren: Die Festschreibung leistet, sowohl Sicherheit
als auch Erwartbarkeit herzustellen. Dieses Motiv wird von den Prota-
gonisten des Postulats explizit eingeführt. Deshalb sei die Begründung in
ihren Hauptzügen notiert.

Die Stabilisierung von Herrschafts- und Machtverhältnissen ist nötig, (a)
um Organisationen überhaupt führbar und erfolgreich machen zu können, und (b) weil der Mensch als soziales Wesen Hierarchie, definierte
Strukturen, klare Regeln, eindeutige Befehl- und Gehorsamverpflichtun-
gen, kurz: Ordnung benötigt. Ordnung ermöglicht Verhaltenssicherheit
dadurch, dass die strukturellen Vorgaben Erwartbarkeit herstellen (die
– siehe oben – weitere Richtlinien im Gepäck führen). Verhalten wird
grundsätzlich durchschaubar und vorhersehbar.

Die mit der herrschaftlichen Asymmetrie einhergehenden Implikationen, wie etwa Kontrolle, Entscheidungs- und Sanktionsmacht, sind für die Betroffenen unter anderem aus zwei Gründen unablässig. Zum einen – psychologisch betrachtet – disziplinieren sie sich selbst im Sinne geforderter und erwarteter Leistungen und Motivation in Vorwegnahme möglicher Negativsanktionen, also aus Furcht oder Angst. Zum anderen – soziologisch betrachtet – ermöglichen die Implikationen wie Kontrolle und Macht erst gemeinschaftliches, auf ein Ziel gerichtetes Handeln. (Anmerkung: Kommt dies einer Absage u. a. an die Fähigkeit zu Selbstorganisation gleich? Kann das als Beleg für einen Grund gelten, weswegen es so wenig selbstorganisierte Unternehmen gibt?)

Im Dunstkreis dieser Funktionalität des Systemerhalts wird argumentiert, das Vorbilddogma erfülle den Zweck, Kohäsion zu stiften, das heißt, emotionale Bindung zu erhöhen. Dies gelinge ihm dadurch, dass durch den permanenten Austausch zwischen den Beteiligten die Beziehung intensiviert werde; im gleichen Maße gedeihen Zu- und Vertrauen als Basis der Zusammenarbeit. Das Postulat erleichtert also eine Vertrauenskultur und Zusammenhalt.

Ein weiterer Nutzen des Postulats, der mit zufriedener Miene vorgetragen wird, stellt heraus, dass Führungskräfte ihrerseits domestiziert werden: Sie werden am Schlafittchen gepackt oder – dem Selbstwertgefühl schmeichelnd – damit geködert, dass sie durch ihre Führungsfunktion eine herausragende Verantwortung, gerade in der Personalentwicklung, tragen. Da „Verantwortung verpflichtet" und Stolz sowie Imagegewinn eine lange Weile anzuhalten pflegen, funktioniert dieser Opportunitätstrick.

Als letztes affirmatives Argument sei die Funktion der Richtungsweisung und Potenzialentwicklung zitiert. Es wird darauf verwiesen, dass Mitarbeitende eine Bezugsperson erhalten, die beauftragt ist, „autoritativ" zu wirken, und deren weitere Pflicht darin besteht, als Katalysator für potenzielle Begabungen zu wirken.

Schließlich sei eine besondere Pikanterie erwähnt: Die meisten Führungskräfte befinden sich in der viel zitierten Sandwich-Position, und viele fühlen sich tatsächlich als „armes Würstchen", eingeklemmt zwischen Mitarbeitenden und Vorgesetzten. In dieser Zwischenposition verkörpern Führungskräfte – gemäß Vorbildpostulat – zwei diametral entgegengesetzte Identitäten, Funktionen und Rollen. Daher sind sie bereits in ihrem Inneren mit paradoxen Anforderungen konfrontiert, sind einer dilemmatischen Struktur ausgesetzt, aus der es kein Entrinnen gibt. Sie müssen sie dauerhaft aushalten, müssen sich mit ihr arrangieren – und können daran nur scheitern. Indes gibt es einen Ausweg, und dieser besteht in der Korrektur des Votums „Vorbild, ja bitte".

„Vorbild, ja, wenn's denn sein muss"

Angesichts der empirischen Realitäten nicht nur in Unternehmen scheint ein gänzlicher Verzicht auf das Dogma aussichtslos. Daher schlagen wir eine Synthese vor, deren Credo lautet: „Vorbildfunktion ja (als Konzession an die Empirie), jedoch neu belegt (ebenfalls als Konzession an die Empirie und gleichzeitig – wir räumen es freimütig ein - an die Begeisterung für eine kommunikative Vernunft im Geist der emanzipierten Verständigung).

Die Neudeutung bedingt die Erosion der strikten Vorbildforderung und verändert die Gewichtung der Hauptimplikation des Vorbild-Obligos in Richtung Wechselseitigkeit. Die Umdeutung des Paradigmas trägt der oben ausgeführten Analyse Rechnung, dass das Vorbildpostulat in seiner ultimativen Fassung weder leistbar noch aus funktionalen Gründen oder aus pragmatischer Sicht moderner Unternehmensführung wünschenswert ist. Die Umdeutung beugt sich der Empirie. Dies setzt konstruktive und realitätsgerechte Optionen frei. Es gilt, Abschied zu nehmen vom traditionellen Verständnis von Führung als Erziehungsauftrag und sich stattdessen dem heutigen Entfaltungs- und Förderungsauftrag zuzuwenden. Fort also vom Akzent des Vorlebens und hin zum Akzent des Befähigens (Empowerment). Diese Umgewichtung mündet unter anderem in eine dialogisch und emanzipatorisch angelegte Kommunikation und Zusammenarbeit. Sie macht die hierarchisch festgezurrte Asymmetrie blasser oder durchlässig und schließt ein, Lehren und Lernen grundsätzlich, programmatisch, systemimmanent auf beide Seiten der Führen- und Geführt-Werden-Beziehung zu legen. Dies befördert nicht nur die Haltung, sondern auch das Handeln in einem Bewusstsein gegenseitiger Verantwortung und Kooperation, Partizipation an und Zugang zu Wissen und Können, einschließlich der Bereitschaft, stets dazu zu lernen.

Die Synthese ist zu verstehen als Anpassung an den Umstand, dass die Führungsfunktion weder per Verpflichtung noch per Titel schon soziale, emotionale, intuitive Kompetenz, geschweige denn Überlegenheit verleiht. Dieser Gedanke ist auf Unternehmer übertragbar. Für beide Managerkategorien gilt, dass die mit der Position eingegangenen Verpflichtungen, Funktionen und Rollen sowie Aufgaben und Verantwortung lernend und im Austausch mit anderen Menschen entfaltet werden. Auch sie können von Mitarbeitenden lernen, schlicht schon deshalb, weil es sich ebenfalls um erwachsene, ausgebildete Menschen mit einer Jahrzehnte umfassenden Geschichte und einem breiten Erfahrungshorizont handelt. Die Synthese ist ferner zu begreifen als Anpassung an den Umstand, dass Führungskräfte zunehmend komplexe Zusammenhänge nicht mehr direkt steuern können, folglich angewiesen sind auf Mitarbeitende, die fähig sind, vernetzt zu denken, selbst organisiert, beitrags- und ergebnisorientiert sowie eigenverantwortlich und fachlich souverän zu arbeiten.

Anders formuliert: Sofern die Beziehung zwischen Führungskraft und Mitarbeitenden nicht als Oben-Unten-Verhältnis betrachtet, sondern (dem systemischen Zusammenspiel adäquat) als wechselseitiges Beeinflussen akzeptiert wird, kann sie als Austausch-Beziehung (Austausch von Kenntnissen, Kompetenzen aller Kategorien) begriffen und praktiziert werden. Bei dieser Verbeugung vor den empirischen Realitäten in Organisationen ist nicht von Egalität (als Aufhebung sämtlicher Differenzen) die Rede. Vielmehr kommt Führungskräften qua Funktion und ihr immanenter Pflichten und Rechte, eine herausgehobene Position und Verantwortung zu. Deren Fokus liegt zum einen auf der Metaebene: Führungskräfte sind verpflichtet, für Rahmenbedingungen zu sorgen, innerhalb derer sich alle Mitglieder bilden und – im Sinne der Erfolgsplanung – möglichst selbst organisiert arbeiten und abgestimmt handeln können. Zum anderen wirken Führungskräfte auf der operativen Ebene. Ihnen obliegt die Mitarbeiterführung, die sich in drei Aspekte oder Rollen des Führens auffächert: Als Coach obliegt der Führungskraft, persönliche Potenziale im Gespräch mit den Mitarbeitenden zu entdecken, zu fördern, entfalten zu helfen und entsprechend einzusetzen. Als Leader stehen Manager im Obligo, effektive Teamführung, Koordination und Synchronisierung von Prozessen zu gewährleisten. Und als Kulturmanager verantworten sie, einen ausgezeichneten Beitrag zur Kultur der Organisation durch symbolisches Management zu leisten. Und all dies innerhalb der Leitplanken, die die Zielausrichtung des Unternehmens definiert. Führungskräfte sind folglich nicht gänzlich aus der Verantwortung entlassen, sich selbst in exzellenter Weise zu führen. Die Entlastung verdankt sich – so die Synthese – der pragmatischen Wendung des bisherig undifferenziert proklamierten Dogmas.

Zurück zu den zwei Eingangsszenen und den dort gestellten Fragen: Ist es Führungskräften erlaubt, „menschlich, allzu menschlich" zu sein? Und ist es ihnen erlaubt, in alte Muster zurückzufallen? Ja, das ist ihnen erlaubt – insofern sie ihr (Miss-)Verhalten reflektieren und das Ergebnis ihrer Überlegungen, sei es als Entschuldigung, sei es als Erklärung, den Adressaten kommunizieren und gleichzeitig mit sich selbst oder anderen vereinbaren, was getan werden soll, um „Ausfälle" zu reduzieren oder zu verhindern, gewünschtes Verhalten wahrscheinlicher zu machen. Mit einem Augenzwinkern: Auch die Kritiker können etwas tun: Einstellungen und Reflexionsniveau darauf justieren, dass Umdeutungen möglich werden, so dass sie beispielsweise das Verhalten ihres Chefs anders deuten können: Das Anschreien war nicht bösartig, beleidigend gemeint oder Ausdruck schlechter Kinderstube, sondern Zeichen völliger Überlastung, Hilf- oder Ratlosigkeit ... Durchaus auch im Sinne des folgenden Zitats von Marcel Proust.

5.6   Selbstbild und Entscheidungsstile

> „Die wahre Entdeckungsreise liegt nicht darin, neue Länder zu erkunden,
> sondern die Wirklichkeit mit neuen Augen zu sehen."   (Marcel Proust)

Im letzten Abschnitt dieses Kapitels rückt ein spezieller Zusammenhang der Persönlichkeit in den Mittelpunkt, nämlich die Wechselwirkung zwischen Selbstbild oder Selbstentwurf („Ich als Führungskraft") und Entscheidungsstilen. Beide verweisen aufeinander, so dass es möglich ist, von dem Selbstentwurf auf die Art und Weise zu schließen, wie ein Mensch Entscheidungen herbeiführt und umgekehrt.

Wozu, könnten Sie fragen, ist es für Führungskräfte nützlich, diese wechselseitige Prägung näher zu untersuchen? Die Antwort in Kürze: Jeder Mensch hat eine gewisse Vorstellung, ein „Bild" davon, wie er sich selbst charakterisiert und profiliert. Dieses „Bild" verkündet, wer und wie „ich" bin und gern wäre, einschließlich der Wünsche, wie „ich" von anderen gesehen und im Profil wahrgenommen werden möchte (Fremdbild). Das Selbstbild konturiert nicht nur, wie „ich" mich selbst behandele, wie „ich" mit anderen Menschen umgehe, wie „ich" agiere (etwa Entscheidungen vorbereite und treffe), wie „ich" zur Welt stehe. Es präjudiziert auch: Bestimmte Weisen des Denken, Urteilens, Entscheidens, Kommunizierens sind wahrscheinlicher als andere, weil sie dem Selbst, weil sie „mir" näher liegen. Das Selbstkonzept wirkt gleichermaßen wie eine Erkenntnis- und Erlebnismatrix oder wie das Vorzeichen vor der Klammer in der Mathematik, das definiert, wie innerhalb der Klammer gerechnet werden muss. Kennen wir unseren Selbstentwurf, können wir herleiten, welche Einstellungen und Gefühle, Denk- und Handlungsstrategien uns nahe liegen und unser Selbstbild stärken, ihm schmeicheln und es bestätigen (und das Gegenteil). Die Einsicht in diese wechselseitige Vorprägung und Prägung ermöglicht es, das Ausmaß und die Qualität von Selbststeuerung zu erhöhen bzw. zu verbessern. Wir demonstrieren dies am Beispiel der Entscheidungsstile, weil „Entscheidungsfähigkeit" zwar zum kleinen Einmaleins des Führens gehört, Umfragen jedoch regelmäßig belegen, wie unzufrieden Mitarbeitende mit dem Entscheidungsverhalten von Vorgesetzten sind.

Werfen Sie zunächst einen Blick auf den Terminus „Selbstentwurf", und folgen Sie danach der Diskussion, die den Zusammenhang von Persönlichkeit und Entscheidungsstil erhellt.

Jeder Mensch schafft, konstruiert, erfindet sein Selbstbild selbst. Das Selbstbild antwortet auf Fragen wie:

- Wie und wer bin ich? Für wen und was halte ich mich?
- Wie und wer möchte ich sein? Für wen und was möchte ich von mir selbst gehalten werden?
- Wie möchte ich wahrgenommen werden? Als wer und wie möchte ich von anderen gehalten werden?

Zwei Annäherungen, diese abstrakt klingenden Fragen sowie die wechselseitige Prägung zu konkretisieren, möchten wir Ihnen vorstellen. Die eine verläuft über Führungsmetaphern, die andere über die Idee der individuellen Grundorientierung.

Metaphern werden seit jeher in Führungsliteratur und Führungspraxis verwendet. Die patriarchalische Führungskraft etwa wird als „Vater"-Figur assoziiert; die diktatorische mit der Metapher des despotischen Königs; die mitarbeiterorientierte Führungskraft mit der des Gärtners. Diese Metaphern dienen als Bündel von Vorstellungen, von Assoziationen und Aussagen darüber, wie sich ein Manager in der Führungsrolle definiert. Sie bilden gleichzeitig eine Art inneres Programm ab. Die einzelne Metapher vermittelt das Selbstverständnis einer Führungsideologie und -praxis. Sie erzählt, wo individuelle Vorzeichen und Hintergrund und wo Präferenzen in der Führung liegen. Die Metapher informiert darüber, vom Geist welcher Werte und Normen sowie welcher Ambitionen die Führungskraft getrieben und getragen wird.

Zu diesem Verweisungszusammenhang einige Beispiele: Die Metapher „Führungskraft als König" (manche sagen auch: als Dompteur) ist ein Selbstbild und legt das Credo oder die Grundambition nahe: „Ich (be)herrsche!". Ein zentraler Wert dieses Selbstverständnisses ist die Alleinverantwortung: „Letztlich bin nur ich verantwortlich für das, was geschieht!". Als Entscheidungsstil ist der Alleingang wahrscheinlicher als Partizipation: „Wenn ich schon allein die Verantwortung trage, entscheide ich auch allein." Eine andere prominente Metapher ist die des

Gärtners. Sein Credo: „Ich fördere und entwickle!" Eine exponierte Wertausrichtung ist etwa Entwicklung fördern: „Ich sorge dafür, dass sich Mitarbeiter entfalten können." Der Entscheidungsstil ist eine Melange aus Mitsprache und – da der Gärtner als Experte im Zweifel immer besser weiß als die Pflanze, was gut für sie ist – Alleinentscheidung: „Ich entscheide im Gespräch mit dem Mitarbeiter, in letzter Instanz entscheide allerdings ich." Eine weitere populäre Metapher ist die des Kapitäns. Credo: „Ich richte aus!" Als Wert etwa Sicherheit: „Ich sorge für Ziel und Orientierung!" Entscheidungsstil: „Ich bereite Entscheidungen mit meinen Topleuten vor, verantworte sie dann aber allein." Und schließlich eine neuere Metapher in Führungsdiskurs und -praxis: der Netzwerker. Credo: „Ich verbinde." Die Wertausrichtung: „Ich sorge für Beziehung, Koordination, Verknüpfung." Entscheidungsstil: „Ich spreche mich mit allen Beteiligten, mit den Beziehungspartnern ab."

Wenn Sie mögen, nehmen Sie sich an dieser Stelle einige Minuten Zeit, um darüber zu sinnieren, welche Metapher Sie sich selbst zuschreiben und wie sich dies vermutlich auf Ihr Führungs- respektive Entscheidungshandeln erkennbar auswirkt. Sie können auch andere Personen nach deren Metapher für Sie fragen!

Einen tieferen Blick in unser Selbst eröffnet beispielsweise das bereits skizzierte Modell der menschlichen Grundorientierungen oder Grundmotivationen von Alfred Riemann. Die vier Dimensionen Distanz und Nähe, Dauer und Wechsel verweisen auf fundamentale Ausrichtungen oder die primären Beweggründe, die uns in eine bestimmte Richtung drängen. Diese Primärmotivationen wirken meistens unbewusst. Wie angekündigt, nehmen wir die Beeinflussung von Selbstbild, Grundmotivation und Entscheidungsstil näher in Augenschein.

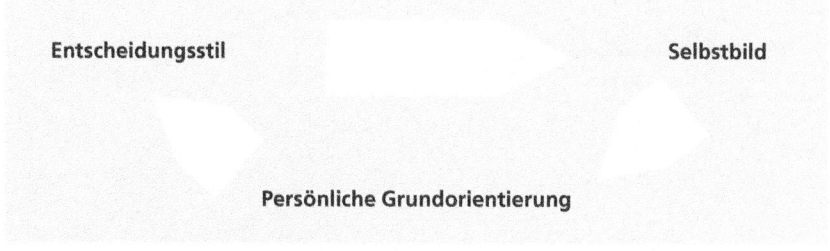

Abb. 15: Selbstbild, Entscheidungsstil und Grundorientierung

Um die persönliche Eigenart im Entscheidungsverhalten entsprechend den vier Grundmotivationen herauszuschälen, lautet die leitende Fragestellung: Worauf lege ich beim Entscheiden besonderen Wert? Wobei fühle ich mich wohl, sicher? Worin zeigt sich dieser Schwerpunkt in meinem Denken, Fühlen, Handeln? Was ist mir in der Vorbereitung einer Entscheidung und im Fällen derselben praktisch zu eigen? Was tue ich bevorzugt? Jeder der folgenden pointierten Fragen korrespondiert eine Grundmotivation, wie Sie sie bereits auf Seite 136 ff. in Bezug auf Veränderungen und Verunsicherung kennen gelernt haben.

- Hole ich typischerweise viele Meinungen ein?
- Leiten mich typischerweise meine eigenen Sachargumente?
- Lege ich typischerweise Wert darauf, Klarheit und Befolgen von Regeln im gesamten Entscheidungsprozess zu haben?
- Ist es mir typischerweise ein Anliegen, die Entscheidung lange offen zu halten?

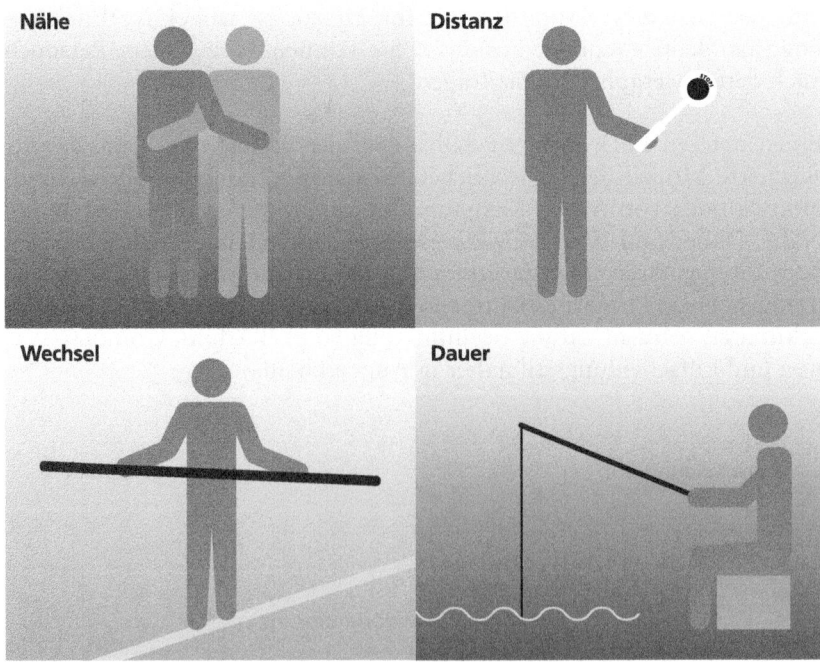

Abb. 16 Die vier Grundmotivationen nach Riemann

Beziehungstyp: Gefühlsorientierung

Charakteristika: Dieser Typus sucht und gibt Sympathie, Zuwendung sowie Nähe im Sinn einer guten, möglichst harmonischen Beziehung; in seiner Grundhaltung sucht und gibt er Anerkennung und Lob, Empathie und Anpassung (Teilnehmen am Schicksal des anderen, Mitfreude, Mitleiden). Entsprechend übt er Geduld im zwischenmenschlichen Kontakt.

Chancen/Stärken: Der Typus zeigt sich emotional, empathisch, d. h. dem anderen zugewandt, teilnahmsvoll, rücksichtsvoll, harmonieorientiert, (sozial) verantwortungsbewusst.

Risiken/Schwächen: Charakteristischerweise ist der Typus eher konfliktscheu, weil er Streit, Reibung und ähnliche Äußerungsformen von Konfliktgeschehen mit Zerstörung von Harmonie, Abwendung, Trennung verknüpft. Dem entspricht, dass er tendenziell vage formuliert und nicht klar sagt, was er mitteilen will, sobald er das Risiko hoch einschätzt, andere Menschen zu verletzen, ihnen „vor den Kopf zu stoßen". Diese Ausweichhaltung ist der Dominanz der Beziehungsebene geschuldet, im Zweifel zu Lasten von Sachlichkeit und Härte. Bei diesem Typus finden wir auch eine Neigung zum Moralisieren bis hin zur Ausübung emotionalen Drucks (vs. Nüchternheit, Sachfokus).

Durchsetzungsstrategie: Die Hauptstrategie, sich durchzusetzen, ist ein emotionales und moralisierendes Umwerben, Loben, Bestätigen, Schmeicheln. Solange das Gegenüber das tut, was dieser Typus für gut und richtig hält, wird diese sanfte Art eher als angenehm empfunden. Von Menschen, die eine andere Präferenz als der Beziehungstyp verfolgen oder schlicht andere Meinungen vertreten, wird die Strategie als emotionales Druckausüben bis hin zu emotionaler Erpressung empfunden.

Entscheidungsstil: Bevorzugt wird die Multiplikationsstrategie. Zahlreiche Personen werden befragt, um zum einen die eigene Sicherheit in Bezug auf die Richtigkeit der Entscheidung zu erhöhen, zum anderen, um zu gewährleisten, dass die Entscheidung möglichst alle Blickwinkel und Interessen berücksichtigt, so dass sie auf breite Resonanz stößt und nachhaltig mitgetragen wird.

Distanztyp: Verstandesorientierung

Charakteristika: Dieser Typus strebt nach Autonomie, sowohl sozial, indem er sich vor allem auf sich selbst bezieht und eher zu den Einzelgängern gehört als zu den Partylöwen, als auch geistig, mental, kognitiv, indem er sich in einem überdurchschnittlichen Ausmaß Wissen und Können aneignet. Sachlichkeit, Analytik und Nüchternheit im Denken und Handeln gewährleisten ihm fundierte Entscheidungen. Das Streben nach emotionaler Unabhängigkeit (persönliche Autonomie) lässt ihn ungesellig erscheinen und macht ihn für externen sozialen Druck wenig empfänglich. Daher wirkt dieser Typus oft „kalt". Individualität und Distanz sind ihm hohe, erstrebenswerte Werte, die ihn in seinem Leben leiten.

Chancen/Stärken: Der Typus strebt an, analytisch, rational und beobachtend, sachlich-konstruktiv und sozial unabhängig durch die Welt zu gehen – auch in der Arbeitswelt.

Risiken/Schwächen: Er wirkt sozial wenig einfühlsam, emotional distanziert, stets auf Abgrenzung aus, eher introvertiert oder eigenbrötlerisch, ausgeprägt einzelkämpferisch. Damit läuft er in das Risiko, zu wenig von anderen Beteiligten oder Betroffenen zu erfahren, um deren Interessen etc. in eine Entscheidung einzuspeisen.

Durchsetzungsstrategie: Sein Glaube gilt der Kraft der Logik und Analyse, strenger Faktentreue und durchdachter theoretischer Reflexion. Erscheinen ihm andere unterhalb dieses Levels, kann er der Verlockung, dies (aus Enttäuschung oder Verachtung) sarkastisch oder zynisch zu quittieren, zuweilen nicht widerstehen.

Entscheidungsstil: Am liebsten entscheidet er allein, weil er seiner eigenen gedanklichen Durchdringung am meisten vertraut und seine Art der Sachlichkeit, Nüchternheit und Gründlichkeit (z. B. nach Maßgabe sachlicher Argumente und beschaffbarer Fakten) allen anderen Arten, Entscheidungen vorzubereiten, für klar überlegen hält. Er wird auch aus diesem Grund rasch für arrogant gehalten, und erhält nicht immer die ganze Unterstützung, die er braucht.

Dauertyp: Beharrungsmotivation

Charakteristika: Diesem Typus liegen Stabilität, Struktur, Ordnung und damit Kontinuität, Ausdauer sowie Zuverlässigkeit, Verbindlichkeit, Pflichtbewusstsein und Fairness im Umgang am Herzen. Diese Parameter lebt er selbst und erwartet sie auch von anderen. In sozialer, geselliger Hinsicht gibt er sich zwar eher zurückhaltend, ist aber fähig, so viel Kontaktnähe zu halten, wie nötig erscheint, um innerhalb eines guten Klimas arbeiten zu können.

Chancen/Stärken: Dieser Typus lebt das, was ihm wichtig ist, erkennbar. Er ist ausdauernd (kann sich „festbeißen") und effizient, fair, ordentlich und diszipliniert, pflichtbewusst und zuverlässig, traditionsbewusst, an Fakten orientiert (nicht an Gefühlen, Spekulationen) und daher sachlich.

Risiken/Schwächen: Seine Ausrichtung an Überliefertem, das sich bewährt hat, oder das schlicht noch immer gilt (Traditionen, Routinen) macht ihn schwerfällig, sobald Flexibilität, Improvisation, Veränderung gefragt sind. Zudem tendiert er dazu, übervorsichtig zu sein – ein Zugeständnis an das ausgeprägte Bedürfnis nach Sicherheit, Gewissheit und Prognostizierbarkeit. Dieses Bedürfnis macht ihn zwar nicht konfliktscheu, aber achtsam: Konfrontationen geht er nur ein, insoweit sie sowohl unvermeidlich als auch der Sache dienlich sind.

Durchsetzungsstrategie: Gerade wenn es darum geht, eine eigene, in jedem Fall abgesicherte Idee durchzusetzen oder eine unerwünschte fremde Idee abzuwehren, beruft sich dieser Typus besonders gern auf Formalismen und vergangene Erfahrungen.

Entscheidungsstil: Aus dem Gesagten folgt, dass in der Vorbereitung von Entscheidungen zuvörderst auf das Bewährte zurückgegriffen wird; dieses Beharren kann „bockig" oder starrsinnig wirken. Jede Entscheidung ist zudem durch Formalismen und/oder Prognosen abgesichert.

Wechseltyp: Veränderungsorientierung

Charakterisierung: Dieser Typus trifft dasjenige Profil, von dem heute die meisten Manager und Personaler meinen, dass sie es allein bräuchten, um unternehmerisch erfolgreich zu sein. Er zeichnet sich aus durch Unternehmungslust und Neugier, Flexibilität und Spontaneität bis Impulsivität. Insofern ist er anfällig für Aktionismus, Flüchtigkeit, Unverbindlichkeit und Veränderung um der Veränderung bzw. Abwechslung willen. Er erscheint sehr kontaktfreudig, benötigt(!) gleichzeitig viel soziale Anerkennung, zumal er zu den eher extravertierten Typen gehört.

Chancen/Stärken: Experimentierfreudigkeit und Risikobereitschaft gehören zu den Chancen, ebenso die extravertierte, interaktionsbezogene Ausrichtung und Spontaneität. Diesem Typus fällt das „Netzwerken" leicht, Beziehungspflege meistens auch. Er kann andere begeistern und wirkt sympathisch in seiner temperamentvollen Authentizität, was ihm in Veränderungsprozessen zumindest zunächst einen Startvorteil (gegenüber den anderen Typen) bringt.

Risiken/Schwächen: Die Chancen spiegeln sich hier besonders in den Risiken wider. Der Typus ist von sich selbst meist recht begeistert: Er neigt dazu, in sich selbst verliebt zu sein und seine Wirkung („Charisma") zu überschätzen; werden seine Ansprüche an Anerkennung nicht erfüllt, tendiert er dazu, beleidigt zu sein und sich für eine Weile zurückzuziehen. Durch seine vornehmliche Orientierung an Lustprinzip und Veränderlichkeit fällt er zum Teil dadurch unangenehm auf, dass er unzuverlässig und unverbindlich, stimmungsabhängig und launisch reagiert.

Durchsetzungsstrategie: Extravertiertheit geht häufig einher mit einer expressiven Emotionalität. Diese ist Quelle von Überzeugung durch Begeisterung wie auch Quelle von Durchsetzung mittels emotionaler Machtausübung. Begeisterung oder Verzauberung und emotionale Bemächtigung können Äußerungsformen bis zum Theatralischen annehmen.

Entscheidungsstil: Der Wechseltypus legt sich ungern fest; daher besteht sein Repertoire, sich in Entscheidungssituationen zu verhalten, vorzugsweise aus den Taktiken des Ausweichens, Lavierens, Hinausschiebens, der Option, eine „Entscheidung unter Vorbehalt" oder „bis zum/auf Widerruf" zu fällen. Oder er entscheidet sofort, unmittelbar – mit dem Risiko, die Entscheidung wieder aufheben zu müssen, weil sie nicht durchdacht ist.

Zusammenfassend: Es besteht eine empirisch durchschlagende Affinität zwischen der Art, wie eine Person sich selbst sieht, wie sie mit sich und anderen umgeht und wie das Ich Entscheidungen vorbereitet, fällt und durchsetzt. Je nach Selbstbild, Profil, persönlichen Präferenzen liegt ein Entscheidungsstil näher als ein anderer. Die Erfolgswahrscheinlichkeit eigener Entscheidungen kann erhöht werden, wenn man die persönliche Hauptstrategie um weitere ergänzt. Dies in der Hinsicht, dass andere Strategien als Alternativ- oder Ersatzstrategien zur Verfügung stehen, so dass die Strategie der jeweiligen Entscheidungssituation angepasst werden kann. Aus dieser Perspektive ist es empfehlenswert, seinen persönlichen „Hauptstil" in einem ersten Schritt zu erkennen und in einem zweiten um mindestens einen weiteren Entscheidungsstil systematisch – je nach individueller Plastizität und Leistbarkeit – zu erweitern. Wer nur über einen Hammer verfügt, dem wird jede Entscheidung zum Nagel. Damit Sie die Wahrscheinlichkeit reduzieren, dass dies passiert, ist es eine Prüfung wert, inwiefern Sie Ihr Repertoire erweitern möchten und können.

Vom individuellen Stil unabhängig gelten selbstverständlich weitere Kriterien für tragfähige und weiter führende Entscheidungen. Fundierte Entscheidungen sollten sein:

- vorbereitet und fundiert
- zielbezogen
- transparent, nachvollziehbar
- tragbar, akzeptabel
- qualitativ überprüfbar

Jede Entscheidung verlangt:

- Situationswissen: Was ist der Fall? Wie skizzieren wir die wichtigen Merkmale der gesamten Lage?
- Kontextwissen: Warum ist was der Fall? Innerhalb welchen Zusammenhangs soll etwas entschieden werden? Wie verhält sich die Zielentscheidung zu den anderen Variablen des Kontextes? Wie können

wir den Zusammenhang beschreiben und ihn in die Entscheidung einbetten?

- Veränderungswissen: Was soll warum der Fall sein? In welchem Rahmen (welcher Zielsetzung, welches Problems, welcher Herausforderung) wollen wir was genau verändern? Wodurch können wir begründen, dass die Veränderungsabsicht funktional, sinnvoll, zielführend ist? Innerhalb welchen Systemumfelds und seiner Veränderungen steht die Entscheidung?
- Methodenwissen: Wie soll das, was der Fall sein soll, realisiert werden? Welche Menschen (Kompetenzen), Mittel, Instrumente, Ressourcen, iterative Kontrollschleifen und Evaluation (Planung, Pläne, Maßnahmen), welchen Zugang zu Wissen usw. setzen wir in welcher Weise ein, um die Veränderungsabsicht zu verwirklichen?

Diese allgemein gültigen Kriterien werden bei allen Entscheidungsstilen genutzt, allerdings, wie gezeigt, in unterschiedlicher Ausprägung und unter eher sachlichem bzw. emotionalem Vorzeichen. Prüfen Sie gern, welcher Stil Ihnen am nahesten kommt und erlauben Sie uns ein Fazit in appellativer Form:

- Formulieren Sie Ihr Selbstbild.
- Holen Sie konstruktiv-kritisches Feedback ein, um Ihr Selbstbild oder den Ausschnitt davon, der mit Entscheidungsverhalten zu tun hat, mit den Augen anderer anzuschauen, Überschneidungen und Differenzen zu entdecken, und zu überlegen, wie Sie mit ihrem Selbstentwurf weiterhin verfahren möchten.
- Tasten Sie Ihr (Entscheidungs-)Verhalten darauf hin ab, inwiefern es Ihrem Selbstentwurf Genüge leistet.
- Vergegenwärtigen Sie sich im Entscheidungsprozess:
  – was Ihnen wichtig ist;
  – welchen Stil Sie bevorzugen;
  – wo Ihre Primärstrategie effektiv ist und wo nicht.
- Leiten Sie aus Selbsterkenntnis, Feedback und an Sie gestellte Anforderungen in Entscheidungssituationen ab, welche Stile Sie sich aneignen und routiniert, souverän anwenden lernen möchten.
- Setzen Sie Ihre Einsichten um.

Literatur

(1) Kruse, P. (2004). next practice. Erfolgreiches Management von Instabilität. Offenbach: Gabal

(2) Mahlmann, R. (2001). Selbsttraining für Führungskräfte, 2. Aufl., Weinheim, Basel: Beltz

(3) Dörner, D. (1989). Die Logik des Misslingens. Reinbek: Rowohlt

(4) Senge, P. (1996). Die fünfte Disziplin. Stuttgart: Klett-Cotta

(5) Riemann, A. (1995). Grundformen der Angst, München und Basel: Ernst Reinhardt

(6) Drucker Foundation (1996). Die Manager von morgen, Düsseldorf: Econ

(7) Neuberger, O. (2002). Führen und Führen lassen, 6. Aufl., Stuttgart: UTB

Weitere Literatur

Bonsen, M., Maleh, C. (2001). Appreciative Inquiry (AI): Der Weg zu Spitzenleistungen, Weinheim, Basel: Beltz

Graf-Götz, F., Glatz, H. (1999). Organisation gestalten. 2. Aufl., Weinheim, Basel: Beltz

Handelsblatt, (12.4.2003). „Manager neben der Spur"

Lewin, Kurt (1963), Feldtheorie in den Sozialwissenschaften, Bern: Huber

Lewin, Kurt (1976), Die Lösung sozialer Konflikte, 3. Auflage, Bad Nauheim: Christian

Mahlmann, R. (2002). Führungsstile flexibel anwenden. Weinheim, Basel: Beltz

Mahlmann, R. (2003). Dilemma Führung. Was tun, wenn Vorgesetzte in der Mitarbeiterführung dazwischenfunken? Weinheim, Basel: Beltz

Mahlmann, R. (1996), Die Führungskraft als Vor-Bild? In: Gruppendynamik, 27. Jg., 2, S. 169-179

Mahlmann, R. (2006). Das Kind liegt im Brunnen. Wege hinein und hinaus. In: Wielens, H./ Kothes, P. J. (Hrsg.), Raus aus der Führungskrise. Innovative Konzepte integraler Führung. Bielefeld: Kamphausen

Marrow, Alfred J. (2002), Kurt Lewin. Leben und Werk, Weinheim, Basel: Beltz

Neuberger, O./Kompa, A. (1987). Wir, die Firma, Weinheim, Basel: Beltz

OrganisationsEntwicklung. Zeitschrift für Unternehmensentwicklung und Change Management, Ausgabe 3/2006 mit dem Schwerpunkt „Change Management Global"

Pelz, B. F., Mahlmann, R. (2006). Erfolgsplanung KMU. Souveräne Unternehmensführung durch systemische Erneuerung. Leonberg: Rosenberger Fachverlag

Vester, F. (1990). Leitmotiv vernetztes Denken. München: Heyne

Walter, H. (1995). Die Führungsfalle, Frankfurt a. M.: Campus

Wiesenbauer, L. (2001). Erfolgsfaktor Wissen. Das Know-how der Mitarbeiter wirksam nutzen. Weinheim, Basel: Beltz

Schlussfolgerung:
Mut zur Konfrontation ist der erste Schritt,
der Rest ist Risiko

Aus welcher Perspektive man das aktuelle globale Geschehen betrachtet, die Konklusion mündet in jedem Fall in die Diagnose: So wie bisher können wir nicht weiter agieren – es sei denn, wir setzen alles aufs Spiel. Exemplarisch seien drei Gedankengänge verschiedener Denkrichtungen aufgezeigt: die von irdischen Ressourcen ausgehende des Club of Rome; die vom Geist der New Economy herkommende von Davis/Meyer und die soziologische, die Wissensgesellschaft fokussierende von Helmut Willke. Ergänzt werden sie durch einen aktuellen Beitrag aus der Börsenzeitung zum Thema Ökonomie und Ökologie von Dieter Kuckelkorn.

Auch wenn diese Ideen unterschiedliche Wurzeln haben, laufen sie in einem Plädoyer zusammen: Erst eine neuartige geistige, psychische, mentale Grundhaltung und eine ihr entsprechende Praxis wird eine Lösung der Schwierigkeiten überhaupt in Sicht bringen.

Seit der industriellen Revolution im 19. Jahrhundert nimmt der Einfluss des Menschen auf das Geschehen auf dieser Erde massiv zu. Eine maßgebliche Facette dieser Einflussnahme manifestiert sich in einem ungebremsten, nicht gesteuerten Verbrauch natürlicher Ressourcen, der wenig Rücksicht nimmt auf die Existenzgrundlagen der anderen pflanzlichen und tierischen Lebewesen. Dieses anhaltende Konsumverhalten wird zu einer Bedrohung der Existenzgrundlagen des Menschen. Aufgrund der zunehmend misslicher werdenden Lage taten sich 1968 erstmals 70 Wissenschaftler aus 25 Ländern im Club of Rome zusammen, um mit Hilfe eines Modells die Ursachen der Entwicklungsrichtungen, ihre Wechselwirkungen und die sich ergebenden Folgen für den Zeitraum eines Jahrhunderts zu erfassen. Ihre bahnbrechenden Erkenntnisse fassten Sie in der Publikation „Die Grenzen des Wachstums" zusammen, mit folgenden Schlussfolgerungen:

> „Wenn die gegenwärtige Zunahme der Weltbevölkerung, der Industrialisierung, der Umweltverschmutzung, der Nahrungsmittelproduktion und der Ausbeutung von natürlichen Rohstoffen unvermindert anhält, werden die absoluten Wachstumsgrenzen auf der Erde im Laufe der nächsten hundert Jahre erreicht. [...] Wir werden wahrscheinlich versuchen, die wachsende Zahl von

Menschen durch die Ausplünderung unseres Lebensraums und eine weitere Belastung der lebenserhaltenden biologischen Kapazität der Erde zu befriedigen.
[...] Ganz neue Vorgehensweisen sind erforderlich, um die Menschheit auf Ziele auszurichten, die anstelle weiteren Wachstums auf Gleichgewichtszustände
führen. Sie erfordern ein außergewöhnliches Maß von Verständnis, Vorstellungskraft und politischem und moralischem Mut [...] Der Grundgedanke einer
Gesellschaft im wirtschaftlichen und ökologischen Gleichgewicht ist scheinbar
leicht zu erfassen; doch ist unsere heutige Wirklichkeit davon so weit entfernt,
dass praktisch eine geistige Umwälzung kopernikanischen Ausmaßes für die
Umsetzung unserer Vorstellungen in praktische Handlungen erforderlich sein
dürfte."[1]

Dreißig Jahre später, 2001, kommt der Sozialwissenschaftler Detlef Siebert in seiner Zusammenfassung der in diesem Zeitraum erzielten Erkenntnisse aus den Verbesserungen an den Prognosemodellen zu der
Schlussfolgerung, dass keinerlei Anlass besteht, sich entspannt zurück-
zulehnen und einfach auf den Selbstläufer des technologischen Fortschritts zu vertrauen. Denn auch neuere Berechnungen der Tragfähigkeit
der Erde zeichnen ein wenig rosiges Bild. Die Berechnungen prognostizieren eine relative Verschlechterung der Ernährungssituation weltweit
bis 2030, sofern die Trends des späten 20. Jahrhunderts verlängert (extrapoliert) werden.[2]

1998 zeichnen Stan Davis und Christopher Meyer, getragen von der Eu-
phorie der New Economy und der Veränderungen in der globalen Wirtschaft ein von ökologischen Betrachtungen völlig losgelöstes Bild. Die Betonung liegt auf beschleunigtem Konsum, der Umschlagshäufigkeit des
Kapitals und der verborgenen Fragestellung nach der geistigen Beherrschbarkeit unseres wirtschaftlichen Tuns:

„Echte Märkte werden die Finanzmärkte imitieren: Die Märkte für das, was die
Wirtschaftswissenschaftler ‚reale Waren und Dienstleistungen' nennen, werden
sich immer häufiger wie Finanzmärkte verhalten. Durch die Vernetzung und die
Beschleunigung der Märkte verändern sich die Kundenwünsche so schnell, dass
der traditionelle Kreislauf aus Planung, Produktion und Profit nicht mehr ab-
laufen kann und sich auch nicht auszahlen würde. Investitionsgüter verhalten
sich deshalb immer mehr wie Konsumgüter. Der Veralterungsprozess setzt sofort nach dem Erwerb ein. Wir müssen also darauf hinwirken, die Lebensdauer
von Investitionsgütern möglichst zu verringern. Holen Sie so viel wie möglich
aus ihnen heraus, so lange es geht: Wir geben zu, dass unsere Aussagen: inves-
tieren Sie in teures Equipment, holen Sie alles aus ihm heraus und werfen Sie es
weg, unverantwortlich, ja zynisch klingen. Doch es gibt keine andere Wahl: Kapital muss heutzutage sein Leben voll ausschöpfen und jung sterben. Das Kapital im traditionellen Sinn, d. h. Fabriken, Produktionsausstattung, Finanzierung
sind letztlich jedoch nicht mehr so wichtig. Die neuen Formen des geistigen,
menschlichen und strukturellen Kapitals hingegen nehmen eine immer funda-

mentalere Bedeutung an. Die Grundlage der Arbeitskraft liegt heute viel mehr im geistigen Potential. Das Wirtschaftswachstum verschiebt sich im Moment in Richtung auf das geistige Potential und die Beziehungen der Menschen. Das Kapital verlagert seine Bedeutung immer stärker auf die zukünftige Erzeugung von Wert. Die Aufmerksamkeit, die wertvollste Produktionsressource, harrt indessen noch ihrer Vernetzung. Es ist heute mehr Geld im Umlauf als kompetente Aufmerksamkeit, die es einem vernünftigen Zweck zuführen könnte. "[2]

Der Bielefelder Soziologe Helmut Willke beleuchtet in zahlreichen Veröffentlichungen der letzten Jahre, dass sich einige Funktionsysteme der modernen Gesellschaft, wie er es nennt, zu lateralen Weltsystemen entwickeln: Vor allem exterritorial operierende Finanzsysteme und virtuelle Ökonomien, aber auch die Systeme der Massenkommunikation, des Sports, der Popkultur, des Tourismus und in Teilen sogar des Rechts wachsen in globalem Maßstab zusammen und lösen sich in diesem Prozess der transnationalen Restrukturierung aus ihren Muttergesellschaften heraus. Die Problematik dieser lateralen Weltsysteme besteht darin, dass die nationalstaatlich gefassten Wohlfahrtsgesellschaften der westlichen Welt dadurch in ihren Fundamenten erschüttert und in Frage gestellt werden, weil sie ihren direkten Einfluss verlieren und ein Ausgleich durch globale Steuerungssysteme noch nicht in greifbare Nähe gerückt ist. Seine Schlussfolgerungen drückte Willke in einem Interview mit dem Marburger Forum 2006 wie folgt aus:

„Eine liberalisierte Weltwirtschaftsordnung, die nüchtern, kompetitiv, rechenhaft und dem Share-holder Value verpflichtet operiert, bringt schon auch Verluste mit sich, die schwer zu akzeptieren sind. Ein Weltfinanzsystem, das auf das eingesetzte Kapital einen abstrus hohen ‚return on investment' fordert, macht so nebenbei vieles kaputt, was mit Lebensqualität, Muße, Gelassenheit oder Reflexion zu tun hat. Hätten die Fürsten und Erzbischöfe der Vormoderne so kleinkariert kalkuliert, dann hätte nie ein Michelangelo die Sixtinische Kapelle ausgemalt und Mozart hätte seinen Lebensunterhalt womöglich mit Nachhilfeunterricht oder Straßenkehren verdienen müssen; die Barockschlösser wären nie gebaut und die grandiosen Verschwendungen der Kunst wären unmöglich gewesen. Zugleich gilt zweifellos, dass die beginnende Befreiung der lateralen Weltsysteme von der Zwanghaftigkeit der Nationalstaaten völlig neue Möglichkeiten einer globalen Wissensgesellschaft eröffnet. "[3]

Die Frage, die sich für jeden stellt, ist die nach dem Platz, den er in der sich entwickelnden Wissensgesellschaft einnehmen will und kann. Nach Willke wird die Wissensgesellschaft etwa so segmentiert sein[4]: Ein oberes Segment von etwa 20 Prozent wird die echten, hochprofessionellen, global mobilen und sehr kompetenten Wissensarbeiter umfassen. Die meisten arbeitsfähigen Personen werden in einem, bis zu 60 Prozent großen, heterogenen Mittelsegment tätig sein. Sie werden unter einem permanenten Druck der Fort- und Weiterbildung stehen und starken Fluktuationen unterworfen sein. Ein unteres Segment von ungefähr 20 Prozent wird aus Personen bestehen, die von der Wissensgesellschaft überfordert sind, weil ihnen die Qualifikationsfähigkeit oder -willigkeit fehlt.

Da die Regeln der Kapitalmärkte keine Steuerung der Beschäftigung vorsehen und zur Erzielung hoher Kapitalrenditen zwangsläufig arbeitsarme Investitionen getätigt werden, wird unserer Einschätzung nach das obere Segment eher kleiner und das untere Segment eher größer ausfallen. Wie dem auch sei: Beide „Vorhersagen" deuten darauf hin, dass wir auf eine neue klassengesellschaftlich strukturierte Weltgesellschaft mit erheblichem Unruhepotenzial zulaufen.

Dass die Kapitalmärkte auch keine ökologischen Kriterien in ihren Regelsystemen enthalten, mag folgender, unserer Meinung nach realistischer Kommentar verdeutlichen: Ansätze der Deutschen und Europäischen Vereinigungen für Finanzanalyse (DVFA und Effas) zur Erstellung von benchmarkfähigen Kennzahlen für „environmental, social and governance principles" werden in der Börsenzeitung wie folgt kommentiert:

> „Der Ansatz ist löblich. Es ist jedoch nicht damit zu rechnen, dass er jemals am europäischen Kapitalmarkt nennenswert Einfluss entfalten wird. [...] Viel mehr als ein ‚Greenwashing' der Geschäftsaktivitäten ist [...] nicht zu erwarten. [...] Die Unternehmen sehen sich vor allem von Hedgefonds gedrängt, das Letzte herauszuholen, um die finanzielle Performance kurzfristig zu verbessern. [...] Der Trend zu einer stärkeren Fokussierung auf die finanzielle Performance dürfte sich weiter verstärken, denn die traditionellen Investoren ahmen zunehmend die Strategien von Hedgefonds nach. Auf den Finanzmärken wird zudem auf Jahre hinaus überschüssige Liquidität vorhanden sein, die nach hochrentierlichen Anlagen sucht." [5]

Unabhängig von der prospektiven gesellschaftlichen Struktur verweisen die Zitate darauf, dass die fundamentalen Wandlungen im gesamtgesellschaftlichen Leben allgemein und besonders in der Wirtschaftswelt die Menschen vor neue Herausforderungen stellen. Eine dieser Herausforderungen besteht darin, die zunehmende Unvorhersehbarkeit konkreter Entwicklungen und besonders der individuellen Lebensgestaltung (einschließlich der beruflichen) in das persönliche Leben einspeisen zu müssen. Die Unberechenbarkeit der beruflichen und unternehmerischen

Entwicklung wird unausweichlich zum Leben jedes Einzelnen gehören. Mit anderen Worten: Die Sicherheit, die Menschen privat und am Arbeitsplatz suchen, verlagert sich maßgeblich nach innen, wird personalisiert: Wir sind gefordert, die persönlichen geistigen und psychischen Fähigkeiten so zu entfalten und einzusetzen, dass ein Mindestmaß an Gewissheit erreicht und damit Handlungs- und Überlebenskompetenz möglich werden.

Die folgenden Überlegungen mögen Ihnen Anregungen geben, wie Sie dieser Herausforderung im Rahmen unternehmerischer Verantwortung begegnen können. Als Ausgangspunkt empfiehlt es sich, sich der prinzipiellen Offenheit und Nichtprognostizierbarkeit zu stellen, also bereit zu sein, ihr ins Gesicht zu schauen. Es gilt, die eigene Aufmerksamkeit und Achtsamkeit zu schärfen, um erkennen zu können, welche Richtungen innerhalb der Wirtschaftswelt eingeschlagen werden, welche Logiken vorherrschen, welche Schlüsselkompetenzen gefragt sind und welche Optionen Sie haben, Ihre speziellen Fähigkeiten und Neigungen, Ambitionen und Intentionen einbauen und verwirklichen zu können.

Während die Grundvoraussetzung, sich mit den neuartigen Anforderungen auseinander zu setzen und Aufmerksamkeit wie Achtsamkeit zu leisten, zuerst den Mut zur Konfrontation und damit ein psychologisches Moment betont, wird der Begriff „Achtsamkeit" gern in Handlung übersetzt. Lassen Sie uns daher ein wenig bei dem Begriff der Achtsamkeit verweilen: Achtsamkeit ist eine Haltung, die ein waches Bewusstsein einfordert und das Hier und Jetzt hervorhebt. Da Menschen nicht alles auf einen Blick gleichermaßen „wahr-nehmen" können, müssen wir auswählen. Daher können wir sagen, achtsam sind wir dann, wenn wir unsere Aufmerksamkeit auf etwas richten; wir wählen einen Bezugspunkt aus. Auf dieser Grundlage einer wachen Einstellung zur Welt verhilft uns die Sprache (unter anderem) dazu, Schwierigkeiten überhaupt formulieren zu können. Der entscheidende Schritt hin zu einer Lösung von strukturierbaren Problemen ist insofern ihre Versprachlichung. Das Aussprechen von Vermutungen, Beobachtungen, Fragen und dergleichen erhöht unsere Achtsamkeit; denn mittels sprachlicher Äußerungen konzentrieren wir uns auf das Thema oder auch Problem, wir nehmen es in unseren Blick, sind seiner gegenwärtig. Damit erarbeiten wir uns die Wahrscheinlichkeit, gezielt und wirksam Veränderungen zu begegnen, uns selbst zu steuern und beispielsweise als Unternehmensführer so zu inter-

venieren, dass gewünschte Wirkungen wahrscheinlicher werden als unerwünschte. Achtsamkeit oder Bewusstheit erhöht mithin die Chance,
schon dadurch handlungsfähig(er) zu werden, dass etwas in Worte gekleidet wird. Wird das Verbalisieren kombiniert mit einem Austausch,
werden also Erkenntnisse kommuniziert, vervielfacht sich die Erfolgsaussicht. Machen Sie es zu Ihrer Routine, Erkenntnisse, Vermutungen,
Überlegungen sowie Schwierigkeiten und Probleme auszusprechen, und
eröffnen Sie einen Dialog darüber. In einem offen und konstruktiv ge-
führten Dialog achtsamer Akteure werden neben den kognitiven auch
kreative Potenziale entfaltet.[6] Für die Behandlung unternehmerischer
Probleme finden Sie in Kapitel 2 konkrete Anregungen. Das Ausbuch-
stabieren dessen, was Achtsamkeit ganz praktisch nachfolgen kann, formulieren Davis/Meyer in durchaus provokativer Form. Unter dem indi-
vidualistischen Motto: „Jeder nimmt sein Leben selbst in die Hand", geben die beiden Autoren ihren amerikanischen Landsleuten folgende zehn
Imperative mit auf den Weg:

1. Schluss mit der Trennung zwischen Arbeits- und Privatleben.
2. Holen Sie sich ein Stück vom Kuchen und essen Sie es.
3. Seien Sie ständig auf der Suche nach Neuem.
4. Stärken Sie die eigene Position durch Nebenjobs.
5. Verkaufen Sie Ihren Wert im Web.
6. Lassen Sie Ihren Wert nicht von einem Unternehmen, sondern vom
   Markt bestimmen.
7. Werden Sie selbstständig, auch wenn Sie noch Gehalt beziehen:
   Nicht mehr Ihr Chef, sondern Sie selbst sind für Ihre Zukunft verantwortlich.
8. Geben Sie sich einen Eigennamen – darin liegt Ihr Eigenkapital.
9. Geben Sie eigene Wertpapiere heraus.
10. Steuern Sie Ihre neue Doppelkarriere.

Relevant ist nicht, ob Sie diese Aufforderungen für abstrus halten oder
nicht. Wenn es den provokativen Aussagen gelingt, Sie „aufzuwecken",
achtsam in der Hinsicht zu machen, dass Sie ermuntert sind, in Alternativen und mit anderen Mustern als bisher zu denken und zu agieren –
dann haben die Imperative ihre Funktion erfüllt. Denn neben Achtsamkeit ist ein Umdenken nötig, um in der aktuellen und zukünftigen Welt
in einer Weise handlungsfähig zu sein, die das eröffnet, was „persönli-
ches Glück" genannt werden kann – und ohne Experimente nicht zu erreichen ist.

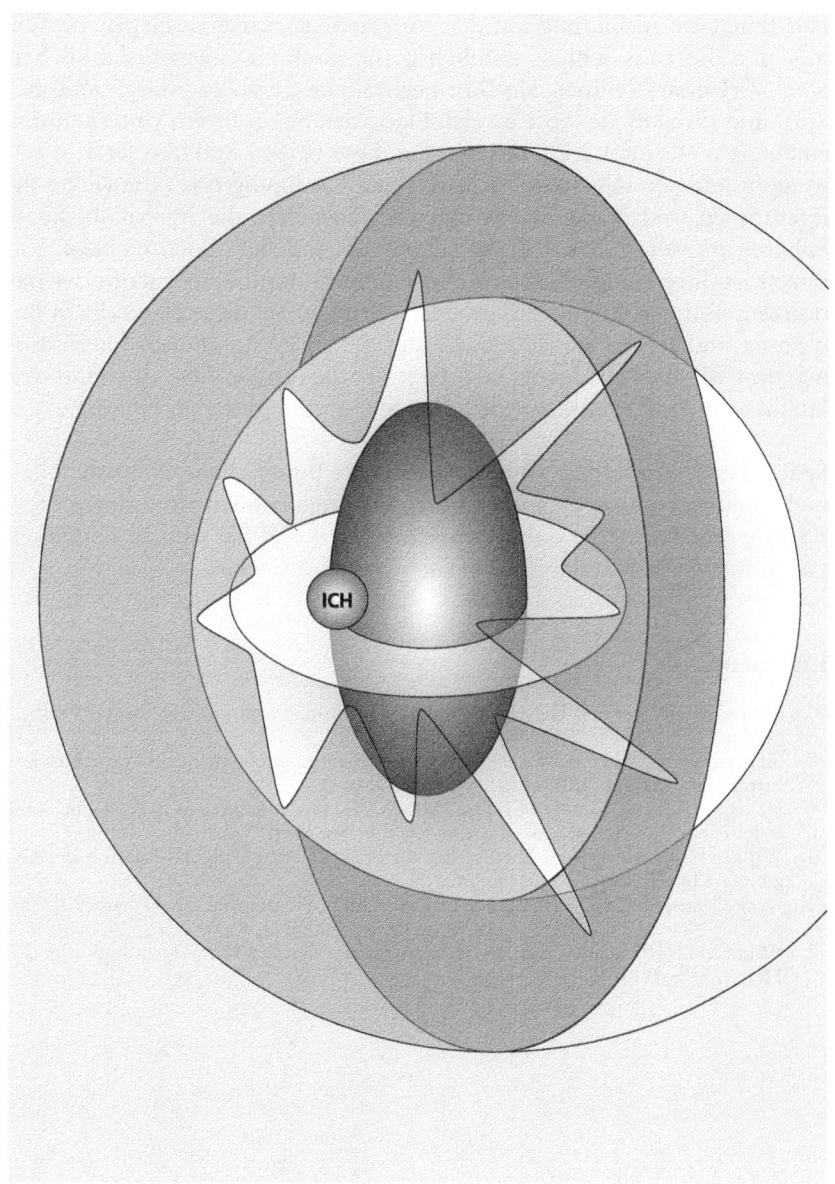

Abb. 17: Im Wechselspiel der Systeme

Hat Ihnen die Abbildung auf der vorigen Seite Rätsel aufgegeben? Wir möchten Sie zum Schluss nämlich gerne noch zu einem gedanklichen Spiel verleiten: Nehmen Sie Ihre persönliche „Erfolgssphäre" (Kapitel 2.3), und bringen Sie diese an den Platz, den Sie in Ihrem Unternehmen einnehmen (Kapitel 2.2). Bringen Sie diese beiden Sphären jetzt in Bewegung und versuchen Sie, sich in dieser Bewegung noch die vielen Interaktionen und Wechselwirkungen vorzustellen, die innerhalb dieser Sphären passieren. Wird Ihnen schon schwindelig? Noch nicht? Dann setzen Sie Ihre beiden Sphären in die Sphäre der lokalen, dann der nationalen und der globalen Wirtschaft. Bringen Sie diese ebenfalls in Bewegung und stellen Sie sich wiederum die vielen möglichen Interaktionen und Wechselwirkungen vor. Jetzt überlagern Sie diese noch mit den lateralen Weltsystemen, speziell dem System der globalen Finanzwelt.

Spätestens jetzt werden Sie erleben, dass es Ihnen allein wahrscheinlich nicht gelingt, mit der eigenen und der Sie umgebenden Komplexität fertig zu werden. Um Sie dabei zu unterstützen und Sie zum Nachdenken zu animieren, haben wir dieses Lesebuch geschrieben ...

Literatur

[1]   Meadows, D. (1972). Die Grenzen des Wachstums. Stuttgart: Deutsche Verlagsanstalt
[2]   Siebert, D. G. (2001). Wachstum ohne Ende ... auch im neuen Jahrtausend? http://www.omega2100.net/weltdynamik.htm
[3]   Davis, S.; Meyer, Ch. (1998). Das Prinzip Unschärfe. Managen in Echtzeit. Neue Spielregeln, Märkte, Chancen in einer vernetzten Welt. Wiesbaden: Gabler
[4]   Willke, H. in Marburger Forum (2006). Beiträge zur geistigen Situation der Gegenwart Jg. 7, Heft 3
[5]   Kuckelkorn, D. (2007): Das grüne Phantom. In Börsenzeitung Nr. 37, vom 22.2.07, S. 8
[6]   Willke; H. (1998). Organisierte Wissensarbeit. Zeitschrift für Soziologie, Jg. 27, Heft 3, S. 161-177

Zu den Autoren

 Dr. Bernd F. Pelz, Jg. 1944, war bis 2006 Vorstandsvorsitzender der Kampa AG, Minden. Seinen beruflichen Werdegang begann der promovierte Mikrobiologe 1973 als Leiter Umwelt- und Verbraucherschutz sowie Produktentwicklung bei der Procter & Gamble GmbH. Anschließend wurde er Direktor Forschung und Entwicklung der R. J. Reynolds Tobacco GmbH, wo er 1985 Mitglied der Geschäftsführung wurde. 1986 wechselte er in den Vorstand der Pelikan AG für Produktion und Technik, 1989 wurde er Vorstandssprecher. Ab 1990 war er Vorstand Technik für alle Sparten bei der Armstrong DLW AG. Dort übernahm er 1991 den Vorsitz. 1998 wurde er President der Armstrong DLW Europa. Von 2002 bis 2006 leitete Dr. Pelz als Vorstandsvorsitzender die Sanierung der Kampa AG. Seit 2000 ist Dr. Pelz Senior Consultant im Institut für marktorientierte Unternehmensführung GmbH, Ettlingen, sowie seit 2006 Partner bei Rainer Langen & Partner, Mittelstandsfinanzierungen.

Dr. Pelz' Erfahrungsspektrum umfasst neben langjähriger Ergebnisverantwortung in verschiedenen Ressorts vielfältige unternehmerische Herausforderungen: Betriebsgründungen, Betriebsschließungen, Joint-Venture in Indien und Russland, Fusionen, Integrationen, Restrukturierungen, Betriebsaufspaltungen und -umwandlungen, sowie Unternehmenskäufe und -verkäufe. Hinzu kommt Erfahrung in verschiedenen Gremien von Arbeitgeber- und Industrieverbänden und der Börse, sowie Aufsichtsratstätigkeit in Deutschland, Holland und Spanien.

Kontakt: www.langenpartner.de

 Dr. Regina Mahlmann, Jg. 1959, war bis 1990 an unterschiedlichen Universitäten wissenschaftlich tätig. Promotion an der Fakultät für Soziologie der Universität Bielefeld. Nach einigen Jahren Beratungstätigkeit in St. Gallen arbeitet sie inzwischen als selbstständige Trainerin und Beraterin, Referentin und Coach in der Bundesrepublik Deutschland, Schweiz und Österreich. Vor dem Hintergrund systemtheoretischen, konstruktivistischen Denkens und neurowissenschaftlicher Erkenntnisse liegt der Fokus von Frau Dr. Mahlmanns Arbeit darin, Unternehmen in Veränderungsprozessen zu begleiten und dabei besonders Erkenntnisse aus den folgenden Themengebieten anzuwenden: soziale und emotionale Kompetenz, Persönlichkeitsarbeit und Konfliktkompetenz, Führung und Unternehmenskultur.

Die Soziologin und Philosophin berät bei der Erstellung von Vorträgen und Publikationen und ist erfolgreiche Autorin zahlreicher Artikel und Bücher, u. a. „Einzel-Coaching. Kompetenz entwickeln" (2001), Konflikte managen" (2. Aufl. 2001), „Selbsttraining für Führungskräfte (2. Aufl. 2001), „Führungsstile flexibel anwenden" (2002).

Kontakt: www.dr-mahlmann.de

The manufacturer's authorised representative in the EU is Springer
Nature Customer Service Centre GmbH, Europaplatz 3, 69115 Heidelberg,
Germany. If you have any concerns regarding our products, please
contact ProductSafety@springernature.com

Printed and bound by CPI Group (UK) Ltd, Croydon, CR0 4YY
27/04/2026
02097649-0001